人文社科
高校学术研究论著丛刊

基于成果导向教育的
中学英语词汇教学研究

侯曲萍　著

中国书籍出版社
China Book Press

图书在版编目(CIP)数据

基于成果导向教育的中学英语词汇教学研究 / 侯曲萍著 .-- 北京：中国书籍出版社，2022.7

ISBN 978-7-5068-9107-3

Ⅰ.①基… Ⅱ.①侯… Ⅲ.①英语 – 词汇 – 教学研究 – 中学 Ⅳ.①G634.412

中国版本图书馆CIP数据核字（2022）第133927号

基于成果导向教育的中学英语词汇教学研究

侯曲萍 著

丛书策划	谭 鹏 武 斌
责任编辑	牛 超
责任印制	孙马飞 马 芝
封面设计	东方美迪
出版发行	中国书籍出版社
地 址	北京市丰台区三路居路97号（邮编：100073）
电 话	（010）52257143（总编室） （010）52257140（发行部）
电子邮箱	eo@chinabp.com.cn
经 销	全国新华书店
印 厂	三河市德贤弘印务有限公司
开 本	710毫米×1000毫米 1/16
字 数	281千字
印 张	17.75
版 次	2023年3月第1版
印 次	2023年3月第1次印刷
书 号	ISBN 978-7-5068-9107-3
定 价	98.00元

版权所有 翻印必究

目　录

第一章　研究概述　　　　　　　　　　　　　　　　　　1

　　第一节　研究背景　　　　　　　　　　　　　　　　1
　　第二节　中学英语词汇教学现状　　　　　　　　　　3
　　第三节　研究目标、内容和意义　　　　　　　　　　7
　　第四节　本章小结　　　　　　　　　　　　　　　　11

第二章　文献综述　　　　　　　　　　　　　　　　　　13

　　第一节　教学设计相关研究　　　　　　　　　　　　13
　　第二节　支架教学理论运用于学科教学的相关研究　　16
　　第三节　克拉申"i+1"理论的国内外研究现状及分析　19
　　第四节　词汇教学策略相关研究　　　　　　　　　　23
　　第五节　基于成果导向教育（OBE）国内外研究现状及分析　27
　　第六节　本章小结　　　　　　　　　　　　　　　　30

第三章　研究的理论基础　　　　　　　　　　　　　　　31

　　第一节　基于成果导向教育（OBE）内涵、原则和框架　31
　　第二节　语言教学法　　　　　　　　　　　　　　　43
　　第三节　词汇教学策略与原则　　　　　　　　　　　46
　　第四节　情境学习理论　　　　　　　　　　　　　　51

第五节	建构主义学习理论	57
第六节	支架教学理念	65
第七节	教学设计理论	75
第八节	克拉申"i+1"理论	77
第九节	语言习得理论	79
第十节	本章小结	83

第四章 基于成果导向教育（OBE）的中学英语词汇教学改革　85

第一节	实验性调查和研究（pilot study）的结果	85
第二节	重构课程体系	89
第三节	创新组织方法	91
第四节	完善评价体系	92
第五节	教学理念转变	94
第六节	基于OBE理念的中学英语词汇教学改革路径	96
第七节	本章小结	98

第五章 研究设计与方法　99

第一节	研究对象和内容	100
第二节	研究总体方案	101
第三节	调查问卷的设计	106
第四节	访谈问题设计	110
第五节	课堂观察设计	113
第六节	词汇测试库建设	113
第七节	基于OBE的英语词汇教学设计	115
第八节	本章小结	141

第六章　研究过程及研究结果分析　143

第一节　研究过程概述　143
第二节　问卷调查结果　151
第三节　访谈结果　169
第四节　课堂观察结果　175
第五节　教学实验结果　180
第六节　课程目标的达成及分析　191
第七节　中学英语词汇教学反思　201
第八节　本章小结　202

第七章　成果导向教育（OBE）理念融入中学英语词汇教学可行性分析　203

第一节　基于OBE的教学改革情况分析　204
第二节　OBE融入英语课堂带来的转变　206
第三节　教学环境因素分析　209
第四节　教师与学生因素分析　210
第五节　持续改进措施的提出　211
第六节　本章小结　212

第八章　研究总结与对进一步研究的建议　215

第一节　研究总结　215
第二节　存在的不足　216
第三节　对进一步研究的建议　218
第四节　本章小结　221

参考文献　222

附录1	231
附录2	236
附录3	239
附录4	241
附录5	243
附录6	261
附录7	273

第一章 研究概述

本章包括四小节。第一节是研究背景,第二节是中学英语词汇教学现状,第三节是研究的目标、内容和意义,以及第四节本章小结。

第一节 研究背景

成果导向教育是一种以学生的学习成果(Learning Outcomes)为导向的教育理念,其观点认为教学设计和教学实施的目标是学生经过一个阶段学习后取得的学习成果。其本质是强调每位学生都能成功,将学生完完全全地置身于设定的能力指标中,该理念更加关注学生高级阶段的能力,如创造性的思维能力、综合分析问题的能力、组织能力等。关于OBE(基于成果导向的教育)理念的源起,不同学者有不同观点。一是,OBE理念源自20世纪50年代美国的教育改革思潮,其理念内涵包括教育目标理论、教育投入—过程—产出论、标准参照评量等等。二是,OBE源于20世纪60年代末,美国的能力为本运动和美国认知心理学家Bloom发起的掌握学习运动。三是，OBE源于20世纪80年代西方社会由"输入"转向"输出"更加关注结果的教育质量评价。然而，学界公认威廉·斯巴迪（William Spady）为OBE之父，他对OBE进行了持续和深入的研究[①]，于1994年发表专著《基于成果的教育：题与答案》，对OBE理论进行了详细的论述。此后，理论界和实务界在全球范围内对OBE理念展开了积极讨论和广泛实践。20世纪90年代，OBE理念被广泛应用于教育政策战略层面，澳大利亚和南非将其作为国家教育政策；1994年，美国启动了成果导向教育理念有关项目；2005年，中国香港地区的大学系统实施OBE理念；2014年，英国、俄罗斯、加拿大等国相继认可和使用OBE理念。

  OBE理念为中学英语词汇教学提供新视角。成果（out comes）是成果导向教育的重点内容，学习者通过学习获得应具备的知识或技能，成果主要强调的是学生对于所学知识的转化，从而提升自己的实际能力。成果并不是广义上存在于市场中的价值观念，而是学生能够进行实际应用的成果，将学习到的知识真实地应用到实践中。因此，成果就是学生取得的最终学习成果，学生经过一个阶段的学习所能达到的最大能力。本研究以黔东南州台江县第一中学和台江县第三中学两所易地扶贫搬迁安置点中学的七年级学生为研究对象，基于成果导向教育（OBE）理念，进行18次课（36学时）的课堂教学设计，通过各种词汇学习策略和技巧在课堂和课后的运用和指导，进行为期一年的英语词汇教学，旨在使学生在攻克词汇难关的基础上，促进英语学科听、说、读、写能力的提升，以期达到《义务教育英语课程标准》中到完成九年义务教育时需要达到的英语学科学习五级标准要求。

---

① Spady, W.Outcome-BasedEducation：CriticalIssuesAndAnswers[M].Arlington, TheAmericanAssociationofSchoolAdministrators, 1994.

第二节　中学英语词汇教学现状

自我国于1988年初颁发《九年义务教育全日制初级中学英语教学大纲（初审稿）》以来，中学英语教学发展已有了相当的积淀，尤其是在2011年教育部颁布《义务教育英语课程标准》之后（以下简称《新课标》），中学英语教学取得了令人瞩目的成果，学生的学科素养显著提升[①]。然而受多重因素影响，我国当前阶段的中学英语词汇教学仍旧暴露出了不少问题，挑战客观存在，未来仍有较大的优化空间。具体而言，仅有少部分学生能从英语学习中获得乐趣，半数以上学生学习英语仅为了满足考学需求，内驱力相对薄弱，主观能动性匮乏，学习策略方法偏重于死记硬背，长此以往，便进入了一种习惯性地勉强应付各种考试的状态。孤立地记忆所学英语词汇的读音和意义，学生缺乏上下文推论知识和现实语言环境的帮助，实际应用过程中出现各种各样的问题。造成中学生英语词汇学习效果不佳的原因有很多种，除其主观因素之外，还与教学设计和教学方法有很大关联。受传统应试教育模式影响，一些教师的思维模式固化，过度突出自身教学的中心地位，在课堂上教师为主体，忽视学生主观能动性释放，创新表现力薄弱，相关教学方法组织略显单一，很大程度上抑制了学生创造力和个性的发展。上述问题影响中学英语词汇教学成效，与发展育人的理念和目标相悖，是改革的重点所在，而OBE提供了先进的理念及方法引导，应当引起足够重视。

通过分析前人的相关研究（黄云飞，2012；朱云，2013；郭东明，2016；张乐，2019）和开展本研究的实验前调查，笔者对中学英语词汇教学现状进行如下阐述和分析。

[①] 王蕾.深化改革理念　提升课程质量——解读《义务教育英语课程标准（2011年版）》的主要变化[J].课程·教材·教法，2013，33（01）：34-40.

一、学生词汇水平参差不齐

学习者的学习情况是受到非常多的因素影响的，比如学习者自身的学习水平、各自的家庭背景、教育背景以及社会关系等，这些都会造成学生存在个体性的差异，这种差异性作用到英语词汇学习上，就会导致学习情况和成果的差异。在小学阶段学习过英语学科的学生，在中学阶段会很快跟上教学进度，而在初中才开始学习英语的学生，在学习过程中往往表现很吃力。

二、教师词汇教法单一

（一）教学策略和方法简单化

纵观英语课堂教学的现状，教师对于何时进行词汇教学的问题，常见的有三种处理方式：新单元开始时、讲解课文时以及讲解课文后进行新单词的学习和教授。选择不同的时机进行词汇教学各有利弊，所以何时进行词汇教学，教师要根据学生的具体学习情况和水平来决定。教授新词汇时通常采取的是先读后写，机械记忆的方式。

（二）教学过程中未注重分层教学

学生在课堂中应该起主体作用，在课堂教学建构中，教师不再扮演着传统的传授知识的角色，而是在于教会学生如何学。要激起学生学习的动机，首先得让他们对学习产生兴趣。然而，很多教师对全体学生采取一视同仁的教学，这在教学实践中反而是不可取的。科学的方法应该是把所教授的内容按照从难到易进行分层，同时根据学生的水平高低把他们进行分层。根据不同的教学时机来讲授不同的教学内容，根据学生水平的高低来选择适应他们水平的教学内容。这样才能使每个学生学有所得，更有利于保持他们的学习兴趣和动机。

三、评价机制不完善

（一）评价目标功利化

大部分的英语词汇评价还停留在对学生词汇、语法等考试内容的掌握程度上，最关注的依然是学生考试时的回答是否符合标准答案，这种现象在面临中考的九年级尤为严重。这与教育模式有关，教师过多关注成绩，对学生其他素质的培养还不够，评价更多地集中于知识点，评价应试化、功利化倾向明显。但是我们在实验性调查中发现，更多的老师在对低年级学生的教育上，已经没有明显的功利化倾向，在课堂上教师很少提及成绩，但是成绩仍然是教师关注的重点，在评价上或多或少会与学生的成绩挂钩。

（二）评价内容不合理

针对学生词汇学习行为上的评价，教师更关注的是学生能否遵守课堂纪律，上课是不是认真听讲，教师的课堂评价语言通常倾向于评估等级，所以课堂词汇评价大多就只是学生学习成绩的一种反映。在英语教学中，教师应当把学生的感受融入词汇评价当中去，更多地去关注学生学习英语词汇的过程，关注学生参与的学习活动，鼓励学生可以进行合作式学习，让学生在学习中能够主动展示自己的词汇学习成果，互相帮助，教师在其中给予支持和鼓励，那么这样的词汇课堂评价就会更自主。

（三）评价主体单一

在英语课上，词汇学习的评价基本上是基于老师对学生的评价。学生的自我评价和互相评价，在学生中评价较少，学生对教师的评价是很少开展的。而要求家长参与的评价，一般是对学生的作业、学习效果等进行监督，但是这些对学生学习效果的帮助甚微。这样的英语课堂必定会导致学生参与课堂的积极性不高，学生缺乏评价意识，学生在教学中的主体地位也没有得到充分的体现。

（四）评价方式简单

教师词汇课堂评价的方式比较简单，基本采用Good、OK、Very good、Well done等评语，语言上缺乏新意，学生对这样的评价语已经司空见惯。而且，教师在英语词汇教学中很少采用大段的评价语，不是单个的词语就是单一的句子，对于培养学生英语语感也没有帮助。最重要的是，教师一般都比较看重考试成绩，在评价的时候总是离不开考点，离不开分数，甚至有的时候还会根据学生上课的态度对学生成绩进行批评。在评价方式上有超过60%的学生认为教师评价以口头评价为主，还有一部分学生表示在英语词汇学习上教师有的时候并不做任何评价。

（五）评价效果不显著

在英语词汇课堂中，分数的提高并不是一蹴而就的，学生长期被引导着提升分数，以至于有的学生在遇到教师的批评时感到无所谓，评价的效果并不理想。

本小节以前人研究的结果和本研究开展的实验前调查为基础，从学生词汇水平参差不齐、教师词汇教法单一、缺乏专门的评价机制三个方面对中学英语词汇教学现状进行了阐述和分析。学生词汇水平参差不齐，体现在个体差异和学习经历两个方面。教师词汇教法单一体现在教学策略和方法简单化、教学过程中未注重分层教学。缺乏专门的评价机制包括评价目标功利化、评价内容不合理、评价主体单一、评价方式简单、评价效果不显著五个方面。

第三节 研究目标、内容和意义

本小节对本研究的目标、内容，研究的理论意义和实践意义进行分析和阐释。

一、研究目标和内容

本研究以黔东南州台江县第一中学和台江县第三中学两所易地扶贫搬迁安置点中学的初中一年级学生为研究对象，通过各种词汇学习策略和技巧在课堂和课后的运用和指导，旨在使学生在攻克词汇难关的基础上促进英语学科听、说、读、写能力的提升，以期达到《义务教育英语课程标准》中到完成九年义务教育时需要达到的词汇学习五级标准要求。主要的研究内容是：

（1）易地扶贫搬迁安置点中学学生入学时的英语词汇习得情况以及与《新课标》要求的差距。

（2）易地扶贫搬迁安置点中学教师最常用的词汇教学策略和技巧有哪些？存在哪些不足？

（3）如何有效运用各种词汇教学策略和技巧指导易地扶贫搬迁安置点中学的英语词汇教学并使学生达到《新课标》要求？

二、研究意义

英语是九年义务教育的主干科目，英语学科的教学水平是一个地区的教育状况和整体教育水平的体现。2001年，教育部颁布了《关于积极推进小学开设英语课程的指导意见》，规定从2001年开始，全国县级以上城市及乡镇所在地自小学三年级起逐步开设英语课程。2011年，教育部出台了《义务教育英语课程标准》（以下简称《新课标》），明确指出，义务教育阶段英语课程的总目标是，"通过英语学习使学生形成初步的综合语言运用能力，促进心智发展，提高综合人文素养。综合语言运用能力的形成建立在语言技能、语言知识、情感态度、学习策略和文化意识五个方面整体发展的基础之上[①]。"其中，语言技能和语言知识是综合语言运用能力的基础，语言技能包括听、说、读、写四个方面，语言知识涵盖语音、词汇、语法、功能、话题五个方面。《新课标》对义务教育阶段的语言技能提出了五个不同级别的目标要求，对语言知识提出了二级和五级的目标要求，二级为小学六年级结束时应达到的基本要求，五级为九年级结束时应达到的基本要求。《新课标》指出，学生在义务教育阶段应该学习和掌握的英语语言基础知识包括语音、词汇、语法以及用于表达常见话题和功能的语言形式等。语言知识是语言运用能力的重要组成部分，是发展语言技能的重要基础。《新课标》的级别要求中，词汇是唯一的一项有量化指标的要求，即在六年级结束时掌握600-700个词汇和50个词组（二级目标），九年级结束时掌握1500-1600个词汇和200-300个词组（五级目标），这些词汇和习惯用语或固定词组以附录的形式列在《新课标》中（详见表1-1）。

表1-1 语言知识分级标准

（本表引至《义务教育英语课程标准（2011版）》18-19页）

级别	知识	标准描述
二级	语音	1.正确读出26个英文字母。 2.了解简单的拼读规律。 3.了解单词有重音，句子有重读。 4.了解英语语音包括连读、节奏、停顿、语调等现象。

[①] 中华人民共和国教育部，2011，义务教育英语课程标准（2011版），http://www.moe.gov.cn/srcsite/A26/s8001/201112/t20111228_167340.html。

第一章 研究概述

续表

级别	知识	标准描述
二级	词汇	1.知道单词是由字母构成的。 2.知道要根据单词的音、义、形来学习词汇。 3.学习有关本级话题范围的600~700个单词和50个左右的习惯用语，并能初步运用400个左右的单词表达二级规定的相应话题。
	语法	1.在具体语境中理解以下语法项目的意义和用法： 名词的单复数形式和名词所有格；人称代词和形容词性物主代词；一般现在时，现在进行时，一般过去时和一般将来时；表示时间、地点和位置的常用介词；简单句的基本形式。 2.在实际运用中体会以上语法项目的表意功能。
	功能	理解和运用有关下列功能的语言表达形式：问候、介绍、告别、请求、邀请、致谢、道歉、情感、喜好、建议、祝福等。
	话题	理解和运用有关下列话题的语言表达形式：个人情况、家庭与朋友、身体与健康、学校与日常生活、文体活动、节假日、饮食、服装、季节与天气、颜色、动物等。
五级	语音	1.了解语音在语言学习中的意义。 2.在日常生活会话中做到语音、语调基本正确、自然、流畅。 3.根据重音和语调的变化，理解和表达不同的意图和态度。 4.根据读音规则和音标拼读单词。
	词汇	1.了解英语词汇包括单词、短语、习惯用语和固定搭配等形式。 2.理解和领悟词语的基本含义以及在特定语境中的意义。 3.用词汇描述事物、行为和特征，说明概念等。 4.学会使用1500~1600个单词和200~300个习惯用语或固定搭配。
	语法	1.理解附录"语法项目表"中所列语法项目并能在特定语境中使用。 2.了解常用语言形式的基本结构和常用表意功能。 3.在实际运用中体会和领悟语言形式的表意功能。 4.理解并运用恰当的语言形式描述人和物；描述具体事件和具体行为的发生、发展过程；描述时间、地点及方位；比较人、物体及事物等。

续表

级别	知识	标准描述
五级	功能	在交往中恰当理解和运用本级别所列功能意念的语言表达形式：社会交往（问候、介绍、告别、致谢、道歉、邀请、请求允许、祝愿与祝贺、请求与提供帮助、约会、打电话、就餐、就医、购物、问路、谈论天气、语言交际困难、提醒注意、警告和禁止、劝告、建议、接受与拒绝）、态度（同意与不同意、喜欢与不喜欢、可能与不可能、偏爱和优先选择、意愿和打算、希望和愿望、表扬和鼓励、判断和评价）、情感（高兴、惊奇、关切、安慰、满意、遗憾）、时间（时刻、时段、频度、顺序）、空间（位置、方向、距离）、存在（存在于不存在）、特征（形状、颜色、材料）、计量（长度、宽度、高度、数量、重量）、比较（同级比较、差别比较、相似和差别）、逻辑关系（原因与结果、目的）。
五级	话题	围绕本级别所列话题恰当理解与运用相关的语言表达形式：个人情况（个人信息、家庭信息、学校信息、兴趣和爱好、工作与职业）、家庭朋友与周围的人（家人和友人、朋友、其他人）、居住环境（房屋和住所、居室、家具和家庭用品、社区）、日常活动（家庭生活、学校生活、周末活动）、学校（学校设施、学校人员、学习科目、学校活动）、个人兴趣（游戏与休闲、爱好、娱乐活动、旅游）、情感与情绪（情感、情绪）、人际交往（社会行为、合作与交流）、计划与安排（计划、安排）、节假日活动（节日与假日、庆祝活动）、购物（购物计划、商品、选择、付款、个人喜好）、饮食（食物、饮料、饮食与习俗、点餐）、卫生与健康（身体部位、体育健身、个人卫生、疾病、健康饮食、医疗）、安全与救护（安全守则、意外、急救、自我保护）、天气（天气情况、天气预报、衣着与天气）、文娱与体育（电影与戏剧、音乐与舞蹈、体育与赛事）、旅游与佳通（旅行、交通运输方式、交通标志、使用地图）、通讯（写信、打电话、使用互联网）、语言学习（语言学习经历、语言与文化、语言学习策略、体态语）、自然（动物和植物、山川与河流、季节、宇宙、人与自然）、世界与环境（国家与民族、环境保护、人口）、科普知识与现代技术（数字与数据、科普知识、发明与技术、信息技术）、历史与社会（中国历史与世界历史、著名人物）、故事与诗歌（故事、诗歌、短剧、作家）。

目前，学术界对英语词汇教学的研究已取得丰富的成果，但对地处少数民族地区的中学英语词汇教学的研究成果，特别是以易地扶贫搬迁安置点中学为研究对象的成果不多，而将基于成果导向的教育（OBE）理念与中学英语词汇教学结合的研究为空白，为此，将基于成果导向的教育（OBE）理念与中学英语词汇教学结合，对黔东南民族地区易地扶贫搬迁中学英语的词汇教学进行调查研究必将引起广大中学英语教师及教育行政部门的关注，对全面提高黔东南州中学英语教学质量有一定的理论与实践意义。

本研究的理论意义体现在以下三点。

（1）丰富英语教学理论，丰富学术界对中学英语词汇教学，特别是民族地区中学英语词汇教学的研究；（2）为黔东南地区开展中学英语词汇教学研究提供理论依据；（3）为黔东南地区教育行政部门提供教学改革的参考依据。

本研究的实践意义体现在以下三点。

（1）有利于促进黔东南地区中学英语教学，提高教学质量；（2）有助于促进教育理论与中学英语词汇教学实践的结合，更好地指导中学英语教学实践。为黔东南州易地扶贫搬迁安置点中学的英语教学提供理论依据和实践素材；（3）有利于中学生英语学科核心素养的提高。

第四节　本章小结

在本章节中，主要的内容包括四个小节，第一节是研究背景，阐述了成果导向的教育理念和将成果导向教育理念运用于易地搬迁中学英语词汇教学的思路；第二节是中学英语词汇教学现状，以前人研究的调查结果和本研究开展的实验前调查为基础，从学生词汇水平参差不齐、教师词汇教法单一、缺乏专门的评价机制三个方面对中学英语词汇教学现状进行了阐述和分析；第三节是研究的目标、内容和意义，对本研究的目标和内容进行陈述，对本研究的研究意义和实践意义进行分析以及第四节本章小结。

第二章 文献综述

本章对本研究相关领域的文献进行综述,包括教学设计相关研究、支架教学理论运用于学科教学的相关研究、克拉申"i+1"理论的国内外研究现状、词汇教学策略相关研究、基于成果导向教育(OBE)国内外研究现状及分析几个方面。

第一节 教学设计相关研究

教学设计形成于20世纪60年代,标志是加涅(1988)的《教学设计原理》[①]。为了与传统的教学设计相区别,国外又称之为教学系统设计(instructional systems design)或系统化教学设计(systematic instructional

---

[①] 加涅.教学设计原理[M].上海:华东师范大学出版社,2000.

design）①。

  教学设计的构想最初源于美国教育家杜威（John Dewey）对"桥梁学科"的提倡，将学习理论和教学实践连接起来，建立一套系统地与教学活动有关的理论知识体系，实现教学的优化设计②。学习心理学、控制论、信息论、系统论等横向科学的建立和发展及教育变革的强烈欲望，推动了教学设计理论体系的建立和发展。

  在教学设计的早期阶段，主要是应用行为主义学习理论指导教学设计，程序设计是教学设计的方法依据。20世纪60年代末至整个70年代，认知主义学习理论逐渐代替行为主义，以学习者心理过程为基础设计系统的教学程序以支持各类学习的发生，形成了第一代教学设计理论。20世纪80年代开始，教学设计理论开始向着两个方向发展：一是，沿着第一代教学设计理论家开创的思路，深入研究知识的类型和能力结构，开发研制相应的教学策略，进一步发展和完善第一代教学设计理论；二是，另辟蹊径，重新考虑设计思路，第二代教学设计理论开始兴起，它更多的是提出教学设计的指导性原则，而没有建立系统的设计模式。总的来说，第二代教学设计理论对比第一代教学设计系统具有软系统思维的特征。

  所谓硬系统，是一个能自我适应、自我转换、自我满足的封闭功能系统。第一代教学设计理论家们相信通过对课堂教学系统各要素的精细操作，能够演绎出预期的运行结果，即实现教学的最优化和教学结果最大化。而软系统是一个边界模糊，虽有一定的自我调节功能，但不能"自足"的系统。第二代教学设计理论家认为，依据课堂教学系统本身的要素不能完全推演出理想的教学结果，不能期望通过教学系统的操作完全解决教学本身的问题。

  谭会（2009）陈述，两种教学设计的系统思维观具有以下主要区别：（1）在系统"定位"方面，硬思维多把焦点放在"教学"上，强调教师的"主导"作用；软思维则重在关注"学习"，教学设计就是为学习者设计学习

---

① 王继新，杨九民.初中科学教学设计 基于案例分析的初中科学课程教学设计方法[M].北京：高等教育出版社，2008.

② 屈勇，胡政权，姚贞，向朝春，胡宁.现代教育技术[M].成都：西南交通大学出版社，2013..

背景，教师是学习的促进者和指导者。（2）在系统的"边界"方面，硬系统思维的系统是一个相对封闭的系统；软思维的系统则是一个开放的混沌的系统，教学资源的变化、教学手段的更新等各方面因素都是设计教学必须考虑的问题。（3）在系统的"功能"方面，硬思维关心的是利用负反馈机制调整系统的运作，主张在闭合回路中优化系统运作，追求系统的最优化；软思维则突出系统的开放性，强调对教学进行大刀阔斧的改造，追求在开放系统中达到自适应和自平衡。（4）在系统的"视野"方面，硬思维采用行为主义、结构主义观点，具有客观主义和实证主义倾向；软思维依据人本主义、建构主义、存在主义的观点，具有主观主义的色彩。（5）在系统的"操作程序"方面，硬思维突出循序渐进、按部就班，精细严密地筹划，强调合理有序；软思维则强调互动影响，反复循环，根据具体情景的特点进行设计，强调统揽全局[①]。

周启平（2019）针对目前中学英语课堂教学效果不甚理想的情况，为活跃英语课堂教学气氛，培养学科核心素养，让课堂变得有趣味性、真实性、形象性和直观性，提出教师要坚持以情感投入为主，利用各种资源改革英语教学手段，利用思维导图、创造情境等有效方式激发学生的学习兴趣，让学生能够较快、较好地融入教学，促进其创新思维和提高其语言能力，从而提高课堂教学的有效性[②]。

教学设计的这种从封闭系统到开放系统、从简单到复杂系统、从清晰系统到混沌系统，从渐变系统到突变系统的认识变化，是教学设计理论新的飞跃。进入20世纪90年代后，软系统思维备受关注，并开始成为教学设计的主导思想。本研究基于成果导向教育理念（OBE）对中学英语核心课程的教学进行设计，并进行教学实践行动研究，力求教学设计能够系统化且具有实效性。

---

① 谭会.中学物理模型教学设计的理论与实践研究[D].东北师范大学，2009.
② 周启平.构建中学英语高效课堂策略探究[J].中国教育学刊，2019，（S2）：53-54.

第二节 支架教学理论运用于学科教学的相关研究

本节以"支架教学"为关键词，通过查阅知网（CNKI）、万方等相关电子文献，进行收集整理和分析，发现支架教学主要有两大类研究途径：一类是在支架教学理论指导下的各个科目的实践策略；一类是对支架教学的理论性探索。但综合查阅文献发现，前者占据篇幅远远多于后者。

闫寒冰（2003）认为信息时代的发展提倡以"学生为中心的学习"，而学习支架的设计最能体现现代教师的教学技能，其种类也是纷繁复杂，比如意见支架、问题支架、图表支架等[1]。

王海珊（2005）提出建立支架教学三步骤：（1）创设问题情境；（2）师生共同合作解决问题；（3）学生自主学习。强调教师在搭建支架时要以学生为中心，低年级学生的好奇心比较强，可以发挥其优势，着重其观察能力的培养[2]。另外，教师在观察学生时，不仅需要关注他现在正在干什么，还要去研究为什么会做出这样的举动以及下一步会怎样。

杰理·罗西克（2009）对新手教师和专家型教师进行了长达10多年的教学实践研究，这些实践主要集中于情感性支架的研究，杰理·罗西克将其定义为教师使用类比、隐喻和叙述的方式去引导学生对该知识内容产生一定的情感，从而能够增进学生的学习能力。在这10年的相关研究中，他发现了教师提供情感性支架几乎都是用文字性进行描述，采用叙事、类比和比喻方法，主要让学生对学科内容产生情感体验的知识[3]。

张丽霞和商蕾杰（2011）结合当今教学发展趋势，在当今热点的虚拟课堂学习情境下提出了六种学习支架：方向型支架（明确学习目标）、情境型

---

[1] 闫寒冰.信息化教学的学习支架研究[J].中国电化教育，2003（11）：18–21.

[2] 王海珊.教与学的有效互动——简析支架式教学[J].福建师范大学学报（哲学社会科学版），2005（01）：140–143.

[3] 杰理·罗西克.情感性支架：学生情感和学科内容交叉点上教师知识的研究[J].开放教育研究，2009（05）：62–70.

支架（创设有意义学习情境）、任务型支架（教师提供学习任务）、资源型支架（提供相关学习资源）、交互与协作型支架（交流协作促进学习发生）、评价型支架（明确自己的学习阶段）①。

盛艳和张伟平（2012）强调新时代教师的角色由参考答案的讲述者变为学习资源的提供者；由教育教学的独白者变为师生合作的参与者；由传统的教书匠转变为学生自主学习的引导者；在教学中逐渐减少对学生学习的协助②。

郭晓旋、付东青、严涛（2013）探究支架教学在数学中的应用，其步骤是由创设教学情境、搭建教学支架、独立探索研究、合作互助学习、评估学习效果等相关步骤组成③。在当时，该模式的提出看到了支架教学的先进之处，但进一步发现该研究仍聚焦在"以学生为中心"，并未提出新的亮点。

何克抗（2017）教授通过阅读《教育传播与技术研究手册》认可现今支架教学公认的定义为：由比学习者能力水平高一级的人（如教师或父母）对学习者所提供的即时帮助支撑，此种帮助对学习者是有意义的，能够让学习者获得思维的提升，支架可以分为一对一支架、同伴支架和基于计算机的支架④。

董宏建（2017）在观察某教师课堂时，强调学生自主学习，也就是进行探究式教学，但学生（尤其是低年级学生）在面临复杂的学习任务时，需要教师引导逐步走向深入，也就是教师需要搭建适当的支架⑤。

弭乐和郭玉英（2018）认为认知支架理论中的脚手架有两个互补机制：（1）帮助构建问题解决任务；（2）使主题问题化，因此根据认知支架理论提

---

① 张丽霞，商蕾杰.虚拟课堂学习支架的类型及功能[J].中国电化教育，2011（04）：5.
② 盛艳，张伟平.新课改视野下的支架式教学：师生角色调适问题探讨[J].教学与管理：中学版，2012（08）：3.
③ 郭晓旋，付东青，严涛.支架式教学模式在数学应用中的探究[J].内蒙古师范大学学报：教育科学版，2013，26（6）：3.
④ 何克抗.教学支架的含义、类型、设计及其在教学中的应用——美国《教育传播与技术研究手册（第四版）》让我们深受启发的亮点之一[J].中国电化教育，2017（04）：9.
⑤ 董宏建.胡贤钰.我国STEAM教育的研究分析及未来展望[J].现代教育技术，2017，27（09）：114–120.

出"概念支架"和"论证支架"。第一个指的是有关知识概念或操作步骤的提示和暗示，这些提示和暗示通常以问题的形式进行探讨，第二个指的是有关论点结构元素名称的提示和暗示，比如人的思想①。

王彩云、刘加明（2019）等人以"太阳视运动图"为例，为学生搭建基础理论支架、概念支架、问题支架等让学生层层递进深入学习，其目的在于通过模型化的演示，对那些尚且不具备空间想象能力的学生搭建支架，而对那些思维水平较高的学生来说也能提供多样化的学习方式，学生能够理解相关知识概念并运用②。

金海霞（2020）通过对比第二学段统编版教材和人教版教材，发现统编版教材提供了些许相应的复述支架，复述支架指的是教师在教学过程中能够使学生将书本知识复述出来内化为自身知识。总结出三大关键策略：搭建精细化支架，由复述丰富语言积累；巧设简约性支架，用复述促进语言重组；铺设开放式支架，借复述尝试言语创新③。

斯苗儿（2020）提出了一个新的思路，不单独聚焦于课堂，而是把眼光放到教师教研时，根据小学数学教师进行教研活动时所发现的一系列问题，建立了"改课"的操作支架④，主要包括三段（集体备课、模拟上课以及现场改课）十步（诊断起点、分组研讨、集中反馈、重构完善、方案论证、新手上课、专家示范、新手再上、视频剖析以及形成方案），她从教师出发，寻求教师应该搭建支架来促进自身的专业性发展而不仅仅聚焦于学生，这是一个很好的思路。

赵玉梅（2020）在数学中运用支架是为了促进学生的深度学习，支架分为学材支架、情感支架以及学法支架⑤；学材支架要求收集学生的真实想法、

---

① 弭乐，郭玉英.概念学习进阶与科学论证整合的教学设计研究[J].课程·教材·教法，2018（05）：9.
② 王彩云，刘加明.基于支架式教学的案例研究——以"太阳视运动图的判读"为例[J].地理教学，2019（24）：55-58.
③ 金海霞.第二学段复述教学支架的优化[J].教学与管理，2020（02）：45-47.
④ 斯苗儿.现场改课：从"说给你听"到"做给你看"[J].人民教育，2020（22）：4.
⑤ 赵玉梅.建构数学深度学习三大"真学支架"[J].教学与管理，2020（08）：4.

创新学习材料；情感支架要求优化问题情境、促进学生的好奇心、好胜心以及荣誉心；学法支架可以将数学化的"量"转化为"图"，引导学生对比分析感性材料，并且整理错题，进行自我学习和修正的过程。

对于支架教学的定义每个学者都有自己独到的见解，综合各家所言，可以发现，虽然各位研究者把支架分为了很多种类，比如情感支架、概念支架、任务支架等，但是建立支架都是为了达成一个共同目标，即促进学生思维能力的转变、增强学生自学能力、从接受学习转变为发现学习、探索学习。支架只是教师搭建的一个桥梁，学生最终目的达成以后，教师就可"过河拆桥"。本研究中，授课教师将实验班级学生分成小组进行小组合作学习，为他们搭建学习平台，培养他们的团队精神和合作精神，教师指导学生学习各种学习词汇方法和策略，为学生树立采用词汇学习策略学习中学英语核心词汇的理念，设计各种词汇教学活动让学生完成学习任务，促进学生词汇学习成果的产出。

第三节　克拉申"i+1"理论的国内外研究现状及分析

本小节包括克拉申"i+1"理论的国内研究现状、国外研究现状以及研究现状分析三个部分。

一、克拉申"i+1"理论的国内研究现状

关于克拉申"i+1"理论，大多数研究者是采取支持的态度，而对该理论的论证却鲜有人做研究，因此，该理论论证和实践有待进一步考量。罗

立胜（2001）指出，输入假设是基于以下三个方面的基础上确立下来的：（1）外国环境；（2）语言习得；（3）外国语言习得[①]。然而将此理论应用在中国的外语教学过程中时，由于学习者学习环境的差异，该理论的应用就显得捉襟见肘。可是，若仅就语言学习的方面而论，我们的外语教学仍可从输入假设中收获颇丰：（1）该输入假设警示了我们不同环境乃至不同途径的语言信息输入量较为明显的差异性，不论是课内还是课外，要在学习者的语言环境使用方面做足功课，真实的语言环境可推动学习者快速前进。（2）视觉上的语言输入仍旧是学生学习外语的主要途径，即阅读，这种认知从上述的输入假设理论中得以进一步印证。鉴于视觉阅读的重要性，多种多样的输入形式以及输入内容的及时完善和更新会为学习者带来强烈的视觉盛宴。（3）在对教材难易度以及教师语言使用的选定上均可以依据i+1输入规则。

王小宁（2001）指出了克拉申假设中的诸多局限，首先是弱化了语言习得过程中对于语言学习的重大意义，将语言输入放在了过高的位置，同时，社会因素以及社会环境的影响对语言习得所发挥的影响无从考证，有待更多的研究进行说明[②]。陈艳华（2011）立足于认知理论，研究克拉申的可理解输入和情感因素的有效结合与英语分级教学的关系，提出了输入假设和情感过滤假设理论的有效结合对有效实施英语分级教学的启示[③]。可理解性的语言输入有四个特点：（1）可理解性，学习者所接受的语言材料必须稍微高于学习者所掌握的。（2）既有趣又有关联，是指语言的输入能够引起学习者足够的兴趣且与生活息息相关。（3）非语法程序安排，语言习得是在一个自然的环境下产生的。（4）足够的量，只有大量的语言输入才有语言习得[④]。

[①] 罗立胜，李子男，葛岚.克拉申语言输入说与外语教学[J].清华大学学报（哲学社会科学版），2001，16（4）：71-74.

[②] 王小宁.克拉申的习得/学得假说与外语教学[J].外语界，2001（1）28-31.

[③] 陈艳华.克拉申的输入及情感过滤假设的认知分析[J].湖南社会科学，2011，（03）：183-185.

[④] 李博琳.克拉申"语言输入假说"综述[J].海外英语，2021，（12）：103-104.

输入假设的漏洞和局限主要体现在以下几个方面：首先，语言输入是怎样形成的，克拉申的输入假说并不能给予一个详尽的解释。其次，外语学习是一个漫长而复杂的过程，输入假说却与此说法背道而驰，同儿童的母语习得相提并论，这着实不妥。再次，在第二语言习得中说：人类创造力以及主观能动性才是语言学习的中坚力量，输入假说则过于看重语言输入的作用。因此，可理解性输入只会促进外语的学习，不能形成其充分条件。最后，克拉申的输入假设在实际应用中也会遇到多种困难，实际操作可能难以进行。这主要归因于学习者认知能力、语言水平以及个体方面明显的差异。此外，此假说是在真实的语言环境中所得出的理论体系，把所有学习者均放置于真实、自然的环境体系中进行语言输入的语言习得，作为第二语言学习，我们缺乏这种真实、自然的语言环境，这不言而喻给英语学科的学和教带来困难。本研究在检测中学生现有的词汇量基础上，根据词汇的分级，逐步加大学生词汇学习的输入，设定学生词汇习得目标，以期学生在经过一年的词汇训练后达到《新课标》中的五级词汇要求。

二、克拉申"i+1"理论的国外研究现状

起初，克拉申的输入假说就备受争议，那么克拉申到底提出了哪些有力的证据来论证其假说的合理与正确呢？具体从这几个方面分析：（1）人们与第二语言学习者进行交谈时，通常采用特殊的方式，这从克拉申的角度来看，特殊方式中所体现的语句语速明显减慢，句子精短并且语法易懂，那么这样的语言输出和外国人的水平是一致的。（2）学习第二语言的人通常不会在刚刚接触的陌生环境中学习讲话，会有一段沉默的过渡期，这是克拉申总结那些孩童开始说第二语言的案例中得出的结论。Sarka Hubackova 和Lona Semradova（2013）以一个五岁的日本孩童为研究对象，小孩待在真实而又自然的英语环境中几个月之后才开始触及英语的学习，这项研究验证了人

们不会在刚接触的陌生环境中学习讲话，会有一段沉默的过渡期的结论[①]。（3）人们同要学习母语的孩子进行交谈时，以一种特殊的方式进行，母亲会尝试以孩子能够理解的话语进行沟通，并不是通常所说的i+1水平，这就是展示在我们面前的清晰的可理解性语言输入形式。（4）年轻者与年长者对第二外语的学习体现了可理解性输入的实践性意义，研究表明，短期的第二语言学习适合成人，相反的，儿童则对长期的第二语言较为擅长，而且第二语言水平的高低与可理解性输入接触的程度成正比。（5）可理解性输入的缺损会阻碍语言习得。比如说，有听力障碍的孩子或者是没有视听能力的孩子，其语言习得的能力会比其他孩子逊色许多，这主要归因于合适的可理解性输入的缺损。（6）衡量教学方法有效与否的主要标准是可理解性输入的运用，有效的教学会使可理解性输入在书面以及口头表述方面均得到有效地利用。（7）双语教学备受推崇的主要原因是利用了可理解性输入原理，母语与第二语言同时出现在教学的过程中。Mark Payne（2011）通过探索性案例研究，对克拉申的二语习得理论进行了研究。研究表明，具体化使可理解输入的"网络"演变成一种结构化的方法，研究结果揭露了克拉申理论在"真实"课堂上具体化时的缺陷[②]。

　　纵然克拉申尽力通过多个证据来论证其理论的正确性，可输入假说理论仍旧备受质疑。Michael Long（1983）等人指出对话互动才是第二语言习得的先决条件[③]。Michael Long断言语言习得和互动存在如下关系：交互奠定了输入可理解性的基础，可理解性输入使习得成为可能，换言之，交互推动了习得的发生。因而，可理解性输出并不能对第二语言起决定性的主导作用。

[①] Sarka Hubackova, & Iona Semradova.Some Specifics of Foreign Language Teaching [J]. *Procedia - Social and Behavioral Sciences*，2013（93），1090-1094.

[②] Mark Payne.Exploring Stephen Krashen's "i+1" acquisition model in the classroom[J]. *Linguistics and Education December*，2011，Volume 22，Issue 4：419-429.

[③] 李楠楠.Michael Long的互动假说评述[J].语文学刊（外语教育与教学），2010（09）：133-135.

三、对国内外克拉申"i+1"理论研究现状的分析

基于输入假设,克拉申提出了一系列的语言现象,几乎每个现象下面又潜藏了许多的规律,这些语言规律看起来有理有据,是第二语言学习形成不可分割的部分。但是没有独立的证据来支持可理解性输入,只是对语言现象的推断加之对前面理论的补充以及再解释进行阐述,并没有特定的研究用以支持该假设。另外,对于互动理论而言,交互并不能对所有的语言进行简括,它可能也融合了以下几个方面:(1)较慢的语速;(2)肢体语言;(3)额外的上下文提示;(4)详尽的细节。

研究发现,对话调整对于语言理解大有裨益,同时,较之于预先计划的修正以及语言简括,互动中的修正则能更好地促进理解。但是如何使修正发挥长期的影响作用,这就需要我们做出更多的努力和研究工作。从Swain(1985)的输出假设理论来看,学习者输出的连续性、精确性以及准确性这三个方面无从考量,我们也就不能分辨学习者是否有效地可理解性输入[①]。在国外,对输入假设理论的阐释众说纷纭,国内的研究只是停留在语言的表面认知上,应做一些研究加以论证。当前,研究人员可以借用英语教学的大环境,通过广泛的实验研究,以验证假说的准确性。

第四节　词汇教学策略相关研究

19世纪初,Lexical一词的出现是词汇研究的开始,迄今为止,词汇方

---

① 陈奕曼.Swain的输出假设理论和中国英语教学[J].宜春学院学报,2010,32(09):164-166.

面的研究很丰富。Wilkins（1972）指出，没有语法，能表达的有限，没有词汇，根本无法表达。可见词汇学习在语言习得中极其重要[1]。Nation（2001）的《用另一种语言学习词汇》一书，从词频、构词法、词语搭配、词汇学习策略、词汇的测试和运用、词汇习得与听说读写各种语言技能的关系等等对外语词汇习得和研究进行了全面的论述[2]。国内外大量学者对词汇教学进行了研究：Nation（1974）认为，教师可以通过视觉、触觉和听觉，即演示、图片和解释等方式和手段进行外语词汇的教学。Krashen（1982）指出，为缓解学生焦虑，老师要用多种形式来进行英语词汇教学[3]。Johnson（1990）关于词汇教学的研究成果被广大中国学者应用于具体的词汇教学实践中，诸如猜谜、用字典、重复、做记录等策略。王改燕（2012）论述了二语习得的核心是掌握基于多词单位的深层词汇知识，理据解析是二语课堂词汇教学的佳径[4]。李思萦和高原（2016）通过测试考察了研究对象移动技术辅助外语教学（MALL）与多模态结合对学习者词汇习得的影响[5]。李幸（2019）陈述了认知语言学理论的提出对英语词汇教学有一定的辅助作用，是提升英语词汇教学效率的有效途径[6]。

词汇教学策略相关研究大致可以分为三类：使用词汇学习策略差异的研究、词汇元认知策略和认知策略差异的研究以及社会情感策略使用差异的研究。下面将逐一陈述。

---

[1] Wilkins，D.A. *Linguisticsinlanguageteaching*[M].London：Edward Amold，1972.

[2] Nation，P. *Learningvocabularyinanotherlanguage*[M].Cambridge：Cambridge University Press，2001.

[3] 莫国涛.基于成果导向教育的商务英语视听课程教学模式改革研究[J].湖北开放职业学院学报，2019，32（23）：172-173.

[4] 王改燕.认知语言学框架下的词汇理据解析与二语词汇教学[J].外语教学，2012，33（06）：54-57+62.

[5] 李思萦，高原.移动技术辅助外语教学对英语词汇习得有效性的实证研究[J].外语界，2016，（04）：73-81.

[6] 李幸.浅谈认知语言学理论对英语词汇教学的作用[J].中国教育学刊，2019，（S1）：100-102.

一、使用词汇学习策略差异的研究

郭东明（2016）对学生使用英语词汇学习策略进行研究，发现学优生在词汇学习中使用的词汇学习策略平均值明显高于学困生的平均值，之所以学生成绩有差异是因为他们在学习策略上有差别，学优生与学困生在词汇学习策略的使用上存在显著差异。其中，学优生经常使用的词汇学习策略有六种，分别为选择性注意策略、查字典策略、词形分析策略、运用策略、猜测策略、记笔记策略。研究表明，学困生经常使用的词汇学习策略只有一种机械记忆策略，并且很少使用合作策略[①]。这说明学优生更善于综合运用多种策略来学习词汇，并且在词汇学习策略使用水平上明显高于学困生在元认知策略方面，学优生与学困生四种元认知策略的平均值差存在很大差异。学优生比学困生更频繁地使用元认知策略来调整他们的词汇学习。学优生的自控力、自觉性和自主学习能力强，善于灵活运用有效方法，完成学习任务，因而学习成绩好。张乐（2019）的研究表明，在认知策略方面，两者在运用策略方面差别最大（均值差为1.166）。这说明学优生能够在练习、会话和写作中积极使用词汇。另外，学优生更善于利用词形分析策略（均值差为0.697）和查字典策略（均值差为0.58）来学习词汇，有些学生甚至有意学习构词法知识以记住更多生词。学优生不仅经常查词典，还通过查词典来掌握词汇的意义和用法，学优生也比学困生更加频繁和自由地运用猜测策略（均值差为0.4）[②]。

二、词汇元认知策略和认知策略差异的研究

朱云（2013）将学生分为高分组和低分组进行词汇学习策略的研究，

[①] 郭东明.浅谈高中生英语词汇学习的策略[J].高考，2016，（31）：56-57.
[②] 张乐.大学英语学优生与学困生元认知策略运用的对比研究[D].山西师范大学，2019.

发现在元认知策略方面，高分组学生和低分组学生在运用策略方面存在显著差异（P=0.00<P0.05），认知策略和社会情感策略方面也存在显著性差异（P=0.00<P0.05；P=0.006<P0.05）[①]。这说明高分组学生能够在练习、会话和写作中积极使用词汇。高分组学生更善于利用词形分析策略和查字典策略来学习词汇。有些学生甚至有意学习构词法知识以记住更多生词。学优生不仅经常查词典，还通过查词典来掌握词汇的意义和用法。学优生也比学困生更加频繁和自由地运用猜测策略。此外，高分组学生更能运用背景知识、篇章信息、词根、词缀进行单词的学习。相比之下，学困生更频繁地运用机械记忆策略来学习单词。值得注意的是，无论学优生还是学困生上下文策略、分类策略和联想策略使用频率都不高，其原因有待进一步探讨。

三、社会情感策略使用差异的研究

在社会情感词汇学习策略中，学优生与学困生二者之间存在显著差异，二者在合作策略上差别最大（黄云飞，2012）[②]。这意味着学困生不能很好地运用所学词汇来实现语言交际的目的，因而所学词汇得不到巩固，更不要说扩大词汇量和提高英语成绩了。学优生与学困生在"提问/澄清"策略使用上也存在较大差异。学优生在学习中遇到困难时更善于向老师同学求助，而大多数学困生心理比较自卑，缺乏成就感，因而较少向老师或学生寻求帮助，对词汇甚至是英语学习都不太感兴趣。自我激励策略在两组学生中不存在差异。他们都会不断地进行心理暗示来增强自己的自信心，以期尽快提高成绩。

[①] 朱云.高、低分组学生词汇学习策略差异研究——以高职非英语专业学生为研究对象[J].哈尔滨职业技术学院学报，2013，(06)：4-5.
[②] 黄云飞.高中生英语学习中社交情感策略运用的调查研究[D].广西师范学院，2012.

第二章　文献综述

第五节　基于成果导向教育（OBE）国内外研究现状及分析

学界公认William Spady为OBE之父，他对OBE进行了持续和深入的研究，于1994年发表专著《基于成果的教育：关键问题与答案》，对OBE理论进行了详细的论述[①]。此后，理论界和实务界在全球范围内对OBE理念展开了积极讨论和广泛实践。20世纪90年代，OBE理念被广泛应用于教育政策战略层面，澳大利亚和南非将其作为国家教育政策；1994年，美国启动了成果导向教育理念有关项目；2005年，我国香港地区的大学系统实施OBE理念；2014年，英国、俄罗斯、加拿大等国相继认可和使用OBE理念。Acharya C.（2003）运用OBE理论框架对学生学习表现进行评估[②]；Fantasia Monique Taylor（2000）将OBE理念运用到教学大纲的设计中[③]；其他的学者有Harden R.M.（1999），Jonathan, V.M.（2017），Zainul, I.Z.（2018），等等。

国内学者早在2003年便开始译介"OBE"理念，但是之后十年未引起重视，直到2013年国内OBE研究的热度不断上升，近几年增长迅速。有的学者对OBE进行理论研究：祝怀新，毛红霞（2006）对南非OBE课程模式的产生、概念的理解和特征三个方面进行探析，以期为我国的课程模式提供借鉴[④]。申天恩、申丽然（2018）论述和分析了OBE理念中的学习成果界定、

---

① Spady, W. *Outcome-Based Education: Critica lIssues And Answers*[M].Arlington, The American Association of School Administrators, 1994.

② Acharya, C.Outcome–based Education（OBE）: A New Paradigm for Leaning[J].*CDT Link*, 2003（7）: 3.

③ Fantasia Monique Taylor.*ArgueaboutStudent LearningOutcomes*[M].Cambridge: Cambridge Education Review, 2000: 83.

④ 祝怀新，毛红霞.南非"以结果为本的教育"课程模式探析[J].外国教育研究，2006（04）: 34-38.

测量与评估[1]；刘建珠（2019）对OBE的源起、内涵和框架进行了解读[2]。有的学者对OBE进行教学实践研究：王金旭，朱正伟，李茂国（2017）将OBE理念运用到教学模式中，分析了基于成果导向教学模式的内涵[3]；雷萍莉（2016）将OBE理念运用到英语写作教学中[4]；樊湘军、关兴华（2017）将OBE理念运用到英语口语教学中[5]；莫国涛（2019）将OBE理念运用在英语视听课程教学中[6]；汤瑞琼（2019）将OBE理念运用于高中英语阅读教学中[7]。

OBE（基于成果导向的教育）在国内的研究多集中在对外文翻译的文章上，尤其是集中在对它的基本概念、起源、发展相关的文章中。以李志义（2018）为主，在《应用型人才培养体系改革》《地方高校发展的顶层设计》《解析工程教育专业认证的学生中心理念》等相关研究中就强调了成果导向的概念及内涵，还有工程专业认证的成果导向理念[8]。杨志宏（2019）对成果导向教育理念的信息、语言基础，都进行了详细的研究并且对其的教育的内涵以及局限性也进行了论述[9]；李光梅（2007）的《成果导向教育理论及

---

[1] 申天恩，申丽然.成果导向教育理念中的学习成果界定、测量与评估——美国的探索和实践[J].高教探索，2018（12）：49-54+85.

[2] Acharya, C.Outcome-based Education（OBE）: A New Paradigm for Leaning[J].*CDT Link*, 2003（7）: 3.

[3] 王金旭，朱正伟，李茂国.成果导向：从认证理念到教学模式[J].中国大学教学，2017（06）：77-82.

[4] 刘建珠."OBE"理念在高职商务英语专业人才培养中的应用研究[J].商务外语研究，2019，（02）：68-73.

[5] 雷萍莉.试论成果导向型英语写作教学新范式的创建[J].佳木斯大学社会科学学报，2016，34（06）：187-190.

[6] 莫国涛.基于成果导向教育的商务英语视听课程教学模式改革研究[J].湖北开放职业学院学报，2019，32（23）：172-173.

[7] 汤瑞琼.成果导向理念下高中英语阅读教学模式优化的行动研究[D].五邑大学，2019.

[8] 李志义，袁德成，汪滢，等."113"应用型人才培养体系改革[J].中国大学教学，2018（03）：57-61.

[9] 杨志宏.浅谈成果导向教育（OBE）理念的起源、发展及理论基础[J].学周刊，2019（29）：5-6.

第二章 文献综述

其应用》对成果导向教育三大理论的实质、特征和实施过程展开研究[①]；申天恩和斯蒂文·洛克（2016）的《论成果导向的教育理念》是从成果导向理论的历史发展过程和历史设计两大板块，进行了对成果导向的教育的详细讲述[②]。在书籍类文章中有安东尼·伍维克（2007）的《创新从头开始——成果导向式创新法》，其重点是对企业"顾客导向模式"的分析，指出收集顾客的期望是其主要的手段。并针对市场制定步骤，帮助企业科学、直观地评估创新构想的概率[③]。成果导向教育虽然由国外传入中国，但已经在国内掀起的研究的热潮。这些研究揭示了该理念的含义以及优点，正是因为该理念强调的内涵与我国目前社会发展相适应，具有自身独特的框架和流程，所以才对改革产生了积极的影响。前人在改革中保持着一种固有的思想，在以前的基础方式上修补、进行局部的调整，随着科技的发展和信息技术的增强，教育者开始接触新的观点与方法，思维变得更加开阔，开始不断地进行新的尝试。

基于成果导向的教育（OBE）最早起源于美国，现已成为美国、英国、加拿大等西方国家教育改革的主流理念。细究OBE理念的形成，从其表象可以窥探到美国知名教育学家杜威"目的与手段关系"的影子，而后又融入了泰勒以目标为中心的模式，最终在派纳"自传式课程"的影响下发展而来，它的出现是集众家所长，必然符合现代教育规律。"OBE理念"指教学实施的目标是学生通过教育过程最后取得的学习成果，指学生通过一段时间学习之后最终取得的学习结果和所能达到的最大能力，它不仅局限于学生所知、所了解的内容，还包括应用于实际的能力及涉及的价值观或其他情感因素，它把学习过程看作内化于心灵深处的过程[④]。实践表明，当成果越接近"学生真

---

① 李光梅.成果导向教育理论及其应用[J].教育评论，2007（01）：51-54.
② 申天恩，斯蒂文·洛克.论成果导向的教育理念[J].高校教育管理，2016，10（05）：47-51.
③ [美]安东尼·伍维克.创新从头开始——成果导向式创新法[M].北京：中国财政经济出版社，2007.
④ 龚锋，曾爱玲.以OBE理念完善我国高校国际经济与贸易专业人才培养的思考[J].高教学刊，2018，（24）：160-163.

实学习经验"时，其存续的时间越长，尤其是长期、广泛实践的成果，其存续性更高[①]。OBE作为一个系统化教育理论，包括确定学习成果、构建课程体系、确定教学策略、自我参照评价、逐级达到顶峰五个方面的进步流程，秉持反向设计原则，即由需求决定培养目标，继而决定学业要求，决定课程体系，有效解决"为什么学""学什么""怎么学"以及"学了有什么用"等核心教学问题。OBE遵循学习成果为导向和学生为主体原则，提倡以学生为中心、持续改进教育与教学理念，主要强调针对学生特点的个性化教学，其更深层次的本质是人本教育，与我国宏观素质教育改革方向一致，并提供了有效的教学范式，这也就为其在基础教育领域的应用铺垫了基础[②]。

综上所述，将OBE理念用于教学实践的研究正为越来越多的教育研究者所重视，国内外许多研究证实词汇是语言习得的根本。虽然将OBE理念与英语教学结合的实践研究不少，但未见将此理念与英语词汇教学结合的实证研究，以易地扶贫搬迁安置点中学为研究对象更是空白，这正是本项目的新意和价值所在。

第六节 本章小结

本章是对本研究相关领域的文献进行综述和分析，包括五个小节。第一节是成果导向教育（OBE）内涵、原则和框架，第二节是支架教学理论运用于学科教学的相关研究，第三节是克拉申"i+1"理论的国内外研究现状，第四节是词汇教学策略相关研究，第五节是OBE国内外研究现状及分析。

[①] 胡冰，郭晓娟.基于OBE教育理念的供热工程课程教学探讨[J].东莞理工学院学报，2019，26（03）：116–119.

[②] 晏妮.OBE理念下的中学数学教学模式改革[J].才智，2020（18）：76.

第三章 研究的理论基础

本章从九个方面对本研究的理论基础进行阐释。第一节是基于成果导向教育（OBE）内涵、原则和框架，第二节是语言教学法，第三节是词汇教学策略，第四节是情境学习理论，第五节是建构主义学习理论，第六节是支架教学理念，第七节是教学设计理论，第八节是克拉申"i+1"理论，第九节是语言习得理论。

第一节 基于成果导向教育（OBE）内涵、原则和框架

OBE即基于成果导向教育，是一种以学生的学习成果为导向的教育理念，从学生需求出发，通过反向设计、正向实施的模式，来确保教育目标与结果的一致性。从某种维度上讲，是作为素质教育"人本"理念的进一步细化，有着良好的普适性和针对性，是中学英语学科教学改革的思想理

念指导，对解决其实践中的问题有着重要意义，有利于提高教学效率和质量，驱动着更深层次的创新变革，并很好地适应国家教育部的《义务教育英语课程标准》中英语课程总目标和分级目标的语言技能、语言知识、情感态度、学习策略和文化意识五个方面的要求，应当引起足够的重视[1]。当今教育界，基于OBE理念的教学发展研究备受关注和热议，并逐步渗透到了各学科领域。

一、基于成果导向教育（OBE）的内涵

OBE是一种新型的教育理念，以学生的学习成果（Learning Outcomes）为指引，学生通过自主学习和教师引导获得学习成果，这是课堂规划、教学设计以及课程大纲要求要达到的目的。OBE重点对学生的学习结果进行判断，强调学生在学习之后能够对现实造成怎样的作用，而并非仅仅关注学生学习知识的具体内容，应该更加注重学习之后对学生的影响。根据最终的结果，引导对该课程的设计，经过一段时间的学习后，学生应该将所学知识成果展示出来，从而引发教师对教学内容的丰富和手段的优化，并促使二者与教学策略评价相互协调。基于成果导向教育（OBE）主要阐述了四个核心问题：第一，"What"，教师想让学生学到什么知识？第二，"Why"，为什么想让学生学到这些知识？第三，"How"，怎样帮助学生获得这些知识？第四，"How"，怎样知道学生已经掌握这些知识？

OBE强调每个学生都可以成功，以此为前提，用各种可用的和有效的方法帮助学生取得成功。该理念也强调学生的主体地位，根据学生的个性化特征，关心学生的全面发展，展开教育，让学生自己拥有更多自我探索的智慧，对学生取得的阶段性成果给予肯定。因此，所有的教学活动应着眼于学

---

[1] 中华人民共和国教育部，2011，义务教育英语课程标准（2011版）http://www.moe.gov.cn/srcsite/A26/s8001/201112/t20111228_167340.html。

生之间的相互合作、协助相关的学习策略，然后分阶段逐级最大化促使学生达成顶峰的学习成果。另外，OBE采用多样化的评估方法，制定与之相对应的考核评价指标，通过对收集的数据进行思考与整理，以此验证学生的成果，用来证明达到了预期组织的目标，促使学生与教师共同进步。

二、基于成果导向教育（OBE）的基本原则

OBE理念的基本原则有聚焦成果、扩大机会、提高期待和反向设计，现对这些原则进行逐一阐述。

（1）聚焦成果。聚焦成果要求教学过程中的内容设计以及学生的学习目标始终聚焦在预期的学习成果上，是实施OBE理念最为关键的原则。学生在课程结束后一定要有所收获，如此才能真正发挥OBE理念的作用。教师授课之前应明确学生需掌握哪些知识与技能，通过知识讲解、提供资源或技术指导等手段帮助学生达成预期成果。

（2）扩大机会。课程内容与教学设计要充分考虑每个学生的个体差异，在教学手段、教学环境、教学资源等方面为学生达成预期学习成果提供保障[1]。传统的教学，教师一般以同样的方法在同一时间、同一环境给所有学生提供相同的学习机会，OBE理念要求教师以更加灵活的方式来满足学生的个性化要求，注重因材施教。最后为学生提供呈现个人学习成果的机会，增强学生的学习获得感[2]。

（3）提高期待。学生是一座有待开发的宝藏，教师应该不断发掘学生的内在潜力。在教学过程中提高对学生的学习期待。通过设置具有难度的问题或任务来激发学生的"好奇心"和"好胜心"，让学生在快乐学习中获得成

---

[1] 何静.基于DQP成果导向的人才培养探索与实践 美国学历资格框架中国化的应用实践[M].广州：中山大学出版社，2017.
[2] 毛巍伟.基于成果导向理念的本科人才培养方案探析[J].福建师大福清分校学报，2020，（03）：96-102.

就感，进而提高自信心。学生应正确看待别人寄予的期待，胜不骄败不馁，积极面对学习中的任何困难，始终保持良好的学习动机。

（4）反向设计。反向设计教学内容，正向组织教学活动是OBE理念的特色所在。其中成果目标的设定理应和学生获得的能力有一种对应关系，并确保预期成果在教学环节中有所支撑。这不仅满足预期成果指导课程设计的要求，又遵循了反向设计的原则。在教学设计时应撇弃或弱化不必要的课程内容，有效协助学生成功学习，防止出现资源浪费、人力浪费或效率低下等情况。

三、基于成果导向教育（OBE）结构模式框架

Acharya, C.（2003）基于OBE理念的研究现状分析，以聚焦成果、扩大机会、提高期望及反向设计为实施原则，依据阿查亚的OBE教育模式及项目式实施流程，以"成果为导向，达到预期目标为目的"的思想进行模式构建，最终设计出基于OBE理念的项目式学习教学模式框架[①]。其中包括明确成果目标、开展教学活动、评价学习成果以及运用学习成果四个环节，并对每个环节内容进行细致阐述。以学生为中心、以学习成果为导向、以完成项目为主线、以培养综合能力为本位的教学模式设计期望为当前教学改革提供新思路。具体模式如图3-1所示。

[①] Acharya, C.Outcome-based Education（OBE）: A New Paradigm for Leaning[J].*CDT Link*, 2003（7）: 3.

第三章 研究的理论基础

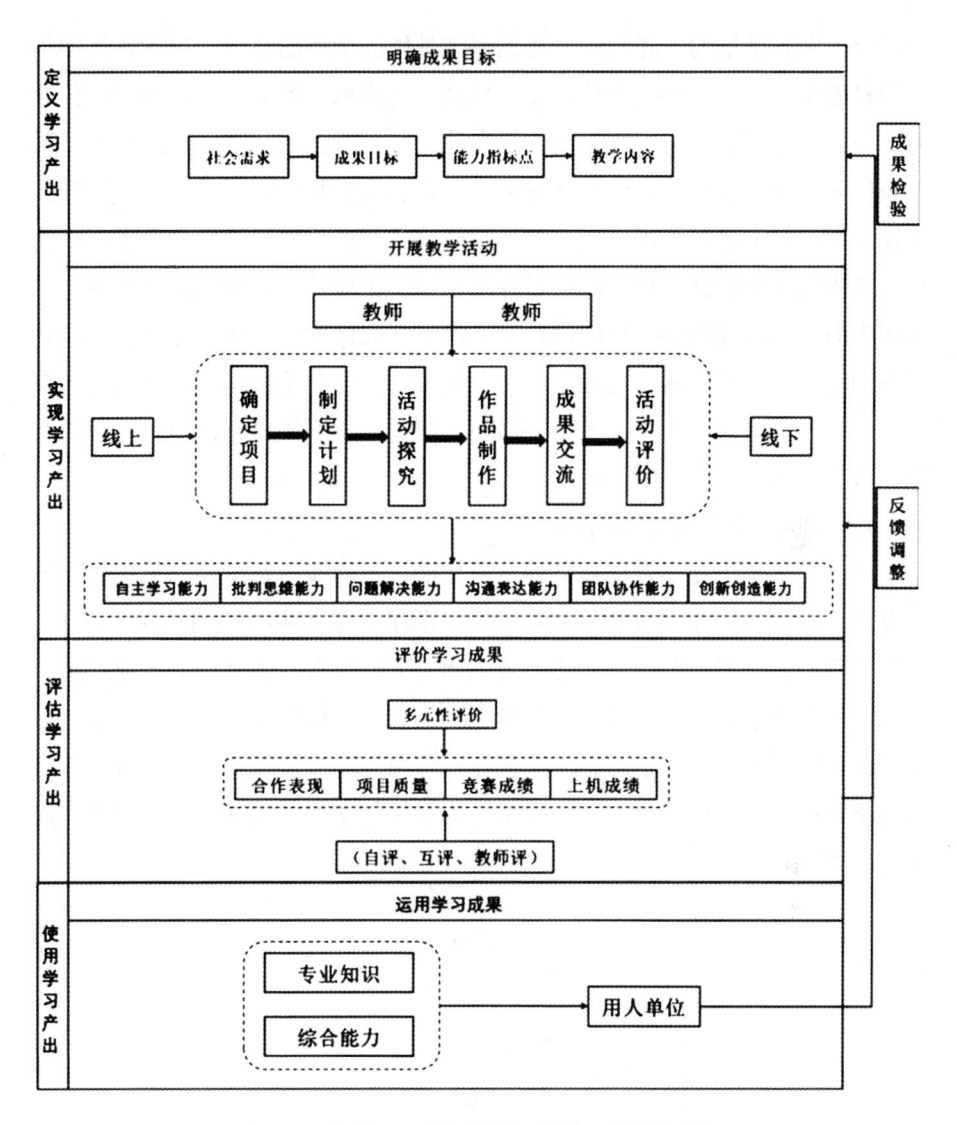

图3-1 基于OBE理念的项目式学习教学模式图

（一）定义学习产出，明确成果目标

定义学习产出是实现毕业要求的形成支撑，也是体现OBE教学理念核心思想的关键环节，落实到具体课程中即为明确成果目标。OBE理念实际运用

很广泛，大到高校的人才培养，小到一个具体的学科的学习，包括各类中小学学科的学习，都有实践案例。在高校从当前需求与社会需求相协调、行业需求与人才培养相匹配、学校定位与专业和学科特色相结合的视角出发，明晰当代高校毕业生培养目标及毕业要求。培养目标和毕业要求决定了培养什么样的人，其主要作用就是连接社会与课堂的纽带。然后将毕业要求指向到每门课程的成果目标，再将成果目标细分为学生应该具备的能力指标点，与课程中的项目形成矩阵，反向设计教学内容，确保学生能够在完成学习时获得预期的学习成果。其中通过对学习者的了解更有利于教学内容的设计。在中小学，各个学科知识内容的重构需要围绕预期学习成果选择教学资源以及设计教学环境。如图3-2所示。

1.社会需求和学科需求分析

社会需求是指社会发展对某种专业技能、素养能力及道德品质趋势发展的期望。培养高质量人才需从社会出发，调查社会对相关行业人才的要求，了解当前的就业形势及热门职业。可以通过上网搜索、咨询毕业生或相关企业部门等方式了解相关情况，为后续课程的成果目标设定提供参考。学科需求指的是完成某个学科学习，学生能在老师引导下通过课堂学习和自主学习达到学科的学习目标，获得学习成果，为今后的学习奠定基础，争取更大成果的实现。

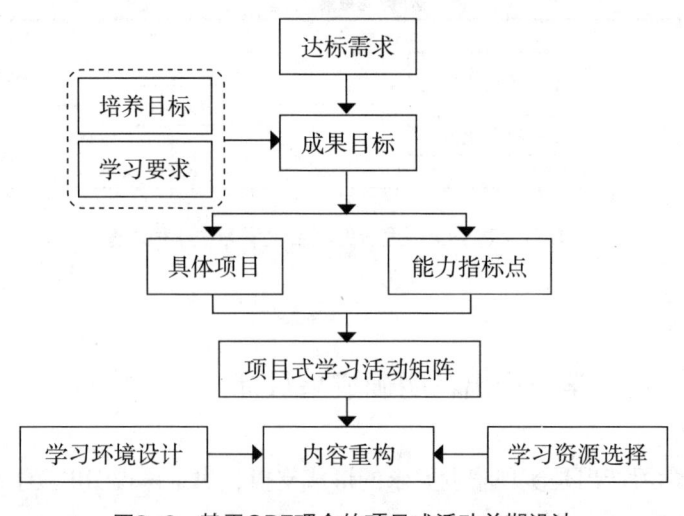

图3-2 基于OBE理念的项目式活动前期设计

第三章 研究的理论基础

2.学习成果目标分析

学习成果目标是指在教学过程中，学生通过学习后需要实现的具体且有价值的成果。从社会的发展明确当前各行业的发展形势，各类学校需顺应当前社会行业需求不断调整人才培养计划及培养目标进而制定学生的毕业要求，最后根据毕业要求再次反向分解确定具体课程的成果目标。本研究将中学英语词汇学习的成果目标分为知识目标、能力目标、素养目标三个维度，根据目标达成的难度，目标可分为高指标点、中指标点和低指标点三种。依据当前学生培养质量的要求，在教学中除了把握学生知识与技能的学习，还应期望学生的综合能力得到培养。

3.能力指标点分析

能力指标点是预期成果目标的再次细化。本研究将宏观的预期成果目标继续细分成多个能力指标点指导教学，分为高指标点、中指标点和低指标点三种。整个教学过程中始终围绕预期能力设置教学环节，每个成果目标都由多条指标点所对应。研究组引用了布鲁姆教学目标分类理论中的认知领域的6个分类等级[①]，即知识、领会、应用、分析、综合和评价，明确每个能力指标点应该掌握的程度。布鲁姆认知领域分类层次一"知识"主要指学习者对知识或学习材料的基本记忆能力；层次二"领会"主要要求学习者具备掌握理解学习材料内容的能力，如总结、解释、释义等能力；层次三"应用"要求学习者能够具备解决问题的能力，包括对规则、概念、方法、原则等方面的实际应用能力；层次四"分析"要求学习者能够根据自己的理解将学习材料进行分类处理便于理解，处理材料的过程中分析能力要求学习者能够充分理解材料各个部分的内容，以及各个部分之间的关系；层次五"综合"要求学习者能够具备将学习材料进行重新加工并形成新的模式的能力；层次六"评价"要求学习者能够具备根据某种标准准确判断材料价值的能力（详见图3-3）。记忆、理解、运用为低阶思维，分析、评价、介绍为高阶思维。

---

① Bloom, B.S., Englehart, M.D., Furst, E.J., Will, W.A.& Krathwohl, D.R. *Taxonomy of Educational Objectives*: *The Classfication of Educational Goals*, *Handbook I*: *Cognitive Domain*[M].New York: David Mckay, 1956.

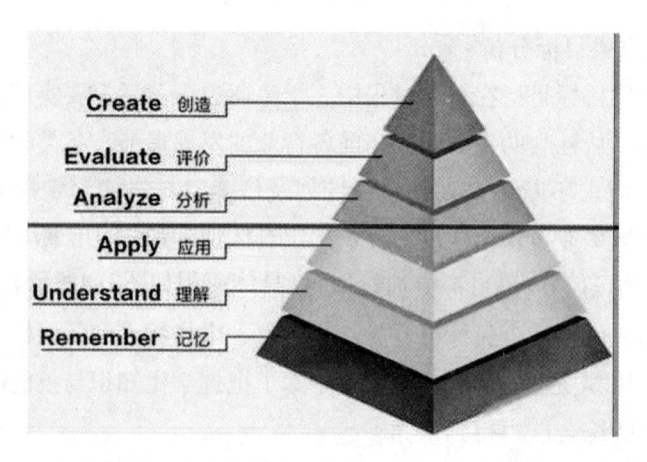

图3-3　布鲁姆（1956）教学目标分类理论中认知领域的6个分类等级

4.项目式学习活动矩阵

明确项目内容与能力指标点后，为了使成果目标落实到项目式学习活动中，可将项目内容与能力指标点逐一对应，形成项目式学习活动矩阵，且每个项目可包含一条至多条指标点，每条指标点都有相应的项目式学习活动进行承接，确保项目与能力指标点对应的完整性，防止疏漏。矩阵除了可以清楚地表达项目与指标点之间的对应关系之外，还可明确每个项目开展的意义以及对能力指标点的支撑作用，如表3-1所示。

表3-1　项目式学习活动矩阵

对应关系	目标1			目标2			目标3		……
	A1	A2	A3	B1	B2	B3	C1	C2	……
项目1	H				M			M	
项目2		M				H			
……			M					H	

注：H：高度支撑指标点；M：中度支撑指标点；A1、B1、C1……为能力指标点

（二）实现学习产出，开展教学活动

实现学习产出是实现课程要求的实施支撑，也是体现学习价值最重要的一个环节，与之对应的即为开展教学活动，其作用决定了怎样培养人。在基于成果导向教育（OBE）的学习环境中，从教师和学生的角度出发，重点通过项目式学习的六个步骤实现学习产出，具体流程如图3-4所示。

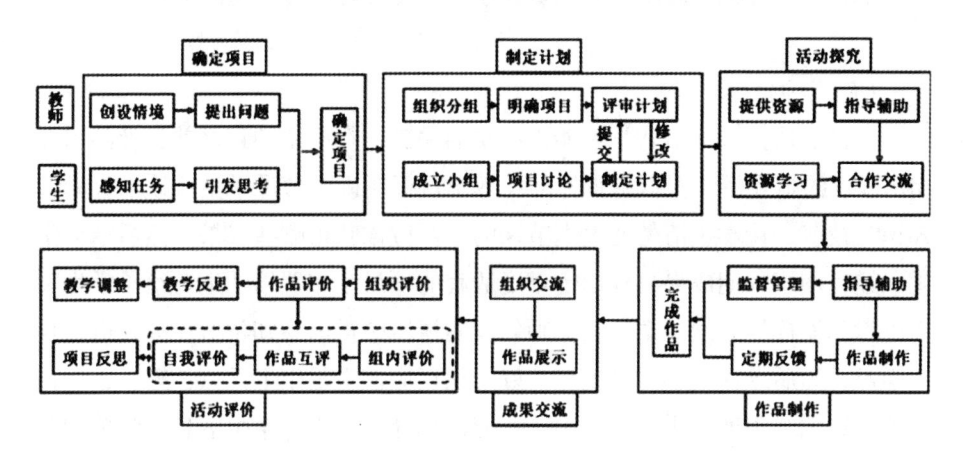

图3-4 基于OBE理念的项目式活动实施流程

OBE理念的项目式活动可以借助OJ系统（Online Judge）、乐念网及微信平台作为学习平台。OJ系统是一个在线编译评判系统，从每个章节的小项目到综合性的大项目都总结在该系统中。学习者可以将在每节课规定的作业和练习结果用线上传递的方式提交到该平台中，平台会根据系统录入的数据判断学生提交练习的正确性，无需老师判题、批改，并且教师和学生都可以在该系统中看到成绩排名及同学提交作业的情况。该平台不仅能够为老师和学生提供方便，还能提高教学质量，是当前不少课程学习重要的练习手段。本研究中易地扶贫搬迁中学主要使用乐念平台进行学生的提交练习的批阅。微信平台是当前最便利的信息交互平台，教师可在微信群内分享资源、发布事务性消息或者提醒督促学生学习等。学生可以在该平台交流想法，请教问题等。

基于成果导向教育的中学英语词汇教学研究

教学主要包括传统教室和机房两种教学环境。在传统教室中，以教师讲授新知及教学指导为主。通过创设情境引出项目内容，指导学生在项目中解决遇到的问题。此外，在作品展示阶段，学生之间不仅可以取长补短，还可增强学习获得感。在机房上课主要以学生实际操作为主，通过完成不同的作业练习，巩固学生的知识技能。本研究中易地扶贫搬迁中学每个教室均有多媒体设备，老师需要课前收集好教学资源，在课上可以进行展示，由于学校禁止学生使用手机，教学资源主要是通过授课教师在晚自习时间给学生展示预习。

1.确定项目

项目的选择是项目式学习能否成功的关键。在确定项目之前，教师需在OBE理念的指导下，根据课程标准及教学目标明确本节课学生应该掌握哪些知识与技能，让学生清楚通过本节课的学习应该获得哪些成果。然后结合学生兴趣，围绕预期成果目标制定难度适宜的项目，布置给学生并给予学生独立思考和发挥的空间。学生在老师创设的情境中提前感知学习任务并进行自主学习，为后续课程学习做铺垫。好的项目应该满足以下几点：第一，项目设置始终围绕预期成果展开。第二，应该选择与学生日常生活息息相关的项目，让学生体验用所学专业技能解决身边问题的成就感。第三，应该选择内容丰富的项目，最好能够融合多学科知识并且值得学生花费至少一周时间去探究，在探究的过程中提升自身能力。

2.制订计划

在明确项目内容的前提下，教师需组织学生划分小组。在划分小组时应注意合理分配每组成员人数，根据每组成员的特长及不足做出适当调整，以保证更好地完成项目。成立小组之后应确定每组的负责人，在负责人的带领下讨论该项目的制作思路，根据学生能力情况明确每个任务的实施者以及完成每阶段任务的时间安排。最后学生将计划书提交给交老师评审，若存在问题需继续修改，直到做出一份合理的项目计划。本研究要求学生制订词汇学习计划，按时完成词汇练习库的词汇卷以及完成分类词汇学习的思维导图等。

3.活动探究

在活动探究过程中，教师需要为学生提供优质的视频资源或参考资料，确保学生在没有教师讲解的情况下有资源可查。当遇到共性问题时教师要及时予以适当的技术指导，帮助学生克服困难。学生可根据各自的任务选择恰当的途径，搜集资料并加工处理，与小组成员针对项目内容进行分析和思考。大家集思广益，相互交流，发表更具创新的想法，通过大家的共同努力实现项目。

4.作品制作

作品制作是实现学习价值的重要体现，也是落实OBE理念的关键所在。学生围绕预期制定的学习成果，将自己所学的知识与技能按照制定的活动计划以完成项目的方式展现出来，并定期向老师汇报制作成果。通过计划书的进度安排明确自己是否达到成果目标。在此过程中，教师除了是知识的传播者之外还是课程实施的监督者和指导者，起到监督管理的作用。项目制作环境有两种，分别是课上和课下。课上教师针对学生已有进度进行指导，并提出相应的修改意见。课下，主要以小组的形式进行讨论，并自主查阅相关资料解决制作项目时出现的问题，必要时可借助网络平台向老师求助。本研究中的学生要求制作思维导图学习各个类别的词汇以及利用绘画学习关于颜色、水果、蔬菜等类别的词汇。

5.成果交流

成果交流是让学生感受完成项目的成就感，保持学习积极性的重要环节。OBE理念强调要尽可能为学生提供展示学习成果的机会，进而激发学生的学习动机。在交流过程中，不仅要展示本组的学习成果，还要向大家讲解本次制作项目的设计思路、技术难点、制作过程中遇到的困难以及如何解决这些困难等方面。各小组分享自己的技能与经验的同时，其他小组可对展示的作品提出意见或建议。此环节大家取长补短，不仅可以弥补学生知识与技能的欠缺，还可提高学生的语言表达能力及自信心等。

6.活动评价

项目式学习与OBE理念都提倡采用多元化的评价方式来衡量学生的学习效果。评价维度主要包括小组合作时成员的表现、项目完成的质量以及展示者在汇报时的表现等方面，具体包括5个指标，即学习态度、课堂参与、探究学习、小组合作、任务完成情况。为使评价结果更加客观，评价主体应是多元的，不仅要接受同学和老师提出的反馈意见，自己也要对自己知识技能的掌握以及合作时的表现有清楚的定位。活动评价是让学生更加客观地了解自己的知识成果及学习表现，通过老师、同学的点评以及个人的自我反思，会使学生的学习更加高质有效地进行下去。

（三）评价学习产出，评价学习成果

评价学习产出是实现毕业要求和学科学习目标实现的证明支撑。有效的评价方式可以客观地反映学生的学习结果，针对学生的不足对教学环节做出调整。OBE教育理念主张采用形式多样、内容丰富的多元评价方式来考核学生的学习成果，突破了以往教学中的总结性评价方式，使考核结果更加客观与立体化。

在此教学过程中，课题组确定词汇学习考核方式由过程性评价和终结性评价两种方式组成，过程性评价占比40%，终结性评价占比60%，满分100分，即：词汇教学课程成绩=过程性评价40%+终结性评价60%。为了便于登记学生得分和计算，过程性评价成绩和终结性评价成绩均以100制登记。其中，过程性评价（按100分计分）包括五个方面：学习态度（20分）、课堂参与（20分）、探究学习（20分）、小组合作（20分）、任务完成情况（20分），其中，"学习态度"由两位词汇学习授课教师来评定，取平均分；"课堂参与"包括学生平时的参与程度、责任意识、口头表达能力等表现，主要通过小组成员根据组员课堂表现或平时表现来确定，评价工具为小组合作评价量规；"探究学习"是通过日常生活中参加竞赛的得分情况来确定。终结性评价是由学生最终完成英语词汇测试所得分数来确定，主要考查学生对英语词汇知识的掌握情况；"小组合作"由班上学生和授课教师共同来评价，通过自主评价、相互评价、老师评价等方式确定，主要指标是对分组学习任务的个人贡献；"任务完成情况"主要通过老师评价的方式确定，评价工具为项目质量评价量规。考试从来都不是教学的终极目标，只是检验学生学习成果的一种手段。所以我们要构建全面的考核体系，用考评结合的方法来促进教学效果，使教学目标得以实现。

（四）使用学习产出，运用学习成果

学生词汇学习训练课程完成之后，可将自己获得的词汇学习成果以及掌握的综合技能运用到学习、生活或工作中。学生的词汇知识习得情况可从英语学科任课教师那里得到反馈，并对教学效果进行反思，从而促进该教学模式持续改进。

本小节对研究中的核心概念进行了阐述。首先，从成果导向教育（OBE）的内涵研究和成果导向教育本质及发展研究两方面对OBE理念进行了概述；接着，阐释了OBE的四大基本原则：聚焦成果、扩大机会、提高期待、反向设计；最后，从定义学习产出，明确成果目标；实现学习产出，开展教学活动；评价学习产出，评价学习成果；使用学习产出，运用学习成果四个方面分析了OBE结构模式框架。

第二节　语言教学法

在英语教学的发展历程中，词汇教学虽然始终是语言学习的基础，但是受语言学思想或心理学理论的影响，对词汇教学的重视度不够，从属地位却是非常明显的。词汇是语言的基石，词汇学习和教学与语言教学法密切相关，本小节陈述了几个与词汇教学极其相关的语言教学法。

一、语法翻译法（Grammar Translation Method）

语法翻译法（Grammar Translation Method）是较早出现的一种教学流派，时至今日在外语教学法中仍然具有顽强的生命力。语法翻译法（Richards

Rodgers，2001）秉承的语言学思想是，任何一种语言都受一切语言普遍规律的约束。各种语言的词汇所表达的概念和语法基本相同，唯一的区别是读音和书面形式的不同，其心理学基础是德国的官能心理学理念。遵循官能心理学的观点，人类的记忆和理解能力是彼此独立的，可以对这两种能力分别进行训练和培养，复杂的语言记忆形式有助于记忆能力的发展，通过适当和适时的引导和讲解可以提高人的理解能力。在此基础上，语法翻译法以本族语为日常教学语言，以语法教学为纲，以翻译为主要教学手段，课堂活动是语法规则的系统讲解和教学内容的逐字逐句翻译[①]。学生的学习活动主要是背诵记忆，通过母语和外语之间的互译来熟悉、巩固所学的语法规则和词汇，或应用语法规则进行翻译练习[②]。上课的主要内容不是翻译教材文本，就是系统地讲解语法规则。总体而言，教师教学形式单一。对于学生而言，学生的学习任务除了背诵和记忆外，大多通过母语与目标语之间互译的形式来练习、巩固语法规则和有关词汇，或采取替换练习的形式加深语法规则的记忆（王小港，2020）[③]。语法翻译法的突出优点在于，充分利用母语，重视培养学生阅读能力；强调掌握外语的关键在于运用语法规则，这种教学方式操作简单，对教师水平和教学硬件设施没有明确的要求。然而，语法翻译法的缺点也是显而易见的。它过分重视翻译的作用、重视语法教学，强调死记硬背，忽视了非翻译性训练手段的运用、学生语言听说能力的培养，更不要说提高学生的兴趣了。

二、直接法（Direct Method）

19世纪中叶，随着欧洲资本主义的发展、国际市场的扩大和交际工具的

---

① 田式国.英语教学理论与实践[M].北京：高等教育出版社，2001.
② 田式国.实用英语教育学（第2版）[M].北京：中国人民大学出版社，2011.
③ 王小港.认知语境视域下高中英语词汇教学策略研究[D].延安大学，2020.

改进，以英语口语为主要交流手段的领域逐步增多。作为语法翻译法对立面的直接法（Direct Method）应运而生。直接法（Richards&Rodgers，2001）以新语法学派的主要思想为语言学基础，突出"类比"在语言中的作用，采取模仿操练的方法进行教学，认为在语言行为的心理活动中起重要作用的是感觉而不是思维。直接法以幼儿习得母语的规律为指导，突出口语训练，用目的语组织教学，利用实物、图画等直观教具解释词汇和句子，以培养学生掌握外语和客观事物建立联系的外语思维能力[①]。这一方法的优势在于，重视口语教学，有助于培养学生听说能力；通过直观教具的使用，在形象和语义之间建立起直接联系，重视句子为单位的教学，突出外语学习的意义性。其不足之处是，照搬幼儿母语习得的方法，忽视了青少年和成人外语学习的特点，降低母语的中介作用，对教师的外语水平和教学的条件要求较高；由于采取归纳法讲解语法，缺少了明晰的语法解释，学生口语中出现的外语语法错误较多。另外，在学习者的初级阶段，直接法是可取的，但是到了中级和高级水平，则很难实现。

三、听说法（Audio-Lingual Approach）

听说法（Audio-Lingual Approach）源于第二次世界大战初期的美国陆军的专业训练计划，听说法（Richards&Rodgers，2001）以美国结构主义语言学为语言学基础，强调口语的第一性原则，突出听说领先，读写跟上；强调语言是一套规则系统，学习外语就要首先学习体现其结构的各种句型。听说法以行为主义心理学为心理学基础，把外语学习归结为"刺激—反应—强化"的过程，教学中利用强化手段使学生养成自动化的习惯。听说法在教学

[①] 王海啸.全国高校大学英语教学发展研究 2014版[M].北京：外语教学与研究出版社，2016.

过程中，以句型为纲，以句型操练为中心，重在培养听说能力[1]。听说法的优点是，强调外语教学的实践性；在分析比较母语与外语的异同点上，有针对性寻找教学重难点，有利于培养学生的学习能力；句型操练的运用避免了语法翻译法繁冗的语法分析，克服了直接法对教师较高外语水平的要求。听说法也有自身的缺点，它的句型操练是机械的，是与语言内容和社会场景脱节的，因而影响学生运用恰当的语言形式进行合适的交际，非常重视听说能力的培养，忽视了学生读写能力的提高。

第三节 词汇教学策略与原则

19世纪初，Lexical一词的出现是词汇研究的开始，迄今为止，很多研究者在词汇方面进行了大量的研究，成果很丰富。著名学者Wilkins（1972）指出，没有语法，能表达的有限，没有词汇，根本无法表达。可见词汇学习在语言习得中的地位极其重要[2]。Nation（2001）的《用另一种语言学习词汇》一书，从词汇学习的目标、词频、构词法、词语搭配、词汇学习策略、词汇的测试和运用、词汇习得与听说读写各种语言技能的关系等等对外语词汇习得和研究进行了全面的论述[3]。

Weinstein & Mayer（1986）通过实验研究，将儿童的认知策略分为复述策略、精细加工策略和组织策略。理解控制策略和情感策略[4]。O'Malley &

---

[1] 田式国，实用英语教育学（第2版）[M].北京：中国人民大学出版社，2011.
[2] Wilkins, D.A.*Linguistics in langua geteaching*[M].London：EdwardAmold，1972.
[3] Nation, P. *Learning vocabulary in another language*[M].Cambridge：Cambridge University Press, 2001.
[4] Weinstein, C.E, & Mayer, R.E.*The teaching of learning strategies：The handbook of research on teaching*[M].New York：Macmillan，1986.

第三章 研究的理论基础

Chamot（1990）将词汇学习策略分为认知策略和元认知策略两个层次[①]。词汇学习认知策略分为死记硬背策略、分类策略、语境策略、词典策略、猜测策略、练习策略、联系策略。在词汇学习中，元认知策略是最重要的，分为选择性注意分配、规划、自我反省、自我反省和自我评估。Schmitt（1997）提出了两种词汇学习策略：巩固策略和发现策略[②]。前者包括元认知策略、记忆策略、社会策略和认知策略。后者包括决策战略和社会战略。词汇教学策略多种多样，本节主要选取与本研究相关的元认知策略、认知策略进行介绍。

一、元认知策略

英语词汇学习元认知方法/策略是指学生（学习者）通过自己的计划、管理和评价工具来管理和调节有关认知过程的知识的方法。元认知策略分为四种，这四种包括：制订计划、自我评估、自我检查和选择性分配注意力。根据元认知策略的相关概念，可以得知，元认知策略在英语词汇学习中具有重要的意义，英语词汇的学习和内化吸收关键在于学生能否合理有效地掌握元认知的策略以及恰当合理地使用元认知策略。同时，也需要教师根据学生的单词学习状况，合理地对学生的词汇学习进行科学的指导。

元认知在词汇复习计划的制定、监控和评价方面具有重要意义。通过合理利用元认知策略，学生能及时监控、调节词汇学习计划，也为教师在教授词汇的过程中提供实际性的指导，有利于提高学生词汇学习的效果，提高教师的词汇教学质量。

[①] O'Malley, J.M.& Chamot, A.U. *Learning strategies in second language acquisition*[M]. Cambridge: Cambridge University Press, 1990.

[②] Schmitt, N., &McCarthy, M. *Vocabulary Description, Acquisition and Pedagogy* [M]. Cambridge: Cambridge University Press, 1997.

二、认知策略

（一）词汇认知策略

认知策略是当前英语学科核心素养的重要组成部分，也是当前英语教与学研究的前沿问题。关于英语词汇认知策略，国内外尚未形成权威且一致的定义，因为其是认知策略的下位概念，大体可以定义为英语词汇学习中采用的方式方法。具体而言，O'Malley（1990）和Chamot（1990）的观点比较具有代表性[1]，他们将词汇认知策略分为重复、归类、重新组织、利用视听手段、联想、利用关键词、总结等。也有研究者根据皮亚杰的认知能力发展三阶段理论来研究词汇学习，认为词汇学习不能局限于表层加工，需要进行深层次的语义加工，要形成有意义的语义联结。Gu & Johnson（1996）证明优秀的学习者学习策略个性差异很大，并倾向于策略的综合运用[2]。

（二）词汇认知策略训练方法

学生应用认知策略需要首先进行训练，然后学生才可以逐渐掌握和运用。毛彬彬（2006）认为训练后能提高学生策略选择能力和使用能力，学生对词汇认知策略表示认同[3]。

关于认知策略训练，Oxford（1990）认为有三种认知策略形式：（1）意识训练。培养学生策略运用意识。（2）一次性训练。通过将策略与任务相联系，学生理解并掌握运用相关策略的能力。（3）长期性训练。策略训练与任

---

[1] O'Malley, J.M.& Chamot, A.U. *Learning strategies in second language acquisition*[M]. Cambridge: Cambridge University Press, 1990.

[2] Gu, Y.Q.& Johnson, R.K. Vocabulary learning strategies and language learning outcomes[J]. *Language Learning*, 1996（46）：4：643-679.

[3] 毛彬彬.初中生英语词汇认知策略的训练[J].山东师范大学外国语学院学报（基础英语教育），2006（02）：30-33.

务紧密联系，但学生需要掌握的策略多，过程长[①]。相对于Oxford提出的训练形式，Pressley（1990）提出的三阶段训练模式更具有可操作性，也更加细致、科学、严密[②]。他认为学生认知策略的学习要经过三个阶段，相应的教学也有三个阶段。

（1）教师"认知示范"阶段。在这一阶段，学生要构建出对策略的理解和认识。老师需要为学生示范策略的使用过程，由于策略使用的隐蔽性，教师在应用策略时，需要同时对策略进行出声解释，也就是"认知示范"。教师还可以为学生讲解、评论应用策略的实例，这有助于学生理解需要学习的策略。老师还要向学生解释策略使用的原因、目的和适用的具体情境。

（2）提供运用策略的练习阶段。在这一阶段，学生需要练习构成策略的概念、规则与程序。练习要遵循由简入繁的顺序。学生在练习时，教师对学生的练习进行监控、诊断和反馈。随着练习的增加，学生对策略运用得越来越好，老师的指导逐渐变少，学生为策略的运用承担起更大的责任，直至完全掌握。

（3）提供变式练习阶段。在这一阶段，学生需要提高策略运用的灵活性，教师需要为学生提供变式练习，针对不同情境给学生提供练习策略的机会。教师要教会学生识别策略应用的线索，以促进学生更灵活地选择和应用策略。

三、英语词汇教学的原则

英语作为语言交流工具，需要在实际教学中重视语言学习和实践。对于英语教学而言，应重点培养学生学习词汇、掌握词汇，着重提高学生对词汇的应用能力，确保口语交流能力得以提升。随着初中英语课改的不断深入，

[①] Oxford, R., etal.Strategy Training for Language Learners: Six Situational Case Studies and a Training Model[J].*Foreign Language Annals*, 1990（3）: 197–216.

[②] Pressley, M.*Cognitive strategy instruction that really improves children's academic performance*[M].Brookline Books, 1990.

教师逐渐认识到词汇教学对于学生的重要性。作为语言的要素之一，词汇量是语言的基础。缺少了词汇，学生无法表达思想，表达的内容受到限制[①]。词汇的掌握量直接影响到学生各项能力发展，因此领悟词汇和掌握词汇，对于学生有特殊意义。根据新课标规定，需要学生完成五级词汇目标要求，能够了解词汇的用法和搭配形式，并理解词汇在特定语境中的含义，掌握1600左右的词汇以及200-300个词组。学生在教师的带领下积极学习，更有助于文化的渗透，调动学生兴趣，更完整地掌握词汇。

（一）音形义相结合

教师开展不同方式的英语词汇教学，应坚持一定原则，尊重客观规律，才能起到良好的效果。在实际教学中，需要教师遵循音形义相结合的原则，由于英语单词与读音正确之间有直接联系，在学生学习的过程中，一定要强化学生在这一方面知识的学习。确保学生能够有效掌握音标与单词之间的关系，学生能够正确的发音，才能打开单词的记忆大门，形成自动化反应，将单词记忆在脑海中。初中学生应掌握单词的构成、组合、转化等多种形式，教师除了教授学生学习单词外，应教给学生能够学会、记住单词的方法，帮助学生更好地掌握单词。

（二）词不离句

学生积累词汇量，并不是学习单词的读写和语义，是在学习的基础上，能够正确的运用词汇，用词汇表达自己的思想，与其他人进行交流[②]。教师应引导学生将词汇、词组等放在语段中，进行口语交流，确保词汇等得到充分的运用。这样更有利于学生掌握单词，同时熟悉词汇的应用语法环境。

---

① 郑琨瑀.多模态理论下初中英语词汇教学改进策略研究[D].哈尔滨师范大学，2021.
② 王华文基于核心素养下初中英语词汇教学的有效研究策略[J].中学生英语，2021（22）：35.

（三）回顾拓展

教师在讲解过程中，应定期加强词汇之间的联系，避免学生学习过一段时间，记忆开始出现退缩的情况。在实际教学中，教师要注重单词的词义延伸。引导学生学习的同时，要拓展词汇的其他用法，带领学生更深入地理解词汇，能够将词汇应用在口语和写作过程中[1]。运用时，把控好"度"，将教学内容控制在学生能接受的范围内，避免讲述完，学生难以理解，出现厌倦情绪。

（四）理论与实践结合

教师在讲解词汇的时候应注重其应用，因为学生掌握词汇的目的在于交际、写作，而不是单纯的记忆单词。因此，词汇需要在学生掌握的基础上为其所用，更有助于提高学生的理解力。学生只有将词汇融会贯通才是真正掌握了词汇，对此需要教师采用多种教学方法，引导学生有效掌握词汇，并将词汇应用在实践中。

第四节　情境学习理论

情景学习是广泛用于各学科教学的一个教育理念，本节叙述情境学习的含义和特征、情境分类和学习情境创设的要素。

---

[1] 王静.以小见大，见微知著——浅谈初中英语阅读课词汇教学策略的实施[J].中学生英语，2021（22）：36.

一、情境学习的含义和特征

情境学习理论认为知识与情境两者是休戚与共、缺一不可的,情境不是学习过程中的背景板,它是构成学习本身的一个重要部分。学习者可以在创设的情境中汲取知识,情境性是学习和认知的本质。知识和情境之间的协同互动关系是情境学习理论的核心强调要素,其学习情境是指一切与学习同时触发并能够对学习过程产生情感互动的客观环境。

在教学和知识汲取的过程中,人们长期把理论知识的汲取作为主要的实践活动,把实践活动作为补充的辅助手段,事实上,情境学习不是单纯地让教学或学习过程内嵌于某个具体场景,它是一种研究人类学习行为和知识获取行为的理论。在情境学习理论中,学习行为本身是学习者正在参与的实践,学习者以对知识的融会贯通的形式,完成自己学习过程中目的和身份的构建,而学习知识是一种动态的建构和组织过程,也是我们协调和适应各类实践能力的形式。因此,情境学习理论有自己的知识观和学习观。

(一)情境学习理论中的知识观

情境学习理论中的知识观体现在:第一,知识具有情境性,知识是个体和情境产生关联的媒介。其产生于真实的情境当中,而且就像是具体的工具一样,只有参与到真实的情境中才能被使用和获得经验。第二,知识具有建构性。知识是由学习者主动去建构的,它一方面源于学习者的主观积极活动,另一方面源于新知识对旧知识的提炼和总结。第三,知识具有社会性。情境学习需要处在一个具体的情境当中,在情境中必然和整个社会与他人产生交集,不同学习者身上的经验和知识可以产生一定的能动性,产生新的社会认知。第四,知识具有默会性。知识分为明示知识和默会知识,在现实情境中,有些经验性的知识难以用语言文字等方式传达,需要学习者在实践过程中将之逐渐转化为明示知识。

（二）情境学习理论中的学习观

情境学习理论中的学习观体现在：第一，学习源于情境中。情境学习理论认为学习一定是处在具体情境当中，摆脱真实情境的学习和知识技能是不存在的，只有让个体与情境产生相互作用学习才会有真正的意义。第二，学习是一种适应文化的过程。学习是对社会实践的一种参与，学习者在实践中学习同时传承社会的规则和文化习俗，同时学习者又是社会中的一员，自身塑造着社会这个共同体。第三，学习是一种社会协商的过程。在日常生活中，学习就是根据不同社会背景而不断改变的社会实践，学习通过和社会的合作与协商产生。第四，学习是知识创新的过程。学习者既是使用、认知知识的用户，同时也是创造产生新知识的发明家。在社会实践当中，学习者不仅参与了全过程，还引导创新了下一个实践进程。

情境学习理论具有三个特征，在情境学习理论的创设下，三个特征能够彼此交融，在实践中有与一般传统学习方式相比更突出的体现。

1.基于情境的学习情境

学习理论认为知识存在于社会具体情境中的活动，而不是抽象的感性的对象。人是通过直接和情境进行交互产生能动来习得知识的。知识不仅是明示知识，还有默会知识，除了学习者主动处于某个情境积极汲取理论知识外，处在真实的社会情境当中，学习者也能够无形中学习到默会隐性的知识。在实践中掌握新知识的同时，新知识也指导着更多新的实践，让实践拥有更详实的理论背书，理论也拥有更有说服力的真实性[①]。此外，处在情境中的学习者也会不断对情境进行思考，愈加丰富的情境经验和对实践的反思，能拓展出更广阔的新情境，让学习者和情境彼此交融相得益彰。

2.合法的边缘性参与

合法的边缘性参与实际上包含了三层概念，把其拆分三份为"合法的""边缘性"和"参与"。这三个概念相辅相成，缺一都不能构成情境学习理论。其中，"合法"是指学习者本身是实践中的正式成员，拥有话语权和

---

① 李昱炜.基于情境学习理论的在线教育平台设计与研究[D].浙江大学，2018.

调动资源的能力，而不是仅仅作为旁观者。"边缘性"是指整个社会实践活动不可能由一个个体全部完成，同时一个个体也不可能参与社会实践中的所有活动，每一个个体都是社会实践大群体中的一员，是边缘性的参与其中一个角色。"参与"意味着每个人都能切实参加到在实践活动中，得到贡献，产生能动性。

3.实践共同体的建构

实践共同体认为想要在共同体内部建立必要的关系，个体和共同体内的其他成员一起进行实践活动是非常重要的，同时该特征认为学习是通过对群体内成员的活动模仿而形成的。实践共同体群体内的所有成员都有一个共同的利益，他们致力共同解决一系列的问题，或是为一个主题、一个项目共同投入热情，全体成员通过相互鼓励、相互促进提升每一个人的知识和能力。但是一个实践共同体也不仅仅是把许多人聚集起来一起工作，其中也要求共同体内的成员要保持和社会外界的联系，同时这个共同体为学习成员提供一个能学习、有条件学习的机会和方式。

二、学习情境创设的要素

为了避免学习者在情境学习中产生厌倦、逃避的心理，能维持其最佳学习效率，学习的情境创设需要保有这四个要素。

第一，学习情境的创设具有生活性。要联系生活实际，学习内容要贴合学习者的生活经验与社会认知，把需要掌握的知识以潜移默化的方式融入学习情境当中，激发学习者的动力，让学习具有延伸性。比如，使用图画、现场环境和实物来学习生活用品和学习用品以及水果、蔬菜的英文名称。

第二，学习情境的创设具有明确性和真实性。要求依据学科的特点，在创设时尽可能地让情境更为接近真实环境，让学习者掌握可以迁移的学习能力，在实践活动中解决真实的问题，加深对知识的理解和激发学习者的学习热情与积极性，只有学习目标明确了，思路才会清晰，情境创设才能具有有效性。

第三,学习情境的创设具有启发性。要求创设能引发学习兴趣、激发学习者探索欲望,让学习者对知识产生需求和依赖,学会举一反三,融会贯通地掌握知识并转化为解决问题和进一步思考的能力。

第四,学习情境的创设具有合作性。要求情境在合作交流中进行,学习者在合适的情境中进行内部交流讨论,能有效提高其思辨能力和学习效率,烘托出激烈情境气氛,激发进一步的创造性思维,产生深层次的情感体验。比如,学习活动中的角色扮演,需要学生的合作互动。

三、情景教学法的应用

(一)利用听说过程输入情境教学法

情景教学从字面意思可以看出,是通过创设情景来开展教学。借助创设的情景加深学生对单词的理解和记忆,免去机械记忆的时间。开展教学的过程中,初中教学有传统节日、户外活动、城市旅游等课题的文章,让学生先进行视听练习。教师充分利用图片、多媒体带领学生了解不同文化的特征,并借助这一方法更直观地展现出词汇,学生能够形成专属的记忆,吸引学生的注意力,提高教学趣味性。

初中课本中有专门讲述传统节日的内容,教师利用幻灯片引导学生熟悉各种节日的活动特征,并选取课文中的词汇开展对话,对词汇和教学内容进行整合。以小组的方式要求学生相互开展对话,能够拓展学生的语言能力。并且,基于幻灯片和短视频的视听材料,学生能够形成较为牢固的图文记忆,加深对单词的理解。

(二)在读写过程中输入情境教学法

学生学习过程中掌握的词汇,都是为了能够在口语和写作中得到发挥。传统教学中,学生对于如何组织语法和单词一头雾水。针对这一情况,教师可指导学生收集和阅读相关内容的文章，对文章进行语法结构和单词的分析，指导学生进行实际运用。最常见的方式是，以篇章为模板，通过学生选取词汇和句型进行操练，将自己的语言融合在写作过程中，加深学生对目标词汇的记忆，并且在完成写作后，能够明确地理解词汇的具体应用，对于记忆单词有极大的优势。在具体情境的构建下，学生记忆的词汇更不容易出现遗忘现象。

此外，教师应用词汇教学法的时候，应注意的一点是，要对传统教学进行改革，将更多的精力放在情境创设上才能创新教学。这就需要教师对情境的真实性有一定考量，将这一方法的有效性、实施方法、效果等因素进行综合考虑，确保方法更有效地适用在新课改教学中。教师也要在教学开展后，不断地更新自身的教学观念，推动词汇教学更好的发展。

（三）在交际过程中输入情景教学法

为了避免授课教师一味地按照教学知识开展词汇教学，对学生词汇实践能力有所忽视的问题，教师应树立学生为主的教育观念，能够在引导学生学习词汇后，将其有效地应用在交际过程中。对于学生而言，口语能够检验自身对词汇量的掌握情况，也是检验学生是否合理应用词汇的重要手段。教师每隔一段时间，在学生掌握一定词汇量的基础上，可以为学生布置口头小作文，拓展学生的思维，能够基于掌握的词汇积极的应用在小作文中。促使学生相互之间开展英文对话交流，学生在教师创设的情景环境中，能够实现相互交流，而在相互交流的过程中，也会基于脑海中记忆的单词进行充分调动，基于任务完成词汇实践活动。

（四）应用情景教学法的注意事项

初中英语教师在开展词汇教学时，为了进一步提高教学质量和水平，可以应用情境教学法进一步提升学生对英语词汇的认知，强化学生的学习兴趣。但是也要特别注意在进行情境创设的过程中，要尽量强化情景与学生日常生活的相关性，同时教师也要根据英语词汇教学的主要教学内容、教学目标等，合理创设情境。此种形式能够大大提升英语词汇教学课堂的整体效率。

有很多教师在开展情景教学时过于强化课程情境的趣味性，甚至导致诸多与教学目标不契合的教学环节频频出现，此种情景创设的方法与情景教学的内在价值不相符，虽然大大调动了课堂氛围，但是难以有效突出词汇教学的重点和难点，无法实现良好的教学目标。因此在进行情境创设时，教师需要同时兼顾课程的趣味性和实用性，确保所创作出的情境氛围以及情境活动能够紧密联系词汇教学的授课内容，以词汇教学为主要核心，以情景为辅助教学开展的要素，避免出现本末倒置的情况。

第五节　建构主义学习理论

一、建构主义基本观点

建构主义从产生到发展并不是一蹴而就的，而是在吸收众家之长的基础上逐渐演变而来的，它应用到教育教学上主要包含着三种基本观点：教学观、学习观和知识观。建构主义学习理论的教学观认为教师不仅是知识的传播者，同时也是知识的接受者。只有保持学习者的姿态才能够不断提升自我，实现自身发展。提倡在进行教学设计过程中凸显出学生的主体地位。教师在课堂上借助情境、协作和会话等来实现课堂意义建构的目的。建构主义教学论在培养学生主体性方面提供了空间，拓宽了视野。教师在整个过程中充当领导者的角色，在旁观课堂中去引导学生，激发学生求知的欲望和表情达意的创新精神。必须尊重学生的认知差异和接受差异，能够适当给予非同质化的输出。适当采用多元化评价方式，发挥学生之间合作互助的小组功能，唤醒主动学习的兴趣和动力。这就需要教师不断汲取专业知识，及时更新教学理念。

（一）学习观

Matthews, M.R.（2000）认为，建构主义学习观是1980年以来对科学学科产生最显著影响的心理学理论[①]。建构主义学习理论学习观的基本观点是，学生学习知识的过程就是完成自我知识体系构建的过程，提倡学生主动对知识进行建构，反对传统教学中填鸭式和灌输式知识输送。它强调在知识的获取过程中学生和教师是平等的，每个人都可以根据自己的认知和经验去理解或者建构现实世界，根据学习者自身认知和接受能力的差异也会出现各异的学习观。

因此，学习活动并不是被动的传输和填充，这个学习建构的过程根据知识的不同分为新知识的学习和旧知识的重构。根据皮亚杰同化和顺应的建构原则，学习者对于新知识的建构并非简单的图式接收，随着社会实践活动的发展变化，学习者会根据自身已有的经验进行主动重构和加工处理，以适应新的情境，处理新的问题。在这样的学习构建中，学习者就完成了新旧知识之间的转化，促进知识的重新编码和建构。

（二）知识观

建构主义知识观认为从社会属性上来看，知识可以划分为基础性知识和应用性知识。基础性知识也指初级知识，比如概念类、原理和定理等经过论证不容改变的学科性理论知识。应用性知识也被称为高级知识，相对于学习者来说需要在思维能力的塑造中去掌握解决实践问题的能力。但是两种知识都不是一成不变的，新知识会不断产生，逐渐革新取代旧知识。建构主义知识观具有建构性、社会性和情境性的特征。建构性体现在知识并不是凭空产生的，而是人类实践活动的产物，并且具有可建构性。知识被建构的主体就是学习者，建构的过程是主观的，体现出学习者的主体性；社会性体现在建

---

① Matthews, M.R., *Constructivism in Sciences and Mathematics Education*[M]. Chicago: University of Chicago Press, 2000: 161-192.

构主义者认为对于学习者和知识都应该用发展全面的眼光去看待，充分肯定其能动性和主体性。言语是构成知识的基础，特别是在作文写作中，言语表达作用更是重中之重。言语的社会属性也决定了知识的社会性，要完成知识的社会建构就需要学习者个人和社会有机结合；情境性强调的是知识的获取和应用两个方面。知识的获取必定依托一定的情境，这种情境是可以提前进行设计的，以达到预期的效果。知识的应用也是知识在具体实践情境中的具体运用，这就需要学习者在协作中加强互动，包括自我内部协作和社会外部协作，要求知识传授者能够因人而异设置情境化课堂教学，接受者能够善于质疑、善于批判、善于协作，才能实现知识的建构。

二、建构主义学习理论教学模式介绍

所谓教学模式，就是以某个教学思想或者教育理论作为指导思想，将教师和学生有机串联起来，充分利用教材知识形成特定的教学情境。建构主义学习理论衍生的教学模式众多，下面结合英语词汇教学的基本特征，选取抛锚式教学模式、随机进入式教学模式和认知学徒制教学模式展开阐释。

（一）抛锚式教学模式

抛锚式教学模式，即"基于问题或者实例的教学"，是建构主义学习理论的基本教学模式之一。它以一定的真实事件作为案例，引真实问题进入课堂教学。这些"事件"或者"问题"就被称作是"锚"，课堂教学如同一艘轮船，只要把问题确定了就相当于轮船"抛锚"了，所有的课堂活动都将围绕"锚"铺展开来。这些过程的实现通常需要教师在进行教学设计时创设出真实的情境，引领学生进入情境中，自主感知，并完成对知识的自主建构。它的基本步骤是创设情境—确定问题—自主学习—协作学习—评价反思。

（二）随机进入式教学模式

随机进入式教学又可以称为"随机通达式教学"，起源于建构主义学习理论的"弹性认知理论"。注重在尊重知识的原始性和真实性基础上着眼于从不同角度进入课堂教学，从不同理解层面对问题进行剖析，旨在提升学生自主学习、自主探索的学习能力[①]。同时，提倡知识的迁移和运用，而非固态的投送和传递。复杂知识的理解往往是曲折的历程，随机进入式教学模式主张将复杂的问题进行有机分解，从不同的角度、不同的情境对同一个问题进行解剖分析，以达到共同的教学目标。鼓励学习者可以在同一个知识点上产生不同的问题，也鼓励学习者在同一个问题上提出不同的解决应对策略。注重掌握理论知识的同时，更注重培养学生迁移应用解决同类问题的能力。随机进入式教学模式主张分为以下五个环节：呈现基本情境—随机进入学习—思维发展训练—小组协作学习—学习效果评价。

（三）认知学徒制教学模式

认知学徒制教学模式也是建构主义学习理论中比较重要的教学学习模式之一。柯林斯（1989）从传统学徒制中指出认知学徒制基本特征，倡导学生对师傅或者专家的观察和模仿，以在实践操作中实现对知识的建构[②]。认知学徒制教学模式是对传统学徒制的革新，也是对现在学校教育模式的有机补充。主要包括内容、方法、序列和社会性四个基本要素。主要操作步骤包括以下环节：第一步，建模。建模，顾名思义就是建立模型，供学习者参照模仿。第二步，情境设计。情境化始终是建构主义学习理论的基本思想，教师应该根据学习主题的性质以及学生的特点设定出具体的情境。第三步，提供支架。所谓"支架"，其实就是教师为学生提供的学习帮助和指导。可以采

[①] 杨楠.基于建构主义理论的"线上+线下"混合英语教学法探索[J].英语广场，2022，（03）：110-112.

[②] Collins A, Brown J.S, Newman S.E.Cognitive apprenticeship: teaching the craft of reading, writing, and arith-metic [R].*Technical report*，1989：16.

用问题引导、价值引导、情感引导等多种方式来设置"支架"。第四步，清晰表达。学生不仅要能够得到问题的答案，还要能够将自己自主探究的思路和方法清晰地表达出来。第五步，反思。反思的目的不单单是寻找问题，更重要的是通过问题发现课堂过程的不足。第六步，拆除支架。认知学徒制的目的不是教会学生一道题，而是教会学生一类题，重在方法的传授，而非点对点的传递。

（四）思维导图模式

思维导图是拓展思维的一种思考模式，能够记忆单词吸引其他层次的分支，并按照图文的方式，构建完整的导图结构，对人的思维进行描述。在学生学习过程中，利用思维导图能够切实开发学生的思维，形成逻辑性的学习指导，提高学生的学习效率，掌握更多的词汇。

1.思维导图带给学生的学习优势

思维导图有助于提高学生的记忆点，提高背诵的积极性。基于思维导图的模式能带动学生学习的积极性，提高学生的学习动力，同时降低学习难度，将学习单词的过程简单化[①]。学生从小学到初中，词汇量根据新课标要求会增长，部分学生无法接受增加的学习目标，而利用思维导图及其特征刺激学生，可让学生更深层次的领悟和学习词汇，实现新课标的目标。应用思维导图的教学模式，能够进一步降低初中阶段英语词汇教学的整体难度。学生受到学习效率水平的影响，有时在进行词汇学习时遗忘的速度过快，对词汇的应用能力明显不足，而应用思维导图的教学模式，能加深学生对词汇的理解，避免采用逐个字母进行僵化背诵的问题，避免学生对相近的词汇造成混淆。教师可以充分应用词缀以及词根等多种形式对初中阶段的英语词汇进行全面构建，同时也可以以同一个词为基础，引出其他相关或意义相反的词，让学生建构更加完整的词汇体系，提升初中阶段英语词汇教学的良好

---

① 花江萍.移动终端在初中英语词汇教学中的应用策略研究[J].文理导航（上旬），2021（5）：33-34.

效果。

2.思维导图教学法的应用

（1）学习新型词汇

思维导图能够在教学中起到特殊效果，帮助教师提高词汇教学的质量。通常，教师在讲述新课程时，学生难以掌握新型的英文词汇。及时学习后，也难以有效应用，无法掌握词汇应在何种语境中应用。而思维导图能够引导学生的思维，将新知识与旧知识联系在一起。在学习某一个单词时，根据单词具体性质，有些单词可以从名词变为动词，也从原本的名词变成了一种动作，这种变化对于学生而言是陌生的。因此，教师要引导学生明确不同词汇的具体用法，利用思维导图的树叶分支，将单词的含义延伸出去，学生也能加强对单词的记忆。教师在教学中积极的应用思维导图，能够加强学生当前学习知识与生活的联系，在学生认知的基础上为学生构建思维记忆模型，激发学生兴趣，推动词汇教学开展。

（2）辨别相似词汇

教师在教学过程中，帮助学生辨别相近词义的单词。学生对于词义相近的单词容易出现混淆的情况，这是因为学生无法清楚地知晓不同词汇的用法，对于存在的细小差异无法有效区分。借助思维导图能够构建完整的结构图，比较典型的单词good和well，它们一个是形容词，另一个是副词，尽管意思相近，但是用法完全不同。因此，通过思维导图强化相近词汇的具体用法，呈现单词的造句和使用语境[①]。加强学生对词汇的理解，在脑海中留下深刻的印象，起到事半功倍的效果。

（3）训练词根词缀

初中英语教学中，词汇教学对于英语教学相当重要，并且，对于难以记忆的单词，需要学生掌握词根词缀的构成。使用思维导图能够延伸和呈现出不同含义的单词，将差异由大到小的单词显示在同一个导图上，通过开展联想记忆的方法，便于学生更好地理解。

---

① 李月军.思维导图在初中英语词汇教学中的应用策略研究[J].中学生英语，2021（18）：37.

（4）反复循环教学

在应用思维导图的教学方式开展词汇教学时，可以特别注重反复循环的教学方法。学生在学习过程中，尽管基于各种教学方法能够记忆大量的单词。但是德国心理学家对遗忘现象进行研究，发现记忆会随着时间而逐渐被遗忘，也就是呈现出先快后慢的规律。为了避免学生过快忘记单词，需要教师定期带领学生复习，为了更好地提高词汇教学的复习效果，可以应用思维导图的形式让学生在进行联想记忆的同时，全面了解复习的基本要素和主要方法[1]。教师需要引导学生掌握自主复习的行为，艾宾浩斯遗忘曲线给英语学习者的启示是，最佳的记忆周期为5分钟、30分钟、12小时、1天、2天、4天、7天、5天，按这8个周期来背单词，能较大地提高背单词的效率，能够进一步巩固学生掌握的单词词汇量，从而实现优化记忆的目的，将单词牢牢地记在脑海中[2]。

学生充分掌握词汇量，能够更有效地在英文写作、口语等方面有出色的表现。教师积极采用不同的教学方法，带动学生更积极地参与到词汇教学中。通过思维导图、情境教学等方法，将教学内容完整、清晰地呈现给学生，帮助学生掌握词汇教学。学生通过不同的教学方法掌握词汇，不但利于学生思维拓展，还能弥补教师在教学中的不足，提高英语词汇教学质量，从而为学生学习奠定良好基础，实现初中英语的教学目的。

三、教学中实施建构主义

要在英语教学中顺利实施建构主义，首先需要明确几个关键之处。

---

[1] 刘素芳.基于数据分析的初中英语词汇教学策略[J].科学咨询（教育科研），2021（4）：250–251.

[2] 冯凌.艾宾浩斯遗忘曲线在单词记忆中的应用[J].成都航空职业技术学院学报，2007（23）：35–36.

（一）强调知识和能力的培养

知识的获得与能力的培养之间存在着一定联系，两者各有偏重，因而在教育界对其一直有不同的观念，一方认为学习的目的是如何使学习者获得知识，将知识作为获得能力的基本条件；另一方面认为学校实施教育的主要目标应该落实在对学习者能力的培养上，只有提升了学习者的能力，才能在未来中更好地提升学习的主动性，继而不断地对知识进行吸收。就实际上来讲，两者可以说是两个不可分开的整体，正是两者的共同作用才使得学习者各方面有了大的提升。因而在学校的实际教学中，教师所关注的点不仅仅是如何将知识教育更好的实施，另一方面则是需要对学习者自身的独立性、创新性进行重视。

（二）注重学习者的认知构建

学习者施予学习的主观意义对学习这一活动而言具有极大的促进作用，更有利于实现认知的构建。学习者的以往学习经历以及以往的知识经验是其进行认知活动等的基础，因而在之后学习者所开展的学习活动在本质上是一个感性加理性的对学习材料进行识别和挑选的过程，会偏向于自己所习惯的或者是觉得有价值的事物，这也可以说是受学习者的个人成长经历、性格特点等影响，正是如此才使得学习者在学习同一素材时会有极大的差异。

（三）关注情感因素的影响

情感因素是影响学习者开展学习活动的一个重要因素，甚至能够影响学习的最终成果。就学习这一过程而言，除了外在的学习环境包括教育环境、师资队伍等之外还受到学习者自身的特点影响，而且这种影响并非微乎其微，实际上它的影响最为深重和久远，一直会伴随学习者一生。学习者对学习一旦建立起反面的情绪或者有不好的印象，会对学习者造成极大的伤害，因而学习者对学习的独立性、自我掌控性是建构主义极为强调的地方。

（四）开展有意义的交际

有意义地开展交际是语言习得实现的重要因素，能够很好地促进学习目标的顺利完成。从学习产生的那一刻起，其自然也与其产生的环境签订了永久性契约，受到其中的人或者事的或深或浅的影响，从本质上来讲，这是一种互动作用。正是通过环境中的各个主体进行互动，才使得学习的过程变得更有意义。因而对于语言学习来讲，良好的情景教学对语言的学习来说能够起到积极的促进作用。

（五）教师角色的作用

教师所扮演的角色对学生学习起到引导作用。根据社会构建理论，实施教学的教师不应该只是简单的传播知识，在很大程度上会起到促进作用，是作为学习中介者的角色而出现的。

（六）提倡任务型教学（task-based instruction）

任务型教学的中心在于对代表问题任务的提出，通过严谨的任务设计充分地结合自身教学理念以及学习者自身所存在的问题向其提供问题解决的机会，从而使其明确自身的优势与缺陷，提升其对知识进行主动探索的能力。

第六节　支架教学理念

本小节对支架教学的基本内涵及理论基础、支架教学设计策略研究、本研究中支架理论在教学中的实际运用进行分析和叙述。

一、支架教学的基本内涵及理论基础

（一）支架教学的基本内涵

1.支架及支教教学的概念界定

"支架"一词最开始适用于建筑行业，工人们在施工、建立高楼大厦时，为了能够站稳，就需要相应的工具，这时候就出现了"脚手架"。支架与脚手架类似的地方都在于先为对象提供相应的帮助，等到对象能够自主活动（思考），完成相应的目标时，它就可撤去。当然，后来在医学方面也出现了"支架"一词。随着教育教学的逐步完善，"支架"开始用于教学。伍德（Wood，1976）首次使用该词来表示对同伴、成年人或者具有能力的其他人在对另一种学习活动中给予的有效支持[①]。

但在教育教学中，教师搭建的支架与建筑行业中所谓的脚手架是有区别的：建筑脚手架是从地基开始，慢慢地被搭建起来，其高度是根据建筑物的原本情况而制定的，基本上来说不会超过建筑支架的高度。但是在学习上，低年级的学生并不是一窍不通，没有基础，建构主义表示学生是有自身生活经验和本身能力水平的。因此，教师需要将学生现有的知识水平和能够达到的知识水平相结合架设教学支架，并且搭建的支架也不可能像建筑那样精确。

由此，我们可以得出"支架"起着辅助作用，为了达成目的而需要借助的一种手段，当学习者借助这种支架达到既定的学习水平且熟练掌握后，那么即可撤去支架实现自主学习。"支架"与"脚手架"类似，因此支架式教学也可称之为"搭建教学脚手架"，特里·汤普森根据前人的教学经验案例进行研究，在总结皮亚杰的"建构主义认知理论"、维果斯基的"最近发展区"、布鲁纳的"搭建教学脚手架"以及皮尔森和加拉赫的"逐步让渡责任

[①] Wood, D, Bruner, J, S.& Boss, G The role of tutoring in problem solving[J]. *Journal of Child Psychology and Psychiatry*, 1976, （17）: 89–100.

第三章 研究的理论基础

模式"下,认为支架式教学(搭建教学脚手架)是一种共同努力,是学习者和教学者齐心协力共同建构新知识的场所,当然这里面存在着很多变量,那么这就需要教师和学生不断学习,寻找到一个契合点①。

结合上述论述及其数感培育的特点,本文将支架教学定义为:教师以学生现有知识水平为基础,以"图表""情感""情境""交互协作"为支架,以"问题"为核心,根据不同情况搭建不同支架,提高学生对"数"的认知、对"数"的意义的理解,当学生达到潜在发展水平、完成相应目标时撤去支架(如图3-5)。

图3-5 支架式教学

2.支架类型

支架类型多种多样,不同学者有不同的分类标准。美国的Bernie Dodge从支架的用途将支架分为反馈支架、转变支架和输出支架,并在支架的基础上结合现今热门的网上学习,创立了Web Quest模式,学生可以使用该模板进行评价和案例学习,Bernie(1995)认为通过搭建此种支架能够培养学生的自主学习能力以及创新思维能力②;彭尼(2000)根据情境的不同将支架

---

① 特里·汤普森.支架式教学:培养学生独立学习能力[M].重庆:西南师范大学出版社,2018.
② Dodge,B.WebQuests:A Technique for Internet-Based Learning[J].*Distance Educator*,1995,1(2):10-13.

分为策略性支架和偶发性支架[①];Sigel(1985)根据提供支架的层次不同,将学习支架分为低层次、中层次和高层次学习支架[②]。

国内也有众多学者进行了研究。

闫寒冰(2003)从支架的表现形式角度来看,学习支架可分为示例、问题、建议、指南和图表[③]。示例支架就是在教学过程中,老师给学生做榜样(举例子);问题支架就是看重细节和可操作性,在学生独立询问或小组合作询问过程中通常会使用相应的问题;指南支架还可以用作问题、建议和更多情节等的汇总,重点放在基于主题聚合和聚合的总体绩效上;信息支架以图表和图表的形式呈现,特别适合于支持学生的高阶思维。

张丽霞(2014)从教师教与学生学的角度来看,认为学习型支架可分为情境型、定向型、资源型、任务型、评估型以及互动和协作型[④]。其中,情境型支架指的是教师为学生创造一个学习环境,该学习环境作为一种诱因,能够激发学生的学习需求;定向型支架指的是教师需要明确学习目标,并具体可操作地告知学生该目标的学习方向;资源型支架指的是教师为学生提供资源,帮助学生更好地理解知识性内容以及完成学习任务;任务型支架指的是教师明确该课学习的任务清单,让学生明确当前学习需要掌握或者了解哪些内容,有目的地活动;评估型支架指的是教师对学生提供反馈,学生明确自身的优缺点;互动和协作性支架指的是师生、生生共同完成某一学习任务,既能促进学习任务的高效完成,又能提升学生的社会性。

惠恩玲(2022)尝试将支架教学模式应用于试卷讲评课中,为学生搭建自查自评、互学互评、合作探索支架,促进学生知识、技能、学科素养的培养和成长[⑤]。

---

① Penny,Ur.*A Course in language teaching:practice and theory*[M].北京:外语教学与研究出版社,2000.
② Sigel, Irving, E .*A Conceptual Analysis of Beliefs*[M].Springer Netherlands,1985.
③ 闫寒冰.信息化教学的学习支架研究[J].中国电化教育,2003(11):18–21.
④ 张丽霞.激发学生学习动力的教育教学策略[J].散文百家:下旬刊,2014(01):1.
⑤ 惠恩玲.支架教学模式在初中物理试卷讲评课中的应用[J].物理教学,2022,44(02):33–37+40.

（二）支架教学的理论基础

1.最近发展区理论

"最近发展区"首次提出是由苏联著名心理学家维果斯基（2005）所著的《社会中的心智》，指的是人类存在两个水平，第一发展水平是指学生自身能够解决问题，第二发展水平是指在教师或者同伴帮助下解决问题的水平，两个水平间存在的差距就是最近发展区[①]。

儿童的第一发展水平和第二发展水平之间的差距是要依据教师传授能力的，这要求教师不应用静态的眼光看待儿童，而应着眼于未来，拔高相应水平、促进深度、提升难度，将儿童的智力水平引导到更高阶段。

支架教学强调在"最近发展区"内开展教师的教与学生的学。其中，学生的学习就是在"最近发展区"内的一系列支架的引导帮助；教师的教学则是在"最近发展区"内帮助学生越过此区。

2.认知发展理论

青少年儿童认知发展理论中最为典型的就是皮亚杰的认知发展阶段论和维果斯基的认知发展理论。皮亚杰将认知发展分为四个阶段：感觉运动阶段（0-2岁）、前运算阶段（2-7岁）、具体运算阶段（7-11岁）、形式运算阶段（11岁以上）[②]。感觉运动阶段特点为：通过感知觉和运动觉之间的关系来获得动作经验，没有得到行为图式，获得对象持久性。前运算阶段的特点为："万物有灵论"，一切以自我为中心，思维是不可逆转的，是僵化的，没有守恒概念。具体运算阶段的特征为：形成守恒观；理解原则和规则，但只能刻板遵守规则，不敢改变；思维是可逆的；儿童思维发展过程中最重要的特征是去中心化；思维运算必须有具体的事物支持，可以进行简单抽象思维。形式运算阶段特征为：能够认识命题之间的关系，根据逻辑推理、归纳或演绎的方法来解决问题；能够理解符号意义、隐喻和直喻，能作一定的概括；思

---

① 维果斯基.维果斯基教育论著选[M].北京：人民教育出版社，2005.
② 蔡笑岳.心理学（第三版）[M].北京：高等教育出版社，2014.

维具有可逆性、补偿性和灵活性①。

小学阶段学生大多应该处于具体运算阶段，此阶段的学生掌握了一定的运算能力，但是也只能用于具体的事物，无法扩展到抽象的事物。皮亚杰强调在教学过程中，要提供活动，让学生具有参与感；要创设最佳难度，能够激起学生的认知不平衡，从而激发好奇心；要关注儿童的思维过程，明确儿童在不同阶段以及不同儿童的思维水平是不一样的，从而因材施教；最后要让儿童多参与社会活动，学校不再是一个封闭的象牙塔，国际所强调的终身教育也需要学校、家庭、社会融为一体。

维果斯基（2005）的认知发展论是从社会历史文化出发，提出了"两种工具说"：一是物质生产工具，二是精神生产工具。他的研究表明心理发展有两条规律：第一，在人与人之间的交流活动抑或是人际交往中产生了心理机能。第二，人的心理机能是现在外部条件刺激下形成的，之后再通过"内化"转移至人的内部心理。关于儿童文化心理发展理论，阐明了儿童在其发展过程中的普遍规律：在儿童的发展中，出现了两次高级心理机能：第一次存在于团体之间的活动，第二次是作为个体活动，作为儿童的内部思维方式，作为内部心理机能②。

二、支架教学设计策略研究

厉毅（2009）进行了基于互联网协作学习下搭建概念图支架的研究，概念图起初是学习评价的工具，后来研究者发现概念图还可以是创造、合作、课程和教学设计等的工具③。如今市场上有很多可以编制可视化思维导图的软件，如Activity Map，Mind Mapper，Map Maker，Thinking Maps等。

---

① 粉笔教师.教育综合知识6000题 第5册[M].北京：电子工业出版社，2020.
② 维果斯基.维果斯基教育论著选[M].北京：人民教育出版社，2005.
③ 厉毅.概念图支架在远程协作学习中的应用探索[J].中国远程教育，2009（10）：37-40+79-80.

刘宁、王铟（2018）研究的是生成性学习支架的设计与实施，在课堂中最为重要的就是师生之间互动的动态生成，教师根据生成的事物及时调整自己的预设方案，搭建支架的目的就在于师生互动，建立一个和谐开放的课堂。教师可以调整他们提供的学习脚手架，学习者也可以修改和补充原来的学习脚手架，以提供新的学习脚手架[1]。

在共同参与的过程中，适当生成脚手架的认知有助于改善学生的自主学习和知识结构，有助于学生了解知识，使教学过程更加有效。潘星竹、姜强等人（2019）将"支架"和STEM教学结合，设计了"支架+"STEM教学概念框架，STEM也是近年来比较流行的教育方式，他们认为学生学习主要包括认知、内容以及协作三方面，基于此设计出了围绕"问题"导向的相应教学模式。后来，研究人员进行了为期四个月的实地分析，发现其研究成果对学生的自我学习能力的提升、创新能力的培养以及思维训练都有显著帮助[2]。

李梅（2019）认为如今互联网下的学习容易出现学习目标不明确、教师管理能力欠缺、师生以及生生之间沟通有碍等问题，在线环境下搭建的学习支架有教师支架、技术支架以及同伴支架[3]。教师支架和技术支架属于外部支架，同伴支架属于内部支架，教师对技术支架的设计和同伴支架的发挥具有指导作用。

三、本研究中支架理论在教学中的实际运用

近年来，支架式教学理念得到教育界的广泛关注。支架式教学以构建主

---

[1] 刘宁，王铟.基于支架式教学的生成性学习支架研究[C].全球华人计算机教育应用协会，2018.
[2] 潘星竹，姜强，黄丽，赵蔚，王利思."支架+"STEM教学模式设计及实践研究——面向高阶思维能力培养[J].现代远距离教育，2019，（03）：56-64.
[3] 李梅."互联网+"背景下的课程形成性考核模式创新性设计[J].吉林广播电视大学学报，2019（11）：3.

义理论为重要基础，该教学模式与我国学生学习英语的发展规律存在适应性，因而为英语词汇教学提供了可靠的理论基础。现阶段，学术界对支架式教学较为普遍的认识是，支架式教学指的是从学习者角度出发，建立可满足学习者学习需求的框架，旨在帮助学习者有序提高自身学习水平及相关能力。在中学英语词汇教学中运用支架教学理念，首先应当对相关繁杂的学习任务予以逐层分解，引导学生实现对知识的逐步深化认识。支架教学理念的理论基础包括建构主义学习理论、最近发展区理论等，建构主义学习理论强调应当在相应情境下开展学习活动，学习过程中依托他人的帮助以完成学习任务；最近发展区理论指出，学习者学习存在可能达到与已达到两种水平，而这两种水平相互间的距离即为"最近发展区"教学活动，通过对这一理论的有效运用，可显著提高学生知识水平及各项学习能力[①]。

英语词汇教学中支架教学理念的运用策略如下所述。

（一）搭建支架

搭建支架是支架教学的重要前提，教师可结合教学主题，建立基本框架。框架的建立秉承"最近发展区"原则，对繁杂的学习任务做有效划分，各个步骤对应着不同的难度，也就是每完成一项划分任务，紧接着的学习任务难度会逐步升高。在词汇教学中，学生学习重点难点在于词根众多以及词义的记忆，而对于学生而言，掌握一定的词汇量属于一项基本要求，所以教师可经由演绎、归纳，依托新旧知识相互间的联系搭建支架，帮助学生学习掌握新知识，加深对新词汇、难词汇的印象[②]。例如，为防止学生对 insecticide 进行死记硬背，教师可先让学生复习单词 insect（昆虫）和 suicide（自杀，自杀行为），结合在一起，学生便可迅速意识到 insecticide 意为"杀虫剂"。依托引导学生对现有知识进行巩固、复习，然后推进学生对新词汇

---

① 陈雪晶.支架式教学模式在大学英语教学中的应用[J].湖北经济学院学报（人文社会科学版），2015，27（6）：207-208.
② 梁亚冰.支架式教学在英语词汇学教学中的应用[J].浙江万里学院学报，2012，25（3）：106-109.

的含义搭建支架，学生学习词汇的难度便可有效降低，并加深对词汇的有效记忆。

（二）创设情境

不论是何种知识均源自相应的学习情境，而学习掌握知识的实际应用同样要在对应情境中方可实现。英语课程学习存在一定枯燥性，所以在词汇教学中，可利用图片、音乐、视频等多媒体创设与教学内容相符的情境，引导学生从视觉、听觉层面推动思维对知识的主动建构。例如，教师可通过创设多种语言情境帮助学生掌握一词多义，以介绍 bottle 为例，教师可创设情境一："Mary broke the bottle."；情境二："The baby finished the bottle."依托对这两种语言情境的分析，切实帮助学生掌握 bottle 的两种不同含义。

（三）独立探索

在中学英语词汇教学中，教师应当为学生创造独立探索的时间、空间，且独立探索应当体现学生主体地位，教师则提供适时的指导。独立探索并不限制于课外，在课内同样可完成独立探索任务。例如，为了让学生明确构词法、词根词缀的重要性，教师向学生呈现 Lux 的图片，引导学生独立探索该品牌的内涵。学生借助书籍、网络等途径了解到 Lux 源于拉丁词根 Luz，含义为"light, shine"，进一步了解到这一词汇有着"使皮肤光亮耀眼"的内涵。教师还可向学生呈现汽车品牌 VOLVO，引导学生结合 VOLVO 词根含义"滚滚向前"，了解到对应词根 volut, volve 意为"滚动"，进一步衍生出 evolve（发展，进化), involve（牵涉，包含), convolve（盘旋，卷）等词汇。依托独立探索，使学生有效认识词根运用的广阔空间，进一步深化对英语单词的理解，调动起学生学习的主观能动性。

（四）协作学习

协作学习指的是学生通过小组形式参与，为达成一致的学习目标，在必要的激励机制下,学生为赢取最优化个人及小组学习成果而相互协作的学习过程。于此期间,教师可结合学生"最近发展区",创造性地运用学生相互间的互动,使学生在课内、课外均可实现有效的交流互动,进而实现共同进步。例如,为了提高学生的词汇应用能力,于此期间便可运用协作学习,依托话题讨论形式引导学生开展词汇联系。教师可引入学生所关心的就业话题展开讨论,教师提出 employment, specialist, interview 等词汇,将学生划分成若干小组,紧扣关键词开展会话组织,每一位同学结合自身词汇储备表达自身意见,运用不同相关词汇,形成对话,依托小组合作一方面巩固学生对词汇的掌握,一方面培养学生的思维及语言表达能力[①]。

(五)效果评价

效果评价的主体并非对学生形成的各项技能进行评价,而是评价基于教师与其他同学的帮助,学生哪些技能实现了提升。教师对学生开展效果评价旨在有效掌握学生学习情况,进而为进一步提高学生学习水平及相关技能提供有效帮助。英语词汇教学中,效果评价可自多个不同方面展开:学生自主完成学习任务情况,新词汇掌握情况,自主学习能力提高与否等。教师的客观评价及作业批语,有助于学生了解到自身存在的学习问题,进一步提高自身学习的有效针对性,学生还可开展自我评价以及与其他同学开展互相评价。结合评价结果,对于学生而言,可推进对学习目标、方法的优化调整,在尽可能短的时间内缩短最近发展区;对于教师而言,可促进掌握学生当前面临的学习难题,了解教学工作中存在的不足,进而予以有效调整,为后续教学工作打下有力基础[②]。

总而言之,支架教学有助于弥补学生英语基础薄弱、学习兴趣不足、对教师过于依赖等不足。因而,英语教师务必要不断钻研研究、总结经验,

---

① 李丹妹,邹德刚.多媒体支架式教学在大学英语教学中的应用[J].现代交际,2016,9(14):219-220.

② 斯苗儿.现场改课:从"说给你听"到"做给你看"[J].人民教育,2020(22):4.

提高对支架教学内涵特征的有效认识,"搭建支架""创设情境""独立探索""协作学习""效果评价"等,积极促进英语词汇教学的顺利开展。

第七节 教学设计理论

一、教学设计基本原则

系统理论、传播理论、教学理论和学习理论不仅为教学设计提供了理论基础,而且为教学设计提供了方法和技术。系统理论为教学设计提供了科学研究的方法,传播理论为教学设计提供了选用教学媒体的技术,学习理论使教学设计符合学习规律,教学理论指导了教学设计的具体操作[①]。

以学生发展为本的理念,教学设计的原则有:系统性原则,即教学设计应立足于学生的整体,每个部分应协调于整个课程教学系统中,做到整体与部分要辩证地统一,达到课程教学系统的整体优化;程序性原则,即教学设计的每个环节或系统有序地成等级结构排列,前一个环节制约、影响着后一个教学环节,而后一教学环节依存并制约着前一环节;可行性原则,即教学设计要成为现实,必须符合主观和客观条件,要充分考虑学生的心理特点、他们已有知识基础、教师的教学水平,以及学校教学设备、地区差异等因素,而且要具有可操作性[②]。

---

① 董新良,刘岗.课程设计概论[M].太原:山西教育出版社,2012.
② 王丽.英语语音课堂教学技能与实践[M].北京:九州出版社,2020.

二、教学设计主要特征

教学设计的主要特征有以下三点。

第一，教学设计是直接面对教学、着重创设学与教的系统，包括了促进学生学习的方法、条件、情景、资源等，它立足于解决问题的理论和技术，根本目的是帮助学习者达到预期的目标，教学设计的过程是具体的。

第二，教学设计是一个系统的逻辑过程，并不仅仅局限于得出一套针对某一教学内容的教案，它需要对教学的各方面进行系统分析和规划，提出教学方案，并不断修正方案，是一个连续的、不断改进和提高的过程[①]。

第三，教学设计是能包容多种教学理论、整合多种教学方法和教学策略的，依据不同的理论可以设计出不同的教学方案。

三、教学设计基本过程

教学设计的过程包括三个阶段。

（1）背景分析阶段，包括对学习需要、学习内容、学习者等分析。

（2）设计阶段，包括对教学目标、教学策略、教学媒体、教学过程等的设计。

（3）评价修改阶段，评价有终结性评价和形成性评价两种，以形成性评价为主。

---

① 金跃芳.英语情境教学理论与实践[M].杭州：杭州出版社，2005.

第八节　克拉申"i+1"理论

语言输入对于外语习得起着重要的作用，Krashen的"i+1"理论是最著名的语言输入理论，提倡在语言习得者原有的能力基础"i"上增加适当的挑战和难度"1"。然而，很多研究人员及语言教师对"语言输入"的认识不足，在理论方面，不知道是不是所有的语言接触都称得上"语言输入"，在实践方面，不清楚什么地点、什么条件以及什么时候接触的语言也可以称得上是有效的语言输入（吴峰，2013）[①]。鉴于此，本节将对克拉申的i+1理论做进一步的阐述，在了解它对外语教学有着重要的指导意义的同时也应看到它的不足之处。

一、克拉申"i+1"输入假设的提出及其内容

学生在课堂上或者是在其他场合接触到的语言是可理解性输入语言。由于我们国家语言教学的限制，大多数学生仅仅是在课堂上才能接触到语言学习，也就是接受语言输入。学习的形式就是语言老师在课堂上的言传身教，听说读写的能力只能在课堂上培养。听力、说写、阅读的内容就是大纲要求的教科书材料。第二语言学习理论是美国著名的语言学家S.D.Krashen（1981）在20世纪就提出来的很重要的理论。克拉申的输入假设（"i+1"）理论，"输入假设"很好地解释了学习输入理论[②]。可理解性语言输入是该理论中最为重要的部分，也是其核心思想。克拉申认为，可理解性语言对

[①] 吴峰.克拉申"i+1"理论的探讨[J].文学教育（中），2013，（11）：103.
[②] Krashen, S.D .The "Fundamental Pedagogical Principle" in Second Language Teaching[J]. *Studia Linguistica*，1981，35（1-2）：50-70.

学生的学习是十分重要的。学生自身的语言能力是有限的，现有的语言水平略低于可理解性语言。而学习第二语言，不仅仅是学习第二语言的外在形式，还要深入理解其精髓，这对学习第二语言无疑是具有指导性意义的。S.D.Krashen在语言教学认知上颇有研究，他强调了第二语言水平划分等级。"i"作为学习者自身的水平高低，设置一定的目标等级，例如"i+1"，这样就会直接激发学习者的原动力，这个动力的来源就是现有的第二语言水平与自己所想达到的水平的距离。有了这样的距离，更能激起学习者的挑战心。毋庸置疑，这是一个很好的方法。

二、克拉申"i+1"理想的输入条件

针对输入语言的不同，学者对其提出了各自的观点，其中以克拉申的观点最具有代表性，其就输入语言的趣味性、可被理解性、关联性、创意性以及数量上指出了几项输入语言的最为理想的条件，详细地分析有以下几点内容。

首先，输入语言应该建立在学习者的自身文化程度之上，能够普遍地被其所接受，并明白其中的意义，而非是泛泛之谈或者过于深奥难以令人领悟，这是语言被识别与学习的最为关键的一点。

其次，输入语言并非需要严格而刻板的一概遵照既定的语法程序。这种语法的无序性体现在对语法的忽视，是通过学习者日积月累的对素材的接触和了解，从而领悟到正确的语言逻辑，在大脑中就会形成一种固定的思维模式，之后在日常生活中遇到这些相似语言的时候一旦其不在所学习的常规逻辑之中，便可以将其排除在外，即通过潜移默化的影响对学习者形成一种语言的塑造。

再次，输入语言的趣味性。就学习材料而言，良好趣味性的增加对学习者学习而言能够起到极佳的促进甚至是事半功倍的效果，同时也增加了学习的乐趣，使其更容易接受学习。

最后，输入语言具有相关性。材料的相关性能够增加其联系，有利于学

习者对其识别记忆,在学习的过程中建立好的联系,使得学习的效果增加。而且,输入语言的数量应该达到一定的维度,不多不少不偏不倚才能使学习的效果达到最大化。

Krashen的观点中不难发现将以上几点内容作为学习语言的十分重要的要素,彼此之间如果协调能够使语言学习的效率最大化。因此,充分地尊重输入语言材料本身的特质即是其基于学习者自身文化程度、理解性、趣味性、相关性,达到一定量等等几个特点,便能够更有效地习得语言,学好第二语言。

第九节　语言习得理论

本小节讨论语言习得中的学习动机变量、刺激变量、认知变量、语言同化与建构理论。

一、语言习得中的学习动机变量

强化和保持学生的学习动机是语言教学效果高低的第一个关键,语言习得过程强调从学习兴趣入手,进而充分利用并化为动机,教师要研究和创造多种引起和保持学生学习动机的策略。在提升学生学习语言的主动积极性的问题上,语言教师需要做出指引,这是学生学习语言成功的关键。如何激发学生学习外语的兴趣和动机是一个值得研究的课题,这是值得我们探索的问题。任何事情都是如此,兴趣是我们学习的最大动力,有了学习语言的兴趣,就会事半功倍。语言的体验活动应该变得丰富,这样才会在丰富的语言体验活动中培养激发学生的学习原动力,提高学生学习语言的积极主动性。

二、语言习得中的刺激变量

德国著名的心理学家艾宾浩斯（1885）所著《重新记忆》[①]，艾宾浩斯这本书是在大量的有关记忆实验之后所撰写的。著名的艾宾浩斯记忆曲线在这本著作中提出，这为解释记忆率和记忆次数的关系提供了很大的帮助。我们学习次数越多，间隔时间越短，一般情况下，记忆就会越深刻。学习记忆的次数、每次间隔的时间长短是语言学习的很关键的因素。随着年龄的增长，学生需要学习的知识越来越多，那么学习语言的时间就会相应的减少，即使人为地增加语言学习的课时也与孩童时期学习语言的时间不能相提并论。孩童时期每时每刻都在接触语言的学习，因为这是在学习第一语言。而长大后学习第二语言，这个语言的刺激就会降低，这时，语言教师就要刻意地增加第二语言的刺激，让学生强化记忆，这样学习语言才会更深入、高效。

三、语言习得中的认知变量

著名的认知心理学家皮亚杰（J.Piaget，1970）在语言习得理论中的认知研究颇有见解。他认为孩童的智力发展大致经过四个阶段：感知运动阶段（出生至两岁）、前运算阶段（两岁至七岁）、具体运算阶段（七岁至十一岁）和形式运算阶段（十一岁以后）。皮亚杰（J.Piaget）认为学习语言的最好阶段就是前运算阶段，即学前阶段，语言学习发生比较大的变化是在语言学习

[①] Woodworth，R.S .Hermann Ebbinghaus[J].*Journal of Philosophy Psychology & Scientific Methods*，1909，6（10）：253-256.

的关键期（critical period）[①]。语言学习的关键期（critical period）之后，学生的年龄增长到了一定阶段，学生学习语言不再像以往一样具有较强的积极主动性，而是转化为了一种被动的学习思想。上了中学之后更是如此，学生的逻辑思考能力加强，他们感觉记忆单词、句型不再是有挑战性的事情，学生的学习兴趣已经没有了。

四、语言同化与建构理论

（一）语言同化理论

著名心理学家奥苏伯尔（1968）在心理学理论中提出了同化理论，该理论主要围绕着知识的获得、认知的建构以及知识习得的机制进行了详细的研究，指出学习只有实现意义才能将学习这一过程发挥到最大限度，简单来讲就是以往学习的知识与最新接触的知识之间所发生的拳击比赛，不过两者并未有输赢，而是形成一种新事物的构成，即是完成了意义上的学习[②]。而对于认知结构这一部分内容而言，其作用过程便是对新旧知识的整合以及交互作用。该理论中有几点需要倍加注意之处，便是：第一，进行学习活动的参与者应该具备主观的意向，即是其主观主动地希望接受学习而非是受到外界施加的压力，如果是这样对意义上的学习就会产生消极影响；第二，参与学习主体的以往经验中与新学习的知识或者观点之间存在相联系或者是相似之处，这样才能更好地促进知识之间的相互作用相互转变，最终形成新的知识结构认识结构。

以英语阅读教学为例，就新旧知识之间的互动作用的产生机制而言，主要受到以下几种阅读模式方式的影响。

[①] 皮亚杰.心理学与认识论[M].北京：求实出版社，1988.
[②] 奥苏贝尔.教育心理学：一种认知观[M].北京：人民教育出版社，1994.

首先，自上而下的加工机制。这一过程最为主要的特点是强调人的主观能动性，这是在社会逐渐对人的认知以及语言学应用加以关注的背景下产生的革新，即是在人的主观能动下，学习者预先会构建要习得知识的种种假设，而整个学习的过程便为对假设进行验证与证实，最终实现习得知识的目的。其次，自下而上的加工机制。这一加工机制强调阅读的被动性，其产生时间最为久远，指出学习者学习的过程实际上是一个被动接受最终懂得材料意义的过程。再者，鲁梅哈特（D.E.Rumellhart，1988）结合以往的研究成果，指出文字加工的过程实际上是自下而上与自上而下两种加工机制工程共同作用，通过主观能动与学习者已有的知识结构整合最终实现感觉信息与其他信息的统一，完成阅读与理解的目的[①]。

（二）语言的社会建构

与社会的交互作用是语言社会建构理论的核心要素所在，强调知识构建的主动性，指出知识构建的过程并不是简单、被动地接受，而是人的主观能动对知识的建构，理论的基础更是囊括了信息加工、社会互动等多种理论。根据语言的社会建构理论的基本观点，可以得知教育教学的过程要实现其有效的价值，旨在让学生发挥自身的主动性进而在学习的过程中能够独立自主地探寻问题所在。

语言与语言学习具有本质上的区别，这体现在其是否是作为单一的工具去使用，或是学习目的来使用，就前者而言，其强调的是进行社会构建的这一活动，具有多重性质；而对于后者，其强调的是对社会互动过程中所产生价值的关注，从学习活动以及工具使用的角度来对语言学习进行了解释。

---

① Rumelhart, D.E., Hinton G E, Williams R J. Learning Internal Representations by Error Propagation[J]. *Readings in Cognitive Science*, 1988, 323（6088）: 399–421.

第三章 研究的理论基础

第十节 本章小结

　　本章主要叙述了本研究的理论基础，包括基于成果导向教育（OBE）内涵、原则和框架、语言教学法、词汇教学策略与原则、情境学习理论、建构主义学习理论、支架教学理念、教学设计理论、克拉申"i+1"理论、语言习得理论等方面。

　　第一节是成果导向教育（OBE）内涵、原则和框架，包括基于成果导向教育（OBE）的内涵、基本原则和结构模式框架三个方面内容。第二节是语言教学法，叙述了语法翻译法（Grammar Translation Method）、直接法（Direct Method）、听说法（Audio-Lingual Approach）。第三节词汇教学策略与原则，叙述了元认知策略、认知策略等。第四节情境学习理论。叙述了情境学习的含义和特征以及学习情境创设的要素，其中，情境学习的含义和特征包括情境学习理论中的知识观和情境学习理论中的学习观两部分。第五节建构主义学习理论，从建构主义基本观点和教学中实施建构主义方面进行陈述。第六节是支架教学理念，包括了支架教学的基本内涵及理论基础、支架教学设计策略研究、支架教学运用学科教学的相关研究三个部分。第七节是教学设计理论包括了教学设计基本原则、教学设计主要特征和教学设计基本过程。第八节克拉申"i+1"理论，从克拉申"i+1"输入假设的提出及其内容和克拉申"i+1"理想的输入条件两个方面进行了叙述。第九节是语言习得理论，包括语言习得中的学习动机变量、刺激变量、认知变量以及语言同化与建构理论。

第四章 基于成果导向教育（OBE）的中学英语词汇教学改革

本研究在调查研究点贵州省台江县一中和台江县三中两所易地扶贫搬迁中学英语课堂进行了实验性调查和研究（pilot study），了解了两所中学的英语教研组活动开展情况、英语教师的词汇教学情况以及学生词汇学习情况。基于实验性调查和研究（pilot study）的结果，本章主要围绕重构课程体系、创新组织方法、完善评价体系、教学理念转变几个方面进行改革实践阐述，并分析了基于OBE理念的中学英语词汇教学改革路径。

第一节 实验性调查和研究（pilot study）的结果

根据Lancaster，Dodd和Williamson（2004）的陈述，实验性调查和研究或可行性研究的功能是被设计来检验正式的大型研究的逻辑合理性和获取前期信息，以促进之后正式的大型研究的质量和有效度[①]。本实验性研究的目的是检验问卷、访谈问题和英语词汇课堂教学的可行性，了解实验点学校的英语词汇教学现状。

一、实验性研究的过程

研究者于2020年7月，随机抽取了研究开展的两所学校的10位中学英语教师和10位初中一年级学生进行问卷调查和访谈，对两名教育教学管理者进行访谈，进行3堂课的课堂观察，随机抽取了一个初中一年级的普通班级进行英语词汇教学。在实验性研究后对问卷和访谈的部分问题进行修改，对词汇教学设计进行改进。

二、实验性研究的结果

（一）实验性研究

了解到研究点学校英语学科教学的基本情况：

（1）英语教学课程安排和教材：每个班每周两次课，每次两个课时，一个学期共72个课时，每班有固定的教室，每间教室有多媒体设备，大部分教室可以上网。使用仁爱版九年义务教育英语教材，共5册，九年级是全一册，教学内容适中，难度相当。

[①] Lancaster, G.A., Dodd, S., and Williamson, P.R.（2004）Design and analysis of pilot studies: recommendations for good practice[J]. *Journal of Evaluation in Clinical Practice*, 10（2），307.

第四章　基于成果导向教育（OBE）的中学英语词汇教学改革

（2）学生特点方面：本研究选择的研究对象是台江一中和三中两所学校的中学七年级学生。这些学生的年龄为11到12岁，有一定的抽象逻辑思维能力和抽象思维能力。有着强烈的好奇心，归纳、列举、辨析等能力进一步发展。在英语教学课堂上，学生可以根据教师教授的内容，完成课堂任务，没有制定词汇学习计划和具体的词汇学习策略。对于学习中遇到的问题，很多学生只寻求老师或同学的帮助，并不会寻根问底深度学习，知识学习还停留在表面。

（3）教学目标方面：老师在上课时，以满足学生中考为主，没有系统地规划英语词汇教学具体目标，课上也是以语言知识的传授为主，对于学生的情感态度、词汇搭配、词缀学习意识等没有太多考虑。教案上有教学目标，但是课堂上也没有太注意向学生讲明。

（4）教学方法方面：当前老师上课，通常采用老师讲授、学生练习的方法，有时使用翻译法进行语言点和语法的讲解，课堂活动设计较少，有活动时学生没有按照时间完成活动。

（5）教学资源方面：提供给学生的学习资源主要有教师在教参资料中找到的视频和PPT，网上下载的资源较少，网络连接迟钝，影响课堂上使用网络进行教学。提供给学生学习的图片素材很少，不够丰富有趣。

（6）教学评价方面：教师上课时对学生完成任务进行口头点评，对表现好的学生予以表扬，有单元小测试、半期或者期末考试，但是成绩不予公布。教师的评价语言大多是True or False/Right or Wrong；正确答案是A/B/C/D"等简单的显性知识的判断型评价，忽略了对学生的学习兴趣、发展进步、品质能力等的评价。在词汇课堂评价中对不同层次的学生给予的评价没有区别，体现不出学生的个性差异，评价语言没有明显的差别，在评价时对学生的性格特点、学习程度等个体信息关注不够。在多数英语词汇评价当中，都是教师对学生进行评价，学生虽然有Pair-work，group-work这些多人参与的活动，但是大多都是学生起来展示，展示之后，或者没有如何评价，或者老师说"Good""Well done"，然后就要求学生坐下，进行下一项活动。学生在课堂上更像是一个容器，等待老师灌输内容。通过观察，只有极个别老师会采取由学生进行评价的方式。学生是课堂评价的主体，教师在课堂评价当中起主导作用，让学生参与课堂评价有助于调动学生的积极性，让学生课堂听讲更加认真，从而提升课堂教学质量。对于学生每次提交的作业，有批改和集体反馈，缺少个别反馈。没有制定具体的课程学习评价标准，评价方式单一，评价主体是授课老师。

（7）教学督导和科研方面：教研组有教研计划，主要是听课评课和送教下乡活动，教育教学管理者有进行教学督导任务，教学科研没有具体的开展计划和要求。

（二）问卷调查实施发现的问题

实验性研究表明，本研究设计的问卷中部分条目表述不太清晰，不方便学生和老师作答，访谈问题中有两个问题也需要改进。在英语词汇课堂教学方面，学生和教师反馈，词汇信息量太大、内容多，学生难以掌握，课堂活动多，一节课不能按时完成。课题组根据调查研究的结果进行了分析和改进，英语词汇课堂教学的设计定位为英语听说课型，内容和设计的活动进行了适当的删减，部分活动布置学生课前完成。

（三）课堂观察发现的情况

根据对教育教学管理者的访谈和课堂观察发现：（1）大部分老师和学生没有使用词汇学习策略学习词汇的概念，班上没有学生准备有英语词典；（2）教师教学任务中没有针对性地开展科研；（3）教学活动有开展但是成效不高；（4）教师有教授词汇但是仅限于会读会写的基本层次，没有体现学生能使用词汇。具体的问卷设计、访谈以及课堂词汇教学设计的改进情况等将在后面的章节详细叙述。

基于实验性调查和研究（pilot study）的结果，本章第二、三、四、五小节主要围绕重构课程体系、创新组织方法、完善评价体系、教学理念转变几个方面进行改革实践阐述。

第二节　重构课程体系

课堂是中学阶段英语教学的主阵地，其设计的科学性、合理性与否将会直接影响中学英语教学工作的成效，课程体系本身作为一项庞杂的系统化建设工程，包括课程的目标设计、教学内容的设计、教学资源的挖掘等方面内容。

一、课程的目标设计

基于OBE理念的中学英语词汇教学，应当坚持全面发展学生的听说读写整体语言能力的宏观目标导向，并结合本学科特性做进一步细化，同时充分利用学生学习成果导向，制定层级递进的目标体系，指导教师教和学生学，以确保其最终学习成果的最大化产出。在此过程中，教师对学生个性差异的认知与了解至关重要，应当充分依托完善的评价机制反馈，找出学生的薄弱点或不足，适度提高期待，设计科学的层级递进目标，指导学生对照自身实际情况，鼓励他们深入学习，最终在九年级毕业时达到《新课标》的五级词汇量要求，即习得词汇1500-1600个；词组200-300个，实现将这些词汇和词组熟练运用于书面和口语交流的目标。在此基础上，教师要结合学生对所学知识的认知规律与个性差异，深度解析教材并找出其中的重难点所在，形成新的知识体系网络结构，以帮助学生深入理解与掌握，并通过实践应用的方式强化学生的记忆，潜移默化地提升学生各方面能力素质。

二、教学内容的设计

教师还需善于发现所用教材中的问题,创造性地优化英语学科课程资源结构,提供学生更多接触英语语言材料的机会,包括英文报纸、杂志、电影、歌曲等,从中摘选出《新课标》核心词汇的典型用法和优美句式,最终提高学生的语用语言能力,这也正是对OBE理念扩大机会原则最好的体现(董秀丽,2020)[①]。同时,针对《新课标》对中学生词汇量的要求,教师还需根据学生实际水平,按照词汇教学的不同任务,对英语词汇进行科学的分类区别处理,包括影响阅读听力的词汇、根植文本语境的词汇、容易混淆的近义词汇以及习惯用语等,采取差异化的讲解方案,提高学生的学习成果。

三、教学资源的挖掘

综合来讲,完善的校本课程开发并非一蹴而就,而是需要大量的实践支撑,涉及较大的人力、物力消耗,单纯依靠某个中学很难完成。为此,要加速教育同盟建设,促进区域内中学之间的联系,深入对基于OBE理念的英语词汇教学研究,携手开发并共享优质资源,逐步生成丰富的资源数据库系统,推动教育公平建设,亦可在一定程度上提高该项工作效率,实现教育质量的实质性提升。

[①] 董秀丽.成果导向视角下的外语课程教学刍议[J].辽宁工业大学学报(社会科学版),2020,22(03):130–132.

第三节　创新组织方法

实践经验表明，很多学生花费了大量时间在英语词汇学习上，但最终效果却始终差强人意，究其根本，最主要的原因在于方法不得要领。常言道，"授之以鱼不如授之以渔"。

一、尊重学生的个性差异

科学的方式方法组织是有效改善中学英语词汇教学实效不可或缺的一环，OBE理念提供了诸多方面的方法理论，值得深入探究和应用。如上述分析，成果导向教育应当遵循扩大机会的原则导向，在课程设计中充分尊重学生的个性差异，并在时间和资源上保障其能达成最终学习效果。因此，基于OBE理念的中学英语词汇教学策略设计，应当重点突出个性化教学，尊重学生主体地位和个性差异，为之提供多方面成功的机会，及时介入学习活动指导，努力营造相对自由、开放的空间，以小组协作的方式，释放学生最大能力潜力，寓教于乐，最终实现预期成果目标。

二、信息化水平建设

宏观信息化时代生态下，"互联网+教育"模式的衍生，加之多媒体应用支持，为中学英语词汇教学创新提供了无限可能，且符合了社会发展主潮流。对此，学校应当主动顺应时代潮流，依托国家战略引导与支持，关注信息化水平建设，结合自身教学需求实际，逐步加大相关投入，积极引入高精尖技术装备，努力改善办学环境，以此来激发创新创造活力，为学生提供更优的学习空间支持。在此基础上，教师要深入学生群体个性分析，探寻他们的认知成长规律，结合中学英语词汇重难点分布情况，依托建立丰富的资源数据库，选择最佳的教学组织方式，以帮助学生更好地达成预期成果目标。

三、混合式教学模式

在词汇教学中可采用混合式教学模式，充分利用传统教学与现代教学优势，完成更加形象、具体的词汇输出，并通过任务驱动的方式，帮助学生逐级达成目标。教师可基于成果导向，细化各阶段学生成长目标，并针对性地设计相关任务，进行翻转课堂设计，组织学生做好课前预习活动，继而带着问题参与到课堂教学中，可进一步增强课堂的吸引力，从而起到事半功倍的效果。之后，教师针对学生提出的问题，进行答疑解惑，详细解释英语词汇的含义，借助多媒体技术应用，通过图片、影像、视频、动画等多重元素表现出来，增强对学生的器官感觉刺激，给其留下深刻印象，并由此发布富有探究性趣味的课题，组织学生协作讨论，努力创造良好的应用场景，亦可在潜移默化中培育学生良好的思维活性、创新能力、应用能力、合作能力以及表达能力等，是实现能力本位教育的必然选择。值得着重指出的是，教师要紧密参与到学生学习动态当中，发挥好自身教学引导职能，确保课堂教学效率与效果。

第四节　完善评价体系

课程评价的方式直接影响课堂教学方式的转变，受传统应试教育模式的影响，学生将所学英语知识运用于实际生活的机会少，他们的实际英语语言

第四章 基于成果导向教育（OBE）的中学英语词汇教学改革

运用能力仍然薄弱，难以具备继续学习的积极情感态度、语言技能和文化意识等，与课程目标相差甚远（杨东，2019）[①]。对此，《新课标》设计了语言技能、语言知识、情感态度、学习策略、文化意识等几项分级标准，构建了相对完整的中学英语词汇教学评价框架结构。同时，OBE理念强调反向设计原则，对学生教育过程中取得的学习成果评价，是整个成果导向教育实践的基础，并形成了一个良性闭环，影响着教学设计的科学性、合理性。

一、学习过程和学习结果考核相结合

在OBE模式下，对学生的学习考评包括学习过程和结果考核两方面，其中，过程考核包括：学生出勤、课程作业、服务方案设计和实施（小组报告）以及教师对学生积极程度和认真程度的总体评价。在传统英语学科教学中着重结果评价倾向于期末考试分数，而常常忽视了学习过程的评价，这无论是对于学生英语学习潜力的挖掘还是英语教学质量的提升而言，都是极为不利的。因此，基于OBE理念的中学英语词汇教学，应当努力建构完善的评价机制模型，除了应试考试模块外，还需植入语言技能、情感态度、学习策略等方面的考核内容，以求全面、客观地反映学生学习成果，及时发现其中不足，找出他们的薄弱点所在，制定个性化处方，保证不同层级和水平学生均能获得最大发展。在中学英语词汇教学考核题型的设计上，要综合考查学生的即有水平，把握好难易程度，适度植入一些富有挑战性的题目，最大限度地挖掘学生潜力，拔高对他们的期待，引导其深入学习，是帮助学生逐级攀升"高峰"的重要路径。另外，在具体的方法路径选择上，要有机地将过程性评价与结果性评价结合起来，关注学生整个学习动态过程，从而切入更加全面的指导，同时通过自我评价和他人评价并合的方式，力求学生能欣然接受评价结果。

---

① 杨东.基于OBE模式的"小组工作"课程改革[J].教育教学论坛，2019（46）：94-95.

二、多元化评价体系

过程性评价践行中，教师要充分发挥自身教学主导优势，结合互联网平台大数据反馈，通过平时作业、课堂互动、课下自学等情况表现，理性解析学生的行为，发现他们的个性特点及优势，善用科学的方法引导，使之得到有效放大，推动以学生为主体的学习，可实现事半功倍的工作效果产出。同时，以小组互动的方式，引导学生对该阶段学习进行自评和互评，以学生的视角切入，促进他们相互成长，对相关意见反馈的接受程度更高，是实现"以生为本"教育发展的关键一环，将使学生终身受益。

除却上述这些，学校还需重视学生在英语词汇教学评价中的参与，设计相关调查问卷，尽量包含所有影响教学效果的因素，以不记名的方式，深入了解学生的需求变化，充分考虑他们的相关意见反馈，继而有的放矢地组织下一阶段的教学改革，可有效提升教学服务供需的契合度，拉近师生间的距离，对进一步提升学生学习能动性有着十分重要的现实意义，亦是成果导向教育的精髓所在。多元的评价方式，评价方式更人性化和更公正化，也让评价结果更合理。

第五节　教学理念转变

基础教育课程的改革一直以来都是热点问题，新课程体系在功能、结构、内容、实施、评价和管理等方面都较原来的课程有了重大创新和突破。这场改革给教师带来了严峻的挑战和不可多得的机遇，可以说，新一轮国家基础课程改革将使我国的中小学教师队伍发生一次历史性的变化。国家基础教育课程改革能否成功，改革目标能否实现关键在教师。就教师而言，要适应新课程教学，就必须通过继续教育对新课程充分理解，诚心接受，热情投

第四章　基于成果导向教育（OBE）的中学英语词汇教学改革

入，有效实施并根据新课程要求，不断提高自身综合素质①。因此从这个意义上讲，此次课程改革所产生的更为深刻的变化，将首先反映在教师教学观念的转变上。

一、教师要做学生发展的促进者

在课程实施中，学生的学习方式正由传统的接受式学习向探究式学习转变，这就要求教师必须从传授知识的角色向学生发展的促进者转变，教师要有更大的适应性和灵活性来面对他们的工作。教师作为促进者，帮助学生确定适当的学习目标，并确认和协调达到目标的最佳途径；指导学生形成良好的学习习惯、掌握学习策略和发展能力；创设丰富的教学情境，激发学生的学习动机和学习兴趣，充分调动学生的学习积极性；为学生提供各种便利，为学生服务②。建立一个接纳的支持性的宽容的课堂气氛，与学生一起分享他们的情感体验和成功喜悦，从教学理念、教学思想、教学方法、教学质量和教学质量管理几个方面打造高效课堂③。

二、教师要做学生发展的引导者

教师将自己的角色定位在引导者上，因为学生素质的形成是一个主体的建构过程，不是在整齐划一的批量加工中完成的。教师要尊重差异性，尊重

---

① 王家奇，李艳敏.教育学基础与应用[M].哈尔滨：哈尔滨工业大学出版社，2004.
② 《聚焦新课程》编写委员会.聚焦新课程：中小学新课程改革实践与研究[M].石家庄：河北人民出版社，2007.
③ 王惠玉.提高中学英语课堂教学效率的探索[J].语数外学习（英语教育），2012，（03）：20.

多样性，尊重创造性。作为引导者，教师要记住自己的职责是教育所有的学生，因而要坚信每个学生都有学习的潜力。教师要慎重地运用学生原有的鉴定和介绍材料，对某一学生的评价小心地采纳，对学生不能形成先入为主的成见。在课堂教学中，要尽量地给每位学生同等的参与讨论的机会，要经常仔细地检查、反省自己是否在对待不同学生上有差别。在实施奖励时，要做到公平、公正、公开[①]。

第六节 基于OBE理念的中学英语词汇教学改革路径

以OBE理念为指导，结合实际问题导向，本研究针对性地从几个方面探讨了中学英语词汇教学改革路径，以供参考和借鉴。

一、促进教师发展

在OBE理念导向下，教师的身份职能发生了转变，定位于教学主导，要求其秉持反向设计原则，依据学习成果设计教学内容、教学场景及教学过程等，突出学生能力培养，并不断改进，强调学生主观获得的过程。从某种维度上讲，OBE是对"以人为本"素质教育的进一步细化和延伸，除思维理念层次的高度贴合外，还提供有效的践行方法，较之传统教育有着诸多方面的突破，对中学教师而言无疑提出了巨大挑战，提升教师的综合素质素养水

---

① 邹群.教育学原理[M].大连：辽宁师范大学出版社，2010.

平，是有效推动中学英语教学改革的关键一环和重要保障。学校要以OBE理念为切入视角，通过制定鼓励机制从不同层面激励相关教师的专业发展，必要时为教师提供培训环境和经费，及时解决培训过程中出现的困难，提高教师学习培训的积极性和培训质量。

二、对《新课标》中词汇级别和要求的把握

组织系列专题研讨活动，广泛邀请学术名家、业务能手参与，共享教育发展最前沿动态，深度解析《新课标》。根据《新课标》里对九年级毕业生要达到五级词汇的要求，对照工作实际，协同探究最佳的英语词汇教学组织方案，尽早让学生攻克词汇关，及时更新英语学科授课教师的思想理念，丰富他们的学识构成体系，锻炼和提高其专业技能水平。对于中学英语教师个体而言，亦需树立正确的终身学习思想，充分借力互联网平台支持，利用业余时间了解教育发展前沿，从中汲取先进的思想理念，并加强与行业领域的动态交互，学习有效的教学组织方法，继而将之有机地融入英语词汇教学实践中，形成自身特色，以对学生产生更加强劲的吸引力，实现工作价值的最大释放。

OBE理念作为现代先进教育理念的典型代表，其本质与素质教育的追求高度一致，为新时期的教学发展提供了有效指导。因此，中学应高度重视基于OBE理念的英语词汇教学研究，充分依托高素质师资人才智力输出保障，结合实际情况，以学生学习成果为导向，不断优化课程体系，创新组织方法，并建立科学的评价模型，提高教学实效性[①]。

---

① 侯曲萍，唐明，李云忠.基于OBE理念的中学英语词汇教学研究[J].英语广场，2021，（28）：127-130.

三、多种词汇教学策略的运用

由于九年义务教育初中阶段的学生学习英语学科的时间短，特别是易地扶贫搬迁学校的学生，大部分学生在小学阶段没有进行英语学科的学习，英语学科教师要引导学生尝试不同的词汇学习策略，以期辅助学生找到适合自己的学习方式，促进词汇学习的效率。可从元认知策略、认知策略、社会情感策略三个基本的词汇学习策略分类中，选取部分策略进行指导。

在元认知策略方面，指导学生制定词汇学习和复习计划，老师和组员监督计划的完成和根据实际学习情况进行计划的调整，完成一个阶段的学习对学习成果进行评价，找到自己的不足查缺补漏。在认知策略方面，将所要学习的单词进行归类、重新组织，教师利用视听手段以及利用关键词和联想等方法进行教授单词，适当时候进行重复记忆和总结。在社会情感策略方面，教师将学生分成学习小组，组建合作学习。创设良好的语言学习环境，让学生做到"用中学"，通常的做法是用句子带出单词，不单独记忆单词记忆句子。培养学生将词汇记忆化繁为简的能力，比如引导学生运用词根、词缀、词的拼写的分析来记忆单词，激发记忆词汇的兴趣。

第七节　本章小结

本章讨论了基于OBE的中学英语词汇教学改革，改革的实施主要围绕四个方面进行，即重构课程体系、创新组织方法、完善评价体系、教学理念转变，最后还剖析了基于OBE理念的中学英语词汇教学改革策略。

第五章　研究设计与方法

本章阐述本研究的对象和内容、研究的设计以及研究的方法，即主要采用问卷调查法、访谈法、课堂观察法、教学实验法四种。问卷调查法：通过课题研究参与者对调查问卷的回答，得出具体数据，为数据分析提供依据。访谈法：本研究的访谈包含三个方面，一是对学校教务科和教研组管理者进行访谈，了解当地中学英语教师师资的基本情况、教学情况和相关管理政策等。二是在问卷调查的基础上抽部分中学英语教师进行个别访谈，对调查问卷中的有关问题进行进一步补充，提取深层次的信息，掌握教师英语课堂词汇教学的情况。课堂观察法：研究组深入课堂听课和观课，提取深层次的教学信息。教学实验法：通过教学实验，采取各种词汇教学法，以促进学生的词汇学习。

第一节　研究对象和内容

本研究的研究对象有教育教学管理者、中学英语任课教师以及易地扶贫搬迁学校的学生，具体对象和研究内容如下：

第一，以贵州省黔东南州台江县第一中学和台江县第三中学两所易地扶贫搬迁安置点中学的初中一年级学生，四个普通班，共计215人为研究对象，实验班2个（103人），对比班2个（112人）。其中，男生117人（54%），女生98人（46%）；年龄11–13岁，平均年龄12.2岁。

在通过问卷和访谈调查了解基本情况后，通过各种词汇学习策略和技巧在课堂和课后的运用和指导，旨在使学生在攻克词汇难关的基础上促进英语学科听、说、读、写能力的提升。

第二，通过采取问卷调查、访谈、课堂观察、教学实验等研究方法对台江县第一中学和第三中学进行实地调研，研究对象为这些中学的专职英语教师47人。重点调查以下3个方面的内容：(1)中学英语教师教学开展的基本情况；(2)中学英语词汇教学现状、存在的问题；(3)改进现状的措施和建议。

第三，对县教育与科技局和易地扶贫搬迁的两所学校的教务处教学督导教师以及教研组负责人6人进行和访谈。重点调查：(1)教学督导的情况；(2)教师开展教学和科研的情况；(3)给予教师的帮助和指导的情况。

本研究的设计包括研究总体方案、调查问卷的设计、访谈问题设计、课堂观察设计、词汇测试库建设、基于OBE的英语词汇教学设计等几个方面。

第二节 研究总体方案

研究的总体方案包括本研究使用哪些研究方法以及如何在本研究中运用，本研究的研究路线图、研究计划以及创新之处。

一、本研究的研究方法

本项目的研究方法主要采用问卷调查法、访谈法、课堂观察法、教学实验法四种。

（一）问卷调查法

通过被试对象两所中学英语教师、学生、相关学校教育教学管理者对调查问卷的回答，得出具体数据，为数据分析提供依据。通过课题研究参与者对调查问卷的回答，得出具体数据，为数据分析提供依据。问卷主要通过线下纸质问卷发放和回收这种方式，获取数据后由两位老师将其输入SPSS 26软件，对问卷调查所获得的数据和信息进行统计和分析，主要分析：（1）学生学习英语词汇的现状、存在的问题；（2）教师教学英语词汇的现状和存在的问题；（3）中学英语教师队伍的年龄、性别、职业规划等与他们的英语词汇教学是否有相关性，检验这些不同变量的差异有没有显著性。

（二）访谈法

主要是对部分中学教师、学生、相关学校负责人等进行访谈，对问卷中的相关问题进行补充。本研究的访谈包含三个方面：一是对教育和科技局管理者、学校教务处管理教师、教研组组长进行访谈，了解他们对英语教育教学督导的情况，了解中学英语教师师资的基本情况、他们的教学情况及相关政策。二是在问卷调查的基础上抽部分中学英语教师进行个别访谈，对调查问卷中的有关问题进行进一步补充，提取深层次的信息，掌握教师词汇教学的情况。三是在问卷调查的基础上抽部分中学生进行个别访谈，对调查问卷中的有关问题进行进一步补充，提取深层次的信息，掌握学生对词汇教学的看法和他们英语词汇学习策略、态度等情况。

（三）课堂观察法

采用随堂听课的方式，了解中学英语教师在课堂教学中词汇教学策略和技巧的使用情况。研究组深入课堂，做好听课记录，课后用设计好的课堂观察表将观察到的情况进行整理。

（四）教学实验法

教学实验法作为一种常用的研究方法，被广泛用于社会科学研究领域。采用多种词汇教学策略和技巧融入英语词汇教学设计的方式，通过为期一年的教学实验，使学生在攻克词汇难关的基础上促进英语学科听、说、读、写能力的提升。教学实验对象为两所中学初一年级的4个班（206人），两个班为实验班，两个班为对比班。

二、研究路线图

本课题以基于成果导向的教育（OBE）的"5P"理论框架为理论基础，综合运用教育理论、学习理论等相关理论，通过理论演绎，在前期研究成果的基础上，构建本课题的理论框架，制作或改编相关问卷，设计教学实验，通过问卷调查、访谈、课堂观察和教学实验，使异地扶贫搬迁中学学生攻克词汇难关，促进英语学科综合能力的提升。

第五章 研究设计与方法

研究实施的路线图如下：

如图5-1，本研究中OBE（基于成果导向的教育）的"5P"含义：

一个范式（Paradigm）——学生成功习得词汇和是否能够习得很重要。

二个目标（Purposes）——确保学生在完成一个阶段的教育后，具备成功习得词汇的知识和素养；学校的组织和运行能使学生的词汇习得实现成果最大化。

```
教学实验前
1. 问卷、访谈设计
2. 词汇测试库建设及词汇前测
3. 词汇教学设计

教学实验中
1. 参与者：4个班（200人）其中，实验班2个（100人），对比班2个（100人）
2. 期限：一年（两个学期）
3. 学时：1学时/周/班（18学时/学期）
4. 词汇测试（实验中测）：第一学期结束时
5. 课堂观察

教学实验后
1. 词汇后测：第二学期结束时
2. 问卷、访谈实施
```

```
Paradigm    1个范式
Purposes    2个目标
Premises    3个前提
Principles  4个原则
Practices   5个步骤
```

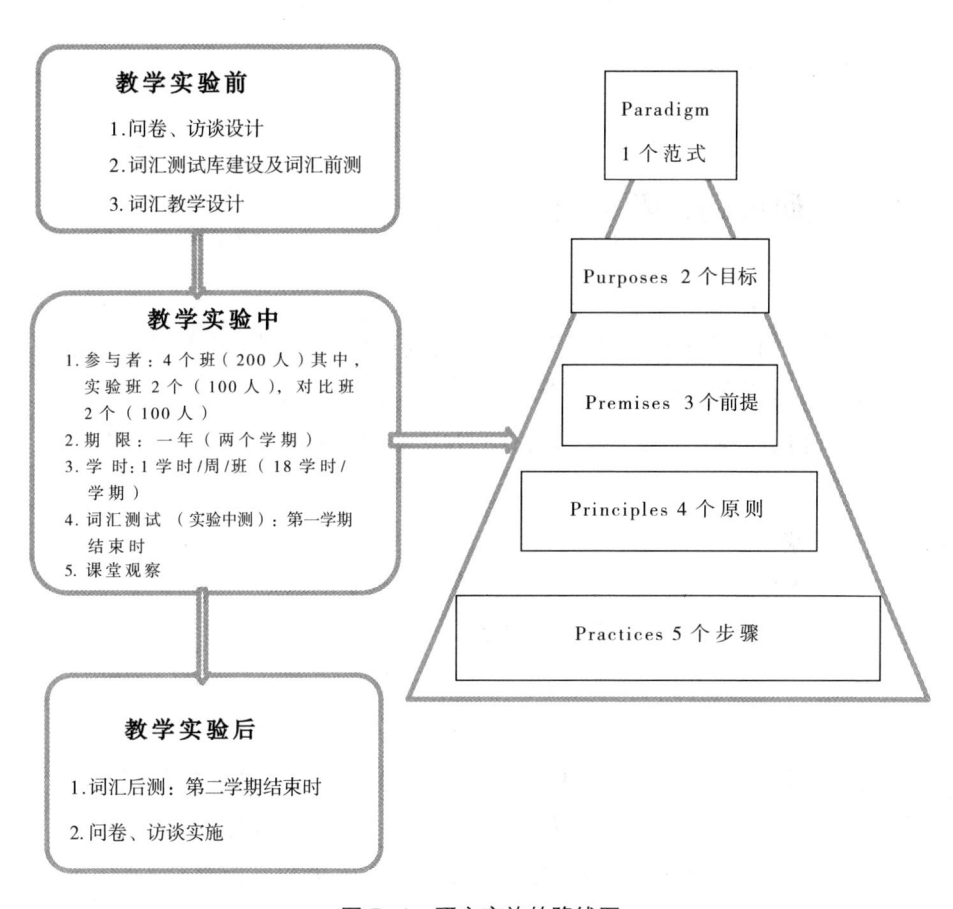

图 5-1　研究实施的路线图

三个前提（Premises）——学生都能达到《新课标》五级目标中的词汇要求，但获得的时间和方式不同；成功的词汇习得促进更成功的英语学科学习；教师通过改变教学方式帮助学生攻克词汇关，并获得成功。

四个原则（Principles）——教师要清楚，使学生达到《新课标》五级目标中的词汇要求，是为了最终实现英语学科听、说、读、写能力的全面提升；教师应尽可能多给学生展示所学的机会；教师期待学生的词汇学习能达到一个更高的水平，并跟学生一起努力提升实现这一目标的可能性；课程设计和教学计划从实现学生词汇达标的目标成果出发。

五个步骤（Practices）——确定目标成果；根据《新课标》中的"五级词汇表"设计本研究的词汇教学和测试；实施课堂教学；评估词汇学习成果；明确更高目标。

三、研究的创新之处

本研究的创新之处：（1）将OBE理念与中学英语词汇教学结合，以黔东南州易地扶贫搬迁安置点中学为研究对象，具有理论意义和实践意义；（2）综合运用问卷、访谈、课堂观察和教学实验等研究方法，保证研究结果的信度。

四、研究计划及预期进展

第一阶段：2020年7月15日至2020年8月31日：完成问卷和访谈的设计、建设中学英语词汇测试库、完成词汇前测及词汇教学的设计。

（1）文献搜集与分析：通过学校图书馆资源收集和分析相关文献。

（2）调查问卷制作及论证（问卷效度检测）、访谈问题的设计：通过理论演绎，构建理论框架，结合研究目标，以OBE理论为依据，制作中学词汇教学调查问卷及访谈问题。为确保问卷和访谈问题的效度，课题组将请3位专家对问卷和访谈问题进行效度检验。

（3）预调查（问卷和访谈信度检测）：为确保调查问卷的信度，课题组将在正式使用问卷和访谈问题前开展预调查，用数据分析软件SPSS 26检测问卷的信度。

（4）建设中学英语词汇测试库和进行词汇前测：课题组分工合作，根据《新课标》中的"五级词汇表"建设中学英语词汇测试库，对实验对象进行词汇前测。

（5）课题组完成中学英语词汇教学设计，开展讨论并对设计进行完善。

第二阶段：2020年9月1日至2021年7月30日：完成教学实验，完成专著和论文初稿。

（1）教学实验第一学期（2020年9月1日-2021年1月30日）：将中学英语词汇教学设计运用于教学中，根据教学实验效果进行开展讨论和修改；对实验对象进行词汇教学实验中测。

（2）教学实验中期总结（2021年2月1日-2月28日）：对教学实验的结果、意义、局限性进行中期总结，为下阶段研究做准备。

（3）教学实验第二学期（2021年3月1日-7月30日）：开展第二学期的词汇教学实验，在学校放暑假前完成问卷和访谈调查。

（4）在教学实验过程中进行教学观察，并收集、整理资料完成专著和论文初稿。

第三阶段：2021年8月1日至2022年9月30日：研究总结，完成专著和论文撰写任务，并发表。

（1）研究总结（2021年8月1日-9月30日）：对问卷调查、访谈、课堂观察、教学实验收集到的量化和质性数据进行整理分析，对研究进行总结。

（2）成果出版阶段（2021年10月1日-2022年9月30日）：完成专著和论文撰写任务，准备好专著初稿并发表论文，申请结题。

第三节 调查问卷的设计

词汇教学是英语教学中重要的一部分,如何使中学生更轻松更有效地掌握英语词汇,一直是中学英语教师英语教学中的难题。为了了解易地搬迁学校中学英语教师对中学英语词汇教学的看法,掌握中学英语词汇教学的现状,探索更高效的英语词汇教学方法并构建特色词汇教学模式,帮助学生掌握好英语词汇,本研究设计了教师问卷对中学英语教师的词汇教学情况进行了调查,以便掌握中学生的中学英语词汇学习情况,给英语老师提供一定的依据,总结出行之有效的教学方法,本研究采用美国社会心理学家李克特(Likert)1932年设计的李克特量表(Likert scale),每个陈述有"非常不同意""不同意""不确定""同意""非常同意"(或"从不""很少""有时""经常""总是"等)5种回答,分别记为1、2、3、4、5分。

一、教师问卷设计

教师问卷包括基本信息、教师素养和教学理念、教师的词汇教学策略、问答题四个部分。基本信息包括性别、最高学历、教龄、职称、所教授的年级、授课班级的性质、是否承担班主任(备课组长、教研组长或其他行政工作)等信息。教师素养和教学理念包括"我清楚初中英语课程标准各年段各领域的要求""我了解英语词汇教学相关的理论""我经常浏览英语词汇方面的书籍"等六个陈述,每个陈述后面附有5个选项,参与调查的老师对陈述中认为符合的选项上打√。教师的词汇教学策略包括"每次词汇教学前我会有教学设计""词汇教学前我要求学生预习功课""我对学生指导过新单词的预习方法"等二十个陈述,每个陈述后面附有5个选项,参与调查的老师对陈述中认为符合的选项上打√。第四部分问答部分包括3个问题。(1)根据您的教学经验,您认为中学生英语词汇学习存在的主要问题是什么?(2)您

第五章　研究设计与方法

认为英语词汇有效教学主要体现在哪些方面？（3）现阶段中学英语词汇教学还存在哪些不足？（详见附录1）。

问卷在正式发放之前，为了检测问卷的所有条目和问题的效度和信度，进行了实验性使用（pilot study），10位来自黔东南州台江县所属中学的英语教师参与了实验性研究。参与实验性研究的对象基本情况为：男6人，女4人；年龄25-40岁；教龄10-15年的有7人，16年以上的有3人；10人均为大学本科文凭；中小学二级教师2人，中小学一级教师8人。通过参与者填答问卷，发现第一部分"基本信息"的第4条目"您的教龄"存在有疑问的地方并进行了调整，把"您的教龄"中的C选项"10-15年"改为"11-15年"，把D选项"15年以上"改为"16年以上"。另外，在进行正式线上、线下发放问卷调查之前，为了保证问卷的效度，两位课题参与者老师对问卷进行了再次审阅，没有发现错误或有歧义之处。

为了检验问卷调查的项目是否能够衡量其设计的目的，研究者将问卷的所有条目连同内容效度检查评分表分别发给3位有10年以上教学和科研经验、具有硕士研究生以上学历的高级职称英语老师进行评分。专家教师们采用项目—目标一致性指数（Item-Objective consistency Index，IOC）作为测试内容和目标相关性的验证方法来检验问卷的内容效度，三位专家按照三个等级评分法：相关（1分），不确定（0分），不相关（-1分）对问卷中的所有项目逐条进行评定。教师问卷中3个条目"我清楚初中英语课程标准""我经常浏览书籍""我要求学生预习功课"有专家评定为"不相关"，研究者对条目进行了修改，改为"我清楚初中英语课程标准各年段各领域的要求""我经常浏览英语词汇方面的书籍""词汇教学前我要求学生预习功课"。研究者通过项目分析（IAS）对各项目的IOC指标结果进行检查，并根据专家建议对问卷调查的条目进行调整，之后邀请专家进行第二次评定IOC指数，根据Booncherd, P.（1974），IOC是一种检验访谈各个问题之间的相关性的效度检测方法，可接受值应该大于或等于0.5（$\geqslant 0.5$）[①]，计算公式为IOC=R/N/$\sum$

[①] Booncherd, P., (1974) *Evaluation by References Criteria, Concepts and Methods*. Faculty of Educational Study, Srinakrindravirot University (Ed.) Fundamental Education Division (pp: 89-299) Bangkok: ISBN: 974-275-874-3.

（R代表专家评分总数；N代表专家总人数；∑代表条目的满分），本研究的教师问卷IOC=0.89＞0.5，表示问卷的问题之间具有相关性，并且与研究设计相关，具有有效性。以问卷中第二部分"教师素养和教学理念"部分为例见表5-1问卷调查项目目标一致性指数检测结果（教师素养和教学理念部分）为例说明如下。

表5-1 问卷调查项目—目标一致性指数检测结果（教师素养和教学理念部分）

陈述	专家1	专家2	专家3	结果
1.我清楚初中英语课程标准各年段各领域的要求。	1	0	1	√
2.我了解英语词汇教学相关的理论。	1	1	1	√
3.我经常浏览英语词汇方面的书籍。	1	1	1	√
4.目前我校重视培养学生的词汇学习能力。	0	1	1	√
5.我指导学生制定过英语词汇学习计划。	1	1	1	√
6.我认为教学研究对教学的促进作用明显。	1	1	1	√
总分	5	5	6	11

因IOC＝R/N/∑（R代表专家评分总数；N代表专家总人数；∑代表条目的满分），所以IOC=11/3/6=0.89＞0.5，表示问卷的问题之间具有相关性，并且与研究设计相关，具有有效性。

在正式开展研究前随机抽取了10位调查点学校的专职英语教师进行实验性研究（pilot study），让他们填答问卷，根据美国社会心理学家李克特（Likert）1932年设计的李克特量表（Likert scale），每个陈述有"非常不同意""不同意""不确定""同意""非常同意"（或"从来没有""没有""不确定""有时""总是"等）5种回答，分别记为1、2、3、4、5分的办法，将收集到的数据录入SPSS 26，用克伦巴赫α系数Cronbach's Alpha Coefficiency（α）进行信度检验，根据研究者DeVellis（2003）的陈述，可接受的信度值为≧0.70[①]。本研究问卷的检验结果为α=0.87，按照信度要求α=0.87＞0.70

---

① DeVellis，R.F.（2003）*Scale development：Theory and applications*（2nd ed.）[M].London：Sage Publications，Inc.

第五章 研究设计与方法

已经达到信度值,表明问卷完全可以应用于研究中。

二、学生问卷设计

学生问卷包括基本信息、学习英语单词的方法和态度、问答三个部分。基本信息包括学校、年级、性别、年龄等信息。学习英语单词的方法和态度包括"我认为词汇教学对英语教学重要""我希望英语老师改变现有的词汇教学""老师教导我们掌握充足的词汇量是提高英语成绩的保证"等十个陈述,每个陈述后面附有5个选项,参与调查的学生对陈述中认为符合的选项上打√。问答题部分包括两个问题:(1)你平时是怎样学习和记忆单词的?(2)你对老师教授新单元单词有何意见和建议?主要收集学生的学习单词方法和对老师教授新词的意见和建议(详见附录2)。

问卷设计完成后,跟教师问卷一样采用项目—目标一致性指数(Item-Objective consistency Index,IOC)评判的方式,分别发给3位有10年以上教学和科研经验、具有硕士研究生以上学历的高级英语老师进行评分。三位专家的评分根据IOC=R/N/∑(R代表专家评分总数;N代表专家总人数;∑代表条目的满分)的计算公式,IOC=0.91>0.5,表明问卷的效度达标,完全可以运用于本研究中。

为了检测问卷的信度,在主题研究开展前抽取了10位调查点学校的初中一年级学生进行实验性研究(pilot study),让他们填答学生问卷,根据美国社会心理学家李克特(Likert)1932年设计的李克特量表(Likert scale),每个陈述有"非常不同意""不同意""不确定""同意""非常同意"(或"从来没有""没有""不确定""有时""总是"等)5种回答,分别记为1、2、3、4、5分的办法,将收集到的数据录入SPSS 26,用克伦巴赫α系数Cronbach's Alpha Coefficiency(α)进行信度检验,根据研究者DeVellis(2003)的陈述，可接受的信度值为≧0.70[①]。本研究问卷的检验结果为α=0.87，按照信度要求α=0.87＞0.70已经达到信度值，表明本研究问卷的信度高，完全可以运用于本研究调查中。

第四节 访谈问题设计

本研究所运用的访谈是半结构式（semi-structured）的个人访谈类型。访谈时，研究者可以适当给与信息或与受访者交流。Robson（2002）解释说，访谈是访谈者为了获取与研究相关的信息而发起的谈话，访谈者把焦点集中在系统描述、预测或解释研究目标所指定的内容上[②]。面对面访谈是寻求研究问题答案的一种"捷径"，因为它为研究人员提供了直接询问参与者的机会（Robson，2002）。Nunan（1991）将访谈可以分为三大类，即非结构化访谈、半结构化访谈和结构化访谈[③]。研究者选择半结构式访谈的原因在于半结构式访谈具有灵活性，是三种访谈中最受欢迎的一种。半结构式访谈给予受访者一定程度的权力和对访谈过程的控制。

本研究访谈分为三个层面：一是对教育教学管理者的访谈，二是对研究点学校专职中学英语教师的访谈，三是对实验对象班级学生的访谈。访谈样本的抽取根据加拿大艾伯塔省卫生和安全协会（Alberta Municipal Health & Safety Association AMHSA）官网的访谈样本数抽取参考标准，本研究的教育

---

① DeVellis，R.F.（2003）*Scale development*：*Theory and applications*（2nd ed.）[M]. London：Sage Publications，Inc.

② Robson，C.（2002）*Real world research*：*A resource for social scientists and practitioner-researchers*[M]. Oxford：Blackwell Publishers.

③ Nunan，D.（1991）*Language Teaching Methodology*：*A Textbook for Teacher.*Upper Saddle River[M]，NJ：Prentice Hall.

教学管理者8人全部参加访谈，研究调查点学校专职英语教师共计47人抽取19人访谈，研究调查点学校实验对象班级学生共计2015人抽取30人进行访谈（样本抽取标准见表5-2访谈样本数抽取参考标准）[①]。

表5-2 访谈样本数抽取参考标准
AMHSA: Criteria for Determining a Representative Interview Samples

Participants（研究参与者）	Minimum Interviews（最低访谈数）	Participants（研究参与者）	Minimum Interviews（最低访谈数）	Participants（研究参与者）	Minimum Interviews（最低访谈数）
0–9	All（全部）	86–99	22	339–369	53
10–12	9	100–149	24	370–475	58
13–17	11	150–199	26	476–550	65
18–24	13	200–220	30	551–600	70
25–30	15	221–240	35	601–700	80
31–44	17	241–299	37	701–800	86
45–64	19	300–320	42	801–900	90
65–85	21	321–338	47	901–1000	100

一、教育教学管理者访谈问题设计

教育教学管理者的访谈包括教育科技局的教学督导人员、学校教务处的老师和教研组组长以及名师工作室的负责人，本研究共访谈了9人。教育教学管理者的访谈包括4个问题：（1）你们是否开展学生学习方法和教学方法的调研？（回答"是"）你们调查的结果是什么？（回答"否"）有计划进行调查吗？如何开展？（2）对教师的教学评价包括哪些方面？您认为还需要如

---

① Alberta Municipal Health & Safety Association｜AMHSA.http://www.amhsa.net

何改进？（3）管理人员有硬性的教学督导要求吗？具体有哪些要求？（4）你们是否有开展教学讨论？具体的讨论方式和成效（详见附录3）。与本研究的问卷调查一样，教学管理人员访谈问题，在研究开始前进行了效度和信度的检测，效度IOC=0.86＞0.5，信度检验结果为α=0.87，按照信度要求α=0.87＞0.70，表明教育教学管理者访谈问题的效度和信度达标，完全可以运用于本研究中。

二、教师访谈问题设计

本研究随机抽取了开展教学实验的两所易地扶贫搬迁安置点学校的英语学科教师19名进行了教师的访谈。教师访谈包括6个问题：（1）您在英语教学中是否倾向于某一知识面的教学？为什么？（2）您在英语词汇教学中有什么困惑？在词汇教学过程中遇到困难时如何解决？（3）您感觉自己在上词汇课时，学生在多数情况下有怎样的表现？（4）您认为学生记忆英语词汇最有效的方法是什么？（5）您主要通过何种方法扩大学生的词汇量？（6）课堂上，您通常引导或安排学生通过什么方式运用生词？（详见附录3）。与本研究的问卷调查一样，教师访谈问题，在研究开始前的实验性/可行性研究（pilot study）中，进行了效度和信度的检测，效度IOC=0.85＞0.5，信度检验结果为α=0.89，按照信度要求α=0.89＞0.70，表明教师访谈问题的效度和信度达标，完全可以运用于本研究中。

三、学生访谈问题设计

本研究随机抽取了开展教学实验的两所易地扶贫搬迁安置点学校的初中一年级学生30名进行了学生的访谈。学生的访谈包括4个问题：（1）您平时是怎样学习和记忆单词的？（2）您对老师教授新单元单词有何意见和建议？

（3）您认为提高英语学习水平的方法有哪些?（4）遇到英语词汇学习中的困难您会怎么做?（详见附录3）

与本研究的问卷调查一样，学生访谈问题，在研究开始前的实验性/可行性研究（pilot study）中，进行了效度和信度的检测，效度IOC=0.91＞0.5，信度检验结果为 α=0.88，按照信度要求 α=0.88＞0.70，表明学生访谈问题的效度和信度达标，完全可以运用于本研究中。

第五节　课堂观察设计

课堂观察的目的是提取教师课堂上英语教师教学英语词汇的情况，以便分析词汇教学的现状和改进措施。课题组设计了《英语课堂观察表》对课堂进行观察，表上除了一些课堂基本信息，比如时间、地点、教学单元、授课教师、观察人等外，还包括了课堂记录、观察到的词汇教学情况和观察的总体感受（详见附录4）。本研究的课堂观察在实验性/可行性研究（pilot study）阶段用听课记录本共观察了3堂中学英语课，之后设计了课堂观察记录表，在正式研究中（2020年9月1日至2021年7月20日）两个学期共观察了30节中学英语课。

第六节　词汇测试库建设

根据Nation, I.S.P.（2001），词汇的学习包括输入和输出两个方面，测试词汇量可测试接收和产出两个方面①。词汇测试库根据《新课标》中列出的小学二级词汇表（423词）核心词汇和仁爱版初中《英语》教材七年级上下册、八年级上下册以及九年级上下册共计6册教科书标注的黑体核心词汇（五级核心词汇1500词）以及300个习惯用语或固定搭配，设计了六个级别的测试题，共计177卷，组成中学英语词汇测试库。具体详细情况见表5-3。

表5-3 词汇测试库建设情况

级别	卷数	建设依据	词汇量	备注
初级	33卷	小学英语核心词汇表	600-700词，50词组	
一级	29卷	仁爱版七年级英语上册核心词汇	800词，100词组	
二级	35卷	仁爱版七年级英语下册核心词汇	1000词，150词组	
三级	26卷	仁爱版八年级英语上册核心词汇	1200词，200词组	
四级	28卷	仁爱版八年级英语下册核心词汇	1400词，250词组	
五级	26卷	仁爱版九年级英语上下册核心词汇	1600词，300词组	
统计：共计6个级别，177卷。				

Nation, I.S.P.（2001）指出，学会一个词包括学习这个词的接受性知识（receptive knowledge）和产出性知识（productive knowledge），从词汇的结构来看，我们不但要认识这个词还要知道它如何拼写，我们不但要知道这个词是怎么组成的，还要知道词的每个部分的含义。根据学习词汇要学习它的接受性知识（receptive knowledge）和产出性知识（productive knowledge）原则，本研究的词汇测试库由177卷词测卷组成，每卷包括四个大题，其中两个大题是接受性知识的检测，另两个大题是产出性知识的检测。第一，选择所给单词的中文意思，把选项字母写在横线上（15小题，每题2分，共30分）。第二，翻译划线单词成中文，并写在括号里（10道题，每题2分，共20分）。第三，根据句意及提示补全单词（15小题，每题2分，共30分）。第四，请选择所给词组的意思，并把词义写在横线上（10道题，每题2分，共20分）。

---

① Nation, I.S.P.（2001）*Learning Vocabulary in Another Language*[M]. Cambridge: Cambridge University Press.

第七节　基于OBE的英语词汇教学设计

本研究基于成果导向的教育（OBE）的"5P"理论框架：一个范式（Paradigm）、二个目标（Purposes）、三个前提（Premises）、四个原则（Principles）、五个步骤（Practices），进行教学设计。

一、词汇课程目标

表5-4　词汇课程要求、目标和指标

词汇课程要求	词汇课程目标	课程目标指标点
【词汇知识】理解中学英语词汇学习课程标准，能够在词汇教学实践中以学生为中心，尊重教学规律，针对中学生身心发展情况和认知特点，完成词汇教学设计、教学实施和评价。	课程目标1：学会使用1500~1600个单词和200~300个习惯用语或固定搭配，了解一定的语言文化知识。（M）	【知识目标】M：中度支撑指标点
【语言能力】掌握英语词汇的不同形式，理解和领悟词汇的基本意义及含义，具有在教学实践中和交际活动中能够运用不同词汇描述事物、阐释行为和特征，说明概念等。	课程目标2：了解英语词汇包括单词、短语、习惯用语和固定搭配等形式，理解和领悟词语的基本含义以及在特定语境中的意义。能用所学词汇简单描述事物、阐释行为和特征，说明概念等。（H）	【能力目标】H：高度支撑指标点
【素养目标】理解团队协作和学习共同体的实践内涵，掌握合作原理与技能，具有在教学实践中参与小组互助和合作学习的体验。	课程目标3：具有团队合作学习意识，能够分享英语学习资源和学习经验，具有良好的人际交往能力，掌握用英语与他人沟通的技能。（M）	【素养目标】M：中度支撑指标点

如表5-4，本研究的课程目标有知识目标、能力目标和素养目标三个，教学实验结束，课题小组对这三个目标进行评定，并通过收集到的学生词汇测试成绩包括过程评价（占比40%）和终结性评价（占比60%）换算达成项目目标的达成度。这里的终结性评价指的是词汇测试的结果。

二、词汇教学内容

本研究的教学内容为义务教育阶段仁爱版英语教材七年级上下册、八年级上下册和九年级上下册的附录单词表里的黑色粗体核心词汇1600词和短语300个。所教学的内容支撑了中学英语词汇教学研究实验需要达到的课程目标1、2和3（见表5-6 教学内容与词汇教学目标的关系）。在教词汇时，教师根据实际课堂情况，穿插在教学活动中进行知识拓展，一般讲完相关生词并进行拓展，点到为止，然后布置学生课后用词典查拓展的词汇（表5-7 教学词汇内容与拓展内容）。

表5-5 教学内容与词汇教学目标的关系

课程内容	教学内容	主要使用的教学方法	支撑的词汇目标	实现目标的方式
第一课	学习用品（school[sku:l] things）相关词汇及短语	直接法、情境创设法、听说法、交际法	课程目标1（M）课程目标2（H）课程目标3（M）	目标1：平时词汇书写、听写作业，同步练习的完成情况；词汇测试卷1-2大题的得分。
第二课	人体（body）['bɔdi]、人物（people）['pi:pl]相关词汇及短语	直接法、情境创设法、听说法、交际法	课程目标1（M）课程目标2（H）课程目标3（M）	
第三课	颜色（colors）、衣服（clothes）[kləuðs]相关词汇及短语	直接法、情境创设法、听说法、交际法	课程目标1（M）课程目标2（H）课程目标3（M）	

第五章 研究设计与方法

续表

课程内容	教学内容	主要使用的教学方法	支撑的词汇目标	实现目标的方式
第四课	动物（animals）animal ['ænɪməl] 相关词汇及短语	直接法、情境创设法、听说法、交际法	课程目标1（M） 课程目标2（H） 课程目标3（M）	
第五课	动词（v.）概述（相关词汇及短语）	语法翻译法、直接法、情境创设法、听说法、交际法	课程目标1（M） 课程目标2（H） 课程目标3（M）	
第六课	职业（jobs）[dʒɔbs]相关词汇及短语	直接法、情境创设法、听说法、交际法	课程目标1（M） 课程目标2（H） 课程目标3（M）	
第七课	食品、饮料（food & drink）、患病（illness）['ɪlnɪs]相关词汇及短语	直接法、情境创设法、听说法、交际法	课程目标1（M） 课程目标2（H） 课程目标3（M）	目标2：课堂口语交流互动的表现、课后词汇学习思维导图的制作；词汇测试卷3大题的得分。
第八课	水果、蔬菜（fruit/vegetables）相关词汇及短语	直接法、情境创设法、听说法、交际法	课程目标1（M） 课程目标2（H） 课程目标3（M）	
第九课	交通工具（vehicles）['viːɪkl]相关词汇及短语	直接法、情境创设法、听说法、交际法	课程目标1（M） 课程目标2（H） 课程目标3（M）	
第十课	数词（numbers）['nʌmbəz]概述（相关词汇及短语）	语法翻译法、直接法、情境创设法、听说法、交际法	课程目标1（M） 课程目标2（H） 课程目标3（M）	
第十一课	杂物（other things）['ʌðə] [θɪŋs] 家用电器（房屋设施）Household appliances相关词汇及短语	直接法、情境创设法、听说法、交际法	课程目标1（M） 课程目标2（H） 课程目标3（M）	

续表

课程内容	教学内容	主要使用的教学方法	支撑的词汇目标	实现目标的方式
第十二课	杂物（other things）[ˈʌðə][θiŋs] 家庭用品Housewares相关词汇及短语	直接法、情境创设法、听说法、交际法	课程目标1（M） 课程目标2（H） 课程目标3（M）	目标3：小组合作学习的表现、对小组的贡献度（师生评价）；词汇测试卷4大题的得分。
第十三课	地点（locations）[ləuˈkeiʃəns]（一）家庭和学校设施相关词汇及短语	直接法、情境创设法、听说法、交际法	课程目标1（M） 课程目标2（H） 课程目标3（M）	
第十四课	地点（locations）[ləuˈkeiʃəns]（二）生活和娱乐设施相关词汇及短语	直接法、情境创设法、听说法、交际法	课程目标1（M） 课程目标2（H） 课程目标3（M）	
第十五课	课程（classes）[klɑːs, klæs]和星期（week）[wiːk]相关词汇及短语	直接法、情境创设法、听说法、交际法	课程目标1（M） 课程目标2（H） 课程目标3（M）	
第十六课	国家、城市（countries/cities）、景物（nature）[ˈneitʃə]、方位（directions）[diˈrekʃəns]相关词汇及短语	直接法、情境创设法、听说法、交际法	课程目标1（M） 课程目标2（H） 课程目标3（M）	
第十七课	气象（weather）[ˈweðə]、月份（months）[mʌnθz]、季节（seasons）[ˈsiːzəns]相关词汇及短语	直接法、情境创设法、听说法、交际法	课程目标1（M） 课程目标2（H） 课程目标3（M）	
第十八课	形容词（adj.）、介词（prep.）概述（相关词汇及短语）	语法翻译法、直接法、情境创设法、听说法、交际法	课程目标1（M） 课程目标2（H） 课程目标3（M）	
合计	十八课（课堂教学36学时、课前准备和课后巩固36学时，共72学时）	五种教学法	三个课程目标	

第五章 研究设计与方法

如上表中教学内容与词汇教学目标的关系（表5-5），本研究的词汇教学将仁爱版英语教材七年级上下册、八年级上下册和九年级上下册的附录单词表里的黑色粗体核心词汇1600词和短语300个进一步分类，设计了十八课的教学内容，每课的教学时长为2学时课堂教学共36学时，课前准备和课后巩固各分配1学时指导学生完成共36学时，总共72学时。主要的语言教学法有五种：（1）语法翻译法（Grammar Translation Method），学生的学习活动除了背诵记忆以外，主要是通过母语和外语之间的互译来熟悉、巩固所学的语法规则和词汇，或是应用语法规则进行翻译练习。（2）直接法（Direct Method），通过直观教具的使用，在形象和语义之间建立起直接联系，重视句子为单位的教学，突出外语学习的意义性。（3）听说法（Audio-Lingual Approach），在教学过程中，听说法以句型为纲，以句型操练为中心，重在培养听说能力。（4）情境创设法（situation creation method），设置模拟环境或让学生想象交流环境，设计课堂活动促进学生的词汇习得。（5）交际法（Communicative Approach），制定相应的教学大纲。课堂教学中，教师组织学生开展语言交流活动，力求教学过程交际化，以培养学生的语言交流能力。为了体现词汇学习课程三个目标的有效达成，需要在平时教学和词汇测试卷中落实达成目标的方式。

表5-6 教学词汇内容与拓展内容

课程内容	教学内容	拓展词汇	拓展例句
第一课	学习用品 school things	1.pen：ball pen圆珠笔，pen pal笔友，penname笔名 2.book：bookmark书签，bookshelf书架，bookstall书报摊，bookworm书呆子	May I borrow your pen? Yes, please.我可以借你的钢笔吗？可以，给。
第二课	人体body、人物people	1.finger：thumb拇指，index finger食指，middle finger中指，ring finger无名指，little finger小指头 2.catch someone's eye引起某人注意，make eyes at眉目传情	If you like this video clip please give me a thumb up.如果你喜欢我的小视频请给个赞。

续表

课程内容	教学内容	拓展词汇	拓展例句
第三课	颜色 colours、衣服 clothes	1.red：crimson 深红色，lavender blush 淡紫红色；pale violet red 紫红色. silver *n.*银色，match *v.*搭配 dark *adj.*深色的，light *adj.*浅色的。 2.coat：ready-made coat 成衣，down coat 羽绒服，loose coat 宽松衣服. laundry service 洗衣服务，sun-protective clothing 防晒服，waterproof jacket 冲锋衣	Your destination is very hot, so don't forget to bring sun-protective clothing and sunscreen. 你要去的目的地很热，所以别忘了带防晒衣物和防晒霜。
第四课	动物 animals	1.pig: pigtail 马尾，pigeon 鸽子，piggy 像猪一样，贪心的 2.cat：kitty 小猫 panther *n.*美洲豹，hedgehog *n.*刺猬，eel *n.*海鳗，cobra *n.*眼镜蛇	Deer had stripped all the bark off the tree. 鹿把树皮全都啃光了。
第五课	动词（*v.*）概述	1.play：playboy 花花公子，play cards 打扑克，play jokes 开玩笑 2.take：take off 脱下、起飞，take care 照顾，take on 承担、呈现，take over 接管、接受，take up 拿起、从事	He always play jokes to classmates. 他总是拿同学开玩笑。
第六课	职业 jobs	1.nurse：wet nurse 奶妈、乳母，nursing house 敬老院. 2.student：day-student 走读学生，graduate student 研究生 estate agent 房地产商，physical therapist 理疗师	This is my business card. 这是我的名片。 You can consult the counselor for any questions. 有任何问题都可以请教辅导员。

第五章　研究设计与方法

续表

课程内容	教学内容	拓展词汇	拓展例句
第七课	食品、饮料food & drink、患病illness	1.food：foodie美食家、吃货，food court饮食区、美食街. 2.illness：illness-free无病的；COVID-19新冠；condiment n.调味品，barcode scanner条形码扫描枪，soybean milk豆浆	I want to drink soybean milk. 我想喝豆浆。
第八课	水果、蔬菜fruit/vegetables	1.fruit：fruitful成果丰硕的，fruitless不成功的、徒劳的； 2.vegetables：carrot胡萝卜，radish小萝卜，aubergine茄子，eggplant茄子.durian n.榴莲，lotus root莲藕，turnip n.白萝卜，folic acid叶酸	We usually order a lot of vegetables when we eat hot pot. 我们吃火锅的时候通常会点很多蔬菜。
第九课	交通工具vehicles	Lorry卡车、货运汽车，scooter滑板车、踏板车，peak-tram山顶电车，wagon四轮货运车，rickshaw人力车、黄包车；train attendant列车乘务员，refund the ticket退票	Please line up at the check-in counter. 请在检票口排队检票。
第十课	数词numbers概述	1.twelve十二，twenty-one二十一 2.first第一，second第二，third第三	We have 53 students at grade 7 class 6.我们七年级六班有53位同学。
第十一课	杂物other things 家用电器、房屋设施Household appliances	1.electric heater电热器、电暖器，dishwasher洗碗机，electric vacuum cleaner真空吸尘器. 2.bungalow平房、小屋，mansion大厦、宅邸，cottage小屋、村舍 electric appliance电器	There are many large shopping centers in this business street. 这条商业街有很多大型的购物中心。

续表

课程内容	教学内容	拓展词汇	拓展例句
第十二课	杂物other things 家庭用品 Housewares	1.toaster烤面包电炉，gas cooker煤气炉，induction cooker电磁炉，microwave oven微波炉，washer洗涤器 2.paper towel纸巾，apron围裙，chopping board案板、切菜板，ashtray烟灰缸	I can only use this skin care product. 我只能用这款护肤品。
第十三课	地点locations（一）家庭和学校设施	1.adjustable bed折叠床，antique furniture古董家具，baby crib婴儿床，bathroom vanity洗浴台 2.staff room教研室、教员办公室，lecture theater阶梯教室，amphitheater. infirmary n.医务室，balcony n.阳台，facility n.设施	Let's go to the auditorium for the orientation. 我们去礼堂参加迎新大会吧。
第十四课	地点locations（二）生活和娱乐设施	1.kitchen utensil厨房用具，coffee pot，furnishings家居用品 2.roller coaster过山车，adventureland冒险乐园，hauntedhouse.recreational facilities 娱乐设施	Are the utilities included in the rent? 房子中包括水、电和暖气费吗？
第十五课	课程classes和星期week	1.economics经济学、经济情况，business商业、买卖，accounting会计、会计学 2.hump day周三；black Friday 黑色星期五 Political Theories 政治理论，Basic Accounting 基础会计学	I don't want to study Advanced Mathematics because it is too difficult.我不想学高等数学，因为这门课太难了。 Friday has a special cultural meaning in the West.星期五在西方有着特殊的文化含义。

第五章 研究设计与方法

续表

课程内容	教学内容	拓展词汇	拓展例句
第十六课	国家、城市countries/cities、景物nature、方位directions	1.Sweden瑞典，Swiss瑞士的，Switzerland瑞士。 2.加拿大Canada，渥太华Ottawa，墨西哥Mexico，墨西哥城Mexico，智利Chile，圣地亚哥Santiago，哥伦比亚Colombia，波哥达Bogota.	Could you please tell me the location of the National Museum? 你能告诉我国家博物馆的位置吗?
第十七课	气象weather、月份months、季节seasons、植物plants	haze霾，sandstorm沙尘暴，drizzle毛毛雨，leap month闰月，solar calendar公历，lunar calendar农历，quarter n.季度	Spring came, the trees sprouted and everywhere was full of life. 春天到了，树木发芽了，到处都是一副生机勃勃的景象。
第十八课	形容词（adj.）、介词（prep.）、代词（pron.）概述（相关词汇及短语）	strict严格的: rigorousstandards excited兴奋的: thrilled fat胖的: obesity in front of在……前面, in the front of在某物内部的前面部分。	Our library is big and bright, with many kinds of books in it.我们的图书馆又大又明亮，里面有各种各样的书。

如上表《教学词汇内容与拓展内容》（表5-6），在教学词汇时，进行知识的拓展很必要，学生的词汇习得不仅仅限于课本，教师根据实际课堂情况，将设计好的内容穿插在教学活动中进行知识拓展，一般讲完相关生词并进行拓展，点到为止，然后布置学生课后用词典查、联想记忆、自绘思维导图等对拓展的词汇进行巩固学习。词汇学习的拓展是克拉申"i+1"理论的体现，在学生现有知识水平的基础上适当增加一定难度，促进学习目标的达成。

三、词汇学习策略的指导

经调查研究了解到研究调查点的两所易地扶贫搬迁学校的学生在学习英语词汇时没有使用词汇学习策略的意识，教师也没有进行专门的指导。因而，教师有意识地将词汇学习策略教给学生具有必要性。如前所述，本研究中主要使用的词汇学习策略有元认知策略、认知策略和社会情感策略。元认知策略元认知在词汇复习计划的制定、监控和评价方面具有重要意义。通过合理利用元认知策略，学生能及时监控、调节词汇学习计划，教会学生自我反省和自我评估，也为教师在教授词汇的过程中提供实际性的指导，有利于提高学生词汇学习的效果，提高教师的词汇教学质量。对于认知策略，O'Malley & Chamot（1990）的观点比较具有代表性，他们将词汇认知策略分为归类、重新组织、利用视听手段、联想、利用关键词、查词典、猜测、练习等[1]。社会情感策略包括：(1)创设良好的语言学习环境，让学生做到"用中学"；(2)组建合作学习小组；(3)培养学生将词汇记忆化繁为简的能力，激发记忆词汇的兴趣三个方面。在本研究的教学实验中对学生学习策略的引导体现在以下几方面。

（一）元认知策略

教学实验初，授课教师指导每位学生制定好词汇学习和复习计划，在教授新词的同时指导学生复习温故知新，每两周学生和老师检查词汇学习进度，及时调整词汇学习计划，学生反思和评估自己的词汇学习情况并进行汇报，教师及时掌握情况，指导学生查缺补漏。

---

[1] O'Malley, J.M.& Chamot, A.U..*Learning strategies in second language acquisition*[M]. Cambridge: Cambridge University Press，1990.

（二）认知策略

教师将九年义务教育的核心词汇分类归纳好，每位同学准备好一本英文词典，上课时教师用短视频或动画引出生词，讲解单词时分析词缀词根，指导学生联系上下文利用关键词猜测词义，课后加强词汇的操练，使用建好的词汇测试库进行词汇的反复练习。完成好词汇练习的学生予以过程性成绩加分的激励。此外，在引出一类词汇时，教师用制作好的思维导图进行讲解，并指导学生在课后手绘思维导图。

（三）社会情感策略

授课教师将每个班级分成8个小组每组6-7人，每个小组选好一位成绩优异的学生作为小组长。教师除了布置个人作业外还布置学生的小组学习任务，要求学生将个人作业与集体作业进行归纳，并向老师汇报。比如，在制作一类词的思维导图时，先理清思路个人制作进行小组分享，然后集体讨论制作，每个小组提交一份代表本组的作品。小组学习活动不仅包括课前课后的任务还包括课中的课堂词汇学习活动，每组的课堂表现进行积分，下课时学生可以看到本堂课的表现情况，组上学生也清楚自己在当堂课对小组的贡献，学期结束时作为过程性成绩的一部分。

（四）词汇教学实施

本研究的教学实施即是教学实验部分，总计划的第二阶段，即2020年9月1日至2021年7月30日：完成教学实验，完成专著和论文初稿。按照研究计划教学实验分为两个学期。在教学实验前授课教师对研究点的两所学校的实验班和对比班的全体学生共计206人，四个普通班，实验班2个（108人），对比班2个（198人），进行了词汇量的前测。根据学生情况制订了教学计划和备好18节词汇教学课。

1.教学实验计划

（1）教学实验第一学期（2020年9月1日-2021年1月30日）：将中学英语

词汇教学设计运用于教学中，根据教学实验效果进行开展讨论和修改；对实验对象进行词汇教学实验中测。

（2）教学实验中期总结（2021年2月1日–2月28日）对教学实验的结果、意义、局限性进行中期总结，为下阶段研究做准备。

（3）教学实验第二学期（2021年3月1日–7月30日）：开展第二学期的词汇教学实验，在学校放暑假前完成问卷和访谈调查。在教学实验过程中进行教学观察，并收集、整理资料完成专著和论文初稿。

2.词汇教学课程信息及简介

（1）本研究开展的词汇教学课程信息如下：

课程名称：《新课标》英语学科核心词汇教学；开课学校：台江一中、台江三中；开课班级：台江一中七年级（6）班、台江三中七年级（8）班；适用学生：九年义务教育七年级至九年级学生；课程学时：18课，36学时课堂教学+36学时预习及巩固，共计72学时；开课依据：2020年凯里学院师范做精专项课题研究计划。

（2）词汇教学课程简介

课程性质：英语词汇教学是初中英语学科教学的补充，作为初中英语教育的主要内容，是七年级至九年级学生英语学习须攻克的难关，在学生英语语言能力培养方面具有不可替代的重要作用。英语词汇教学课程是基础英语教学的基石，主要目的是在小学英语词汇学习和教学的基础上，进一步提高和扩大学生的词汇量，促进学生英语听、说、读、写、译的能力。教师在英语学科教学中有机融入英语词汇教学信息，运用多种教学方法培养学生使用词汇学习策略的能力，提升学生的语言综合素质。

教学实施：在教学方法上，本课程坚持理论联系实际，坚持启发性原则，综合运用多元化的教学方法与手段激发和调动学生学习词汇的兴趣和积极性，结合现代信息技术，充分利用教学资源，通过课内课外学习相结合，培养学生自主学习词汇能力和词汇学习策略运用能力。

教学预期：课程内容是九年义务教育《新课标》要求的五级核心词汇，通过授课教师对词汇进行分类，设计了18个类别的词汇系统学习内容（授课36学时），培养学生的词汇学习基本技能、人文素养、自主学习能力和反思能力，为学生完成义务教学阶段后的英语学科学习打下语言基础。

3.词汇教学设计

易地扶贫搬迁安置点学校的每节课上课时长是40分钟,词汇教学课每次课按两节课设计,共计80分钟。课程设计的课型是视听说课型,每次课设计三个课堂词汇学习活动。每次课均用Xmind APP制作词汇思维导图进行展示,课前学生有预习任务,授课老师在晚自习时间指导学生进行预习,课后要求有复习巩固(更多教学设计案例见附录6)。具体教学设计见以下两个案例。

词汇教学设计案例1(Class 1)
Class 1 学习用品School things
1.教学内容Teaching content
(1)学习用品(school[skuːl] things)

pen钢笔[pen]　　　　　　　crayon蜡笔['kreiən]
pencil铅笔['pensəl]　　　　sharpener卷笔刀
pencil-box铅笔盒['pensəl-bɔks]　story-book故事书['stɔːri-buk]
ruler尺子['ruːlə]　　　　　notebook笔记本['nəutbuk]
book书[buk]　　　　　　　Chinese book语文书
bag包[bæg]　　　　　　　English book英语书
comic book漫画书['kɔmik-buk]　math book数学书[mæθ-buk]
post card明信片[pəust-kɑːd]　magazine杂志[,mægə'ziːn]
newspaper报纸['njuːs-peipə]　dictionary词典['dikʃənəri]
schoolbag书包['skuːlbæg]　eraser橡皮[i'reizə]

扩展词汇:correcting liquid/correction fluid, splint, paper clip, binder clip, nail clipper;

扩展句子:May I borrow your pen?
Yes, please.
我可以借你的钢笔吗?可以,给。

(2)动词
play(played)(.ed)玩;踢[plei] teach(taught)教[tiːtʃ]
go(went)去[gəu] study(studied)学习['stʌdi]

learn（learnt）学习 [lə:n] sing（sang）唱歌[siŋ]
dance跳舞[dɑ:ns，dæns]

2.教学材料分析Material analysis

本课的主要内容是学习有关学习用品的词汇。主要活动是：听词找物品，选物品造句和看图说话。通过连词成句成段，学习有关问候、介绍、表示感谢等表达方式；同时还将学习有关动词的用法和一般时、现在时的运用。教师可采用师生互动、生生互动、游戏等教学方式；同时要关注学生的个性差异，发挥学生的积极性和主动性，为以后的英语词汇学习创造一个好的开端。

3.教学目标Teaching aims

（1）知识目标Knowledge aims

能够正确朗读并运用下列词汇：play（played），teach（taught），go（went），study（studied），learn（learnt）等；

能够熟练听出各种学习用品的名称，并将物品与动词结合造句，最后看图说话；

能够理解一般时和过去时，并在句子和说话段落中使用时态。

（2）技能目标Skill aims

能听懂有关问候、介绍、感谢等的表达方式；

能运用表示问候、介绍、感谢等的表达方式进行简单的交流；

能正确地读出有关学习用品的单词，并能使用不同句式造句。

（3）情感目标Emotional aims

能够与同学积极合作，参与课堂活动，大胆实践；

能够认真、规范读好、写好单词；

能够体会到英语学习的兴趣，养成良好的英语学习习惯。

4.教学重点和难点The key points and difficult points

（1）教学重点Key points

正确使用表示问候（Good morning!/How do you do?）、介绍（This is.../Mr./Miss./Mrs./Ms/My family name is.../My given name is...）、辨认他人（Excuse me, are you ...?/Who's that?）、欢迎（Welcome!Hello!/Nice to meet you!）及感谢（Thank you!/ Thanks）等的表达方法。

（2）教学难点Difficult points

动词的应用；理解一般时（动词原形）和过去时。

5.教学方法及学习策略Teaching approach and Learning strategies

建构主义教学法，从词至句到段落。使用实物学习英文单词是一种既简单又有趣的学习方法。

6.教学用具Teaching aids

PPT、短视频、教学挂图（思维导图）、单词卡和黑板。

7.教学时长Duration

2节课 80 minutes

8.教学步骤Teaching procedures

（1）播放视频Play the video导入新课（5minutes）：学习用品 School things

在观看视频的过程中，要求学生记录视频里面所提及的学习用品单词及句子。

（2）将学生分为8个组，指明组长，开展组上活动，让学生代表小组分享记下的单词和句子，抽词卡读单词抽。（5 minutes）

（3）用思维导图展示今天需要学习的新词汇，让学生在课堂上分享自己已经课前预习到的词汇：

（4）课堂活动1：猜袋中物（15 minutes）

教师从书包中拿出一件东西放入一只不透明的包里，由每组的第一名学生轮流猜，可以问："Is it a pen?"猜对了为优胜。教师在黑板上以打对问题加分的形式，记录学生表现。

（5）实物展示并让学生读出生词（适时提及拓展的词句）Show the school things and let students to read them.

（6）课堂活动2：让学生结对使用生词造句（一般时、过去时和第三人称单数）。Make sentences by using the new words.（20 minutes）

Example：Let's colour it green by using crayon.

Do not play your pen when teacher teaches us!

Would you please go there and get a comic book for me?

I look up dictionary to learn new words.

Whose pen is this?

```
                                    ┌─ pencil 铅笔
                                    ├─ pen 钢笔
                        ┌─ pencil box ├─ ruler 尺子
                        │   铅笔盒   ├─ eraser 橡皮
                        │           ├─ crayon 蜡笔
                        │           └─ sharpener 卷笔刀
                        │
                        │           ┌─ newspaper 报纸
                        │           ├─ postcard 明信片
                        │           ├─ comic book 漫画书
                        │           ├─ story book 故事书
  学习用品               │           ├─ notebook 笔记本
 (school things) ───────┼─ book ────┼─ Chinese book 语文书
                        │    书     ├─ English book 英语书
                        │           ├─ math-book 数学书
                        │           ├─ magazine 杂志
                        │           └─ dictionary 词典
                        │
                        └─ bag ──── schoolbag 书包
                            包
```

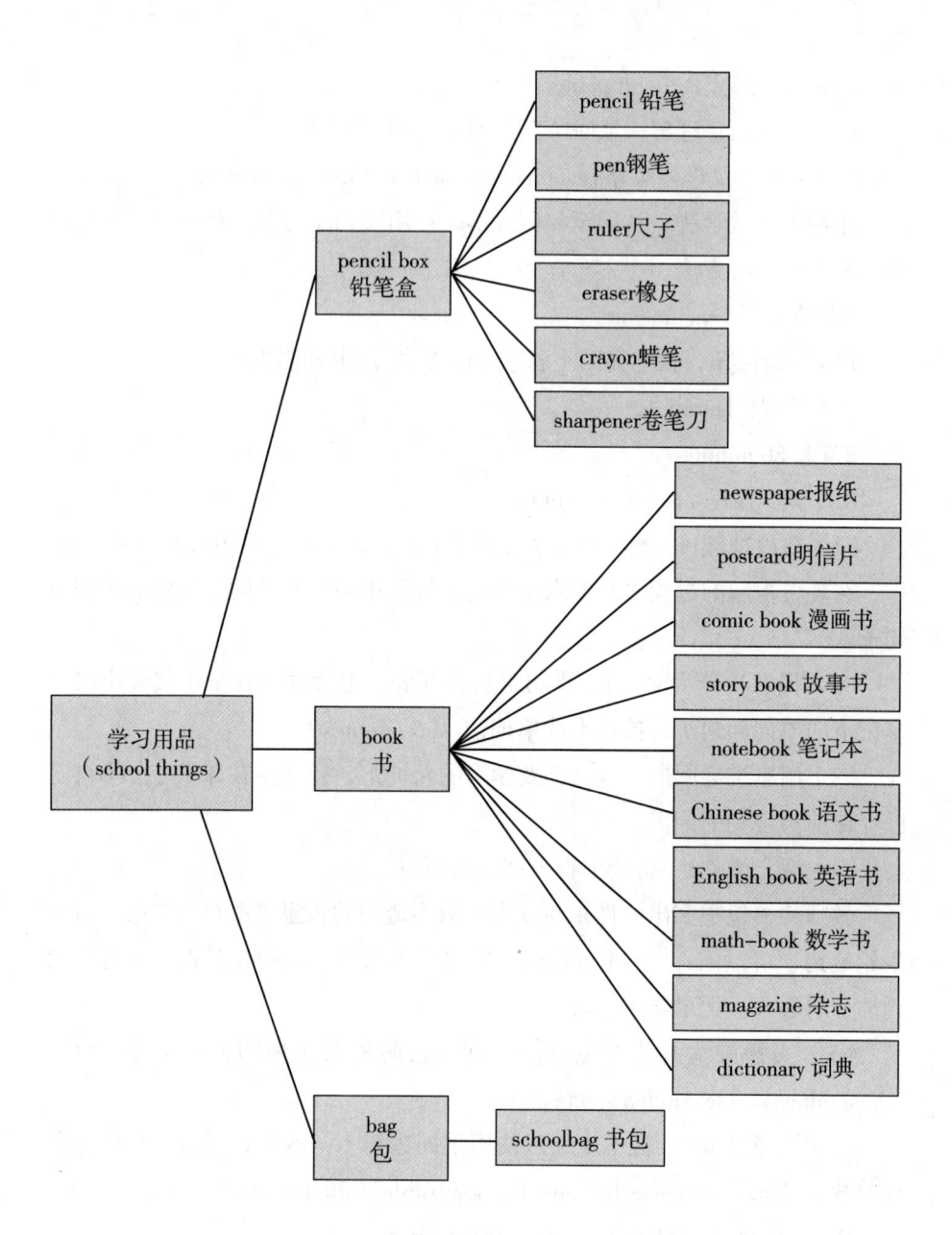

（7）课堂活动3：让学生结对使用生词进行对话活动（一般时、过去时和第三人称单数）。Ask students work in pairs and make a dialogue by using new words（20 minutes）.

For example: How to say this in English?

Do you like reading comic books?

Do you like math?

（8）指出同学们在课堂活动过程中用到的一般时、过去时和第三人称单数的句子，然后让学生做选词填空练习。In the process teach students grammar: present terms, past terms, and plural, then ask them fill in blanks.（10 minutes）

Dada _____ up at 6:30 a.m.（get, gets, got）

My grandparents _____ a dictionary yesterday.（buy, bought）

They _____ English a lot.（speak, speaks, spoke）

9.总结Wrap up.（5 minutes）

10.课后作业：A.课后使用英语词典查找学习用品的英语生词，并绘制词汇学习思维导图；B.完成词汇练习库中初级词汇测试题；C.预习第二课内容：人体和人物相关的词汇。

词汇教学设计案例2（Class 2）

Class 2 人体和人物相关的词汇

1.教学内容Teaching content

（1）人体（body）['bɔdi]

foot脚[fut]　　　　　　　　　eye眼睛[ai]

head头[hed]　　　　　　　　ear耳朵[iə]

face脸[feis]　　　　　　　　　arm手臂[ɑ:m]

hair头发[hɛə]　　　　　　　　hand手[hænd]

nose鼻子[nəuz]　　　　　　　finger手指['fiŋgə]

mouth嘴[mauθ]　　　　　　　leg腿[leg]

tail尾巴[teil]

（2）人物（people）['pi:pl]

friend朋友[frend]　　　　　　mom妈妈[mɔm]

boy男孩[bɔi]　　　　　　　　Dada爸爸[dæd, 'dɑ:dɑ:]

girl女孩[gə:l]　　　　　　　　parents父母 ['pɛərənt]

mother母亲['mʌðə]　　　　　grandparents祖父母['grænd, pɛərənt]

father父亲['fɑːðə]　　　　　　　aunt姑姑[ɑːnt，ænt]
sister姐妹['sistə]
cousin堂（表）兄弟；堂（表）姐妹['kʌzən]
brother兄弟['brʌðə]　　　　　　son儿子[sʌn]
uncle叔叔；舅舅['ʌŋkl]　　　　　daughter女儿['dɔːtə]
man男人[mæn]　　　　　　　　baby婴儿['beibi]
woman女人['wumən]　　　　　　kid小孩[kid]
Miss小姐[mis] Mr.先生　　　　　classmate同学['klɑːsmeit]
lady女士；小姐['leidi]　　　　　queen女王[kwiːn]
grandma/grandmother（外）祖母['grænd，mʌðə]
visitor参观者['vizitə]　　　　　neighbour邻居['neibə]
principal校长['prinsəpəl]　　　　pen pal笔友[pen-pæl]
university student大学生　　　　tourist旅行者['tuərist]
people人物['piːpl]　　　　　　　robot机器人['rəubɔt, -bət, 'rɔbət]
grandpa/grandfather（外）祖父['grændpɑː] / ['grænd, fɑːðə]

扩展词汇：thumb拇指，index finger食指，middle finger中指，ring finger无名指，little finger小指头；catch someone's eye引起某人注意，make eyes at眉目传情

扩展句子：

If you like this video clip please give me a thumb up.

如果你喜欢我的小视频请给个赞。

（3）动词

swim（swam）游泳[swim]　　　skate滑冰[skeit]
fly（flew）飞[flai]　　　　　　jump跳[dʒʌmp]
walk走[wɔːk]　　　　　　　　run（run）跑[rʌn]
climb爬[klaim]　　　　　　　fight（fought）打架[fait]
swing（swung）荡[swiŋ]

2.教学材料分析Material analysis

本课的主要内容是学习有关身体部位的词汇和几个动词，主要活动是（1）听词做动作；（2）看视频后模仿视频用英文对话，两位同学一组，一人

说两句;(3)用身体部位的词和动词结合起来造句。通过连词成句,学习有关身体和动作的表达方式;同时还将学习有关动词的用法和一般时、现在时的运用。教师可采用师生互动、生生互动、游戏等教学方式;同时要关注学生的个性差异,发挥学生的积极性和主动性,为英语词汇学习创造好的环境。

3.教学目标Teaching aims

(1)知识目标 Knowledge aims

能够正确朗读并运用下列词汇:swim(swam),skate,go(went),fly(flew),jump...等;

能够熟练听出身体部位的名称,并将这些词汇与动词结合造句和组成简短对话;

能够理解一般时和过去时,并在句子和对话中使用时态。

能够使用疑问代词和疑问副词提问。

(2)技能目标Skill aims

能听懂有关介绍、指令等的表达方式;

能运用学到的单词进行简单的交流;

能正确地读出有关身体部位的单词和相关动词,并能使用不同时态造句。

(3)情感目标 Emotional aims

能够与小组同学积极合作,参与课堂活动,大胆实践,体验合作学习;

能够认真、规范读好、写好单词,积极为团队完成任务做贡献;

能够体会到英语学习的兴趣,养成良好的英语学习习惯。

4.教学重难点The key points and difficult points

(1)教学重点Key points

正确拼读词汇;

正确使用动词和身体部位词汇。

(2)教学难点Difficult points

动词的应用;理解一般时和过去时,并能使用本课生词连词成句,造一般时和过去时的句子。

5.Learning strategies

建构主义教学法：从词至句到对话；查词典记单词法；

创设情景法：学生扮演角色和听单词做动作。

6.教学用具Teaching aids

PPT、短视频、教学挂图（思维导图）、词卡和黑板。

7.教学时长Duration

2节课 80 minutes

8.教学步骤Teaching procedures

（1）导入新课（5 minutes）：

Play the video：One little finger在观看视频的过程中，要求学生记录视频里面所提及的学习用品单词及句子。

谈话：今天我们来学习身体部位的词汇。

（2）将学生分为8个组，指明组长，开展小组内活动，抽词卡读单词。（5 minutes）

（3）用思维导图展示今天需要学习的新词汇，让学生在课堂上分享自己已经课前预习到的词汇（5 minutes）：

（4）课堂活动1：听单词做动作（20 minutes）

这个游戏的玩法与"摸鼻子"类似，学生学了run，walk，swim，skate等动词后，教师可快速说出这些动词组，学生听到便做动作，最快最准的获胜，这个活动同样可以用竞赛的形式进行，每组抽一名学生到前面做动作，做错了就被淘汰，最后剩下的一人或两人为优胜。

Pair Work：Watch video Body then ask students make a dialogue.

Example 1：

A：Let's listen and move your body.

B：OK，I am ready.

A：Touch your head.

B：Head，head.

Example 2：

A：Show me your ear.

It's here.

（一）人体（body）

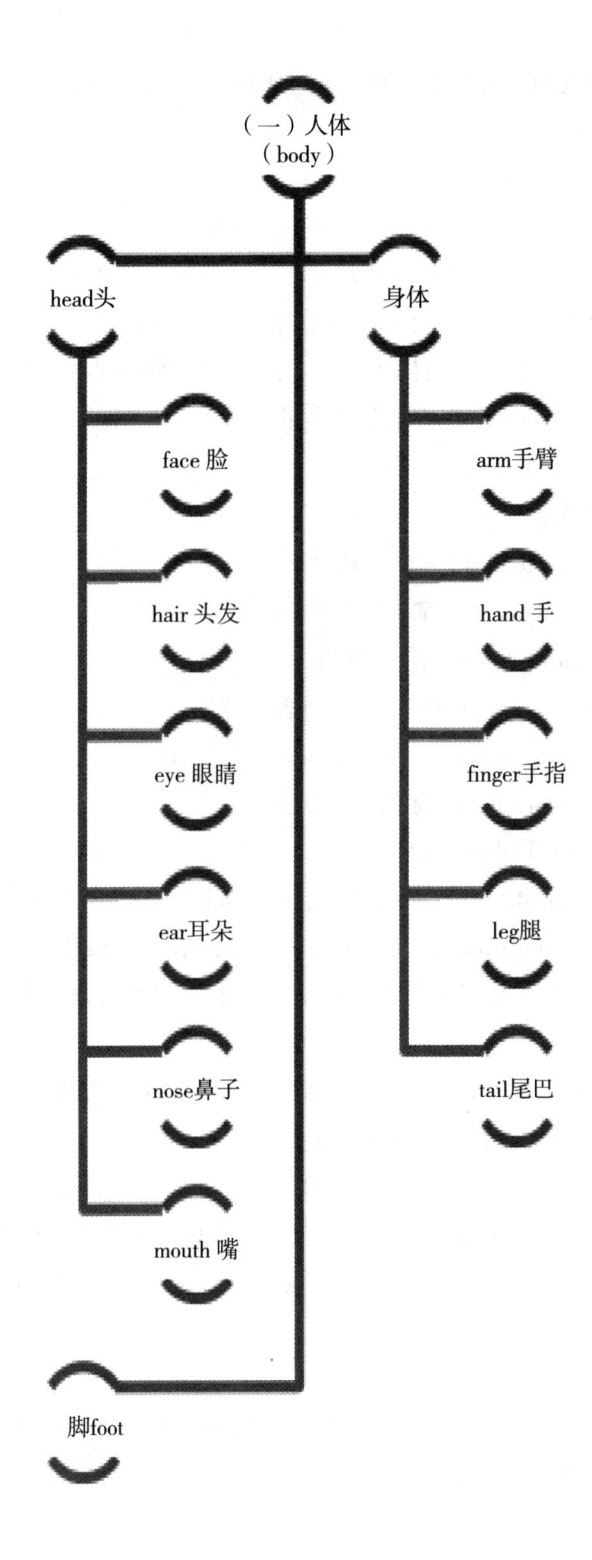

- head 头
  - face 脸
  - hair 头发
  - eye 眼睛
  - ear 耳朵
  - nose 鼻子
  - mouth 嘴
- 身体
  - arm 手臂
  - hand 手
  - finger 手指
  - leg 腿
  - tail 尾巴
- 脚 foot

（5）造句巩固一般现在时和一般过去时：Make sentences by using the new words.（15 minutes）

I walk with my feet.（一般现在时）

My sister ran away from home.（一般过去时）

（6）学习特殊疑问句：特殊疑问句由疑问代词who，whom，whose，which或疑问副词when where how why引导。（10 minutes）

疑问词在句中作主语或作主语的定语，即"疑问词+陈述句语序"。

Which pen is red? 哪支钢笔是红色的?

Whose bag is that? 那是谁的包?

疑问词（+名词）+一般疑问句

What do you like best? 你最喜欢什么?

Whose did you take? 你拿了谁的?

Where do they live? 他们住在哪儿?

How old is your grandfather? 你爷爷多大年纪了?

How about go swimming next Saturday? 下周六游泳如何?

Why are you late again? 你怎么又迟到了。

Whom are you looking for?

（7）课堂活动2。抽学生回答上面的问题，然后指导学生做结对活动，用学到的疑问代词who，whom，whose，which或疑问副词when where how why引导的特殊疑问句提问，用学到的生词回答问题，做单词替换（15 minutes）。例如：

How old are your grandfather? 你爷爷多大年纪了? 可将grandfather替换为grandmother，aunt，cousin，sister等等。

8.Wrap up.谈话总结：今天我们学习了……（5 minutes）

9.课后作业：A.课后使用英语词典查找人体和人物相关的英语生词，并绘制词汇学习思维导图；B.完成词汇练习库中一级词汇测试题；C.预习第三课内容：颜色和衣服相关的词汇。

4.教学反思

每次课后，授课教师进行教学反思，审视自己的教学是否体现教学目标的三个维度：知识、技能、情感，学生是否积极参与课堂教学活动并达到以学生为中心的要求，学生是否掌握了所教知识，教学过程的环节是否都进展顺利，下次课如何调整等等，以期持续改进教学，促进学生的词汇最大化习得。教学反思案例：

Class 1 学习用品School things词汇教学课反思：

本次课的教学内容对于学生来说信息量大，上课时教师进行了适当取舍。教学步骤进展很紧凑，课堂活动三的完成情况不够理想，主要是高估学生的能力，给学生的时间不够，准备不充分。学生对分组教学兴趣浓厚，能团队合作完成课上和课前任务，但是效果有待加强。部分学生没有进行课前词汇的预习，上课表现不够活跃。教师课堂上展示的词汇学习思维导图，有的学生不太理解，需要时间让学生看懂，下次课可先将思维导图作为预习的材料之一发给学生预习、看懂。有学生反馈课后不会制作词汇学习思维导图，课后授课教师要根据学生的情况在晚自习进行指导，让他们知道词与词之间的联系，充分发挥他们的想象和创造，绘制出自己识记词汇的思维导图。教学思路清晰，引导深入，方法得当，控制时间有度，课件制作可以加上一些动画。课后的词汇测试库练习已经布置小组长进行监督，要求向老师汇报情况。

Class 2 人体和人物body、people 相关的词汇教学课反思：

由于考虑本次课的词汇多，教学内容对于学生来说信息量大，教师上课时选取其中的一些词汇进行教学，大部分的词由学生根据教师教给的方法进行识记和学习。教学步骤进展很紧凑，课堂活动1完成很好，但是课堂活动2的完成情况不够理想，部分学生没有积极参与活动，主要原因是用疑问词提问给学生的时间不够，准备不充分。学生对分组教学兴趣浓厚，能团队合作完成课上和课前任务，但是效果有待加强。学生说英语有难度，只有采取学生说中文教师给翻译的方式完成活动。教师课堂上展示的词汇学习思维导图，经过教师讲解，学生能了解词与词之间有一定的联系，由于课前大部分学生先看了思维导图，他们能指出里面自己的生词进行分享。第一次布置的学生绘制自己的词汇思维导图任务，大部分学生用表格的形式列出词汇，有几位学生想象力丰富和有创造性，能以画图片的形式绘制出自己识记词汇的思维导图。教学思路清晰，引导深入，方法得当，控制时间有度，课件制作课加上一些动画。课后的词汇测试库练习已经布置小组长进行监督，并要求他们向老师汇报组上完成的情况。

（五）词汇测试库的使用

本研究共建设中学英语词汇测试库一个，由177份测试卷组成，包含6个级别，即初级、一级至五级，建设情况见第五章《研究设计与方法》的第四节《研究设计》之五词汇测试库建设。测试库的词汇测试试卷结构、测试内容、测试题型和分值比例以及测试时间如图5-1所示。

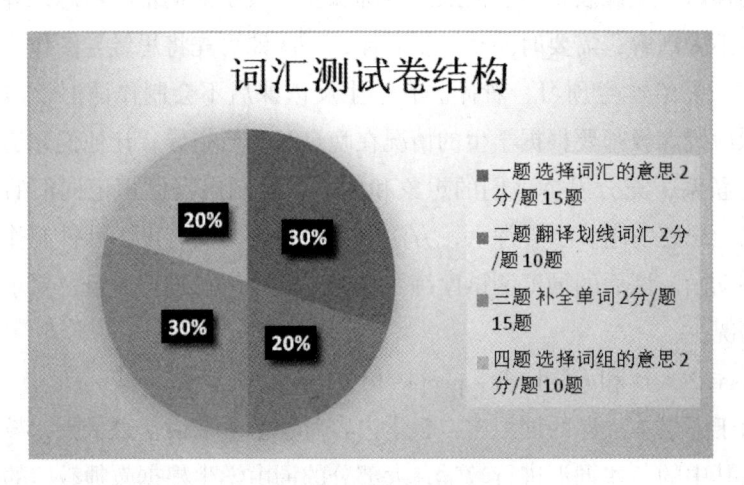

图5-1 词汇测试卷结构

词汇测试卷共四个大题50个小题，共计100分，测试卷完成时长为一节课（40分钟）。在教学实验前抽取初级卷（小学词汇）对学生进行词汇量前测，在词汇教学实验完成一个学期（9课，18个学时）时于2021年元月对学生进行词汇量中测，在词汇教学实验完成两个学期（18课，36个学时）时于2021年7月对学生进行词汇量后测。在一年的教学实验中，学生使用测试库进行课后词汇练习的学习和巩固。为避免学生记忆试卷答案，词汇量测试卷是随机抽取测试库里的试卷组卷而成。测试完成后，研究者对测试卷进行批改，并进行测试结果分析。

第五章 研究设计与方法

（六）词汇教学评价

本研究的中学英语词汇教学课程成绩由过程性评价和终结性评价两部分组成，过程性评价占比40%，终结性评价（词汇测试后测成绩）占比60%。学习过程评价采取多元评价方法，教师评价、学生自评以及学生互评。过程性评价采用"中学英语词汇学习过程性评价量表"进行评分，如表5-7。

表5-7 中学英语词汇学习过程性评价量表

学校		姓名		小组		过程评价得分	
评价指标	评价标准					评价方式	得分
学习态度	有良好的学习习惯、强烈的求知欲和好奇心，积极参与学习活动。					教师评价	
课堂参与	按要求积极活跃参加与学习有关的活动。					学生自评+互评	
探究学习	善于提出问题和解决问题，遇到问题积极思考，善于在学习中总结与反思。					学生自评+互评	
小组合作	有强烈的集体荣誉感，积极参与组上讨论并帮助组员完成集体学习任务和活动。					学生自评+互评	
任务完成情况	任务完成质量高，并能举一反三。					教师评价	

注：总分100分，评价指标每项20分。

中学英语词汇学习过程性评价包括学习态度、课堂参与、探究学习、小组合作、任务完成情况五个方面，每项20分，共计100分。学习态度和任务完成情况是教师评价，课堂参与、探究学习、小组合作的评价方式是学生自评和互评。学习态度的评价标准是有良好的学习习惯、强烈的求知欲和好奇心，积极参与学习活动；课堂参与的评价标准是按要求积极活跃参加与学习有关的活动；探究学习的评价标准是善于提出问题和解决问题，遇到问题积极思考，善于在学习中总结与反思；小组合作的评价标准是有强烈的集体荣誉感，积极参与组上讨论并帮助组员完成集体学习任务和活动；任务完成情况的评价标准是任务完成质量高,并能举一反三。

一是英语词汇课堂评价什么的问题。英语课堂上,作为英语教师评价什么是在课题组调查中显示出来的一个很重要的问题。

在词汇课堂评价中,教师要评价的有学生的学习成绩,但是,成绩之外我们应当在品行思想上指出学生的错误,我们应当关注学生的情感是否正确,学生的能力有没有可提升的空间,学生的价值取向是否正确也是作为教师应当关注的。对于英语词汇学习的态度应当及时纠正学生,及时对学生进行评价,这些精神层面的评价不仅可以激发学生自身的词汇学习热情,还可以促进其他学生的学习积极性。从而培养学生的思维品质和文化品格。

二是英语词汇课堂怎么评价的问题。想使英语词汇课更高效,使英语词汇课堂更生动,课题组认为在课堂评价上应当遵循教育规律并在课堂上充分发挥教师机智,让课堂评价富于创造性。同时多给学生展现自己的机会,鼓励他们学会学习,学会做人。

每个年龄阶段的孩子有着不同的心态和认知,所以课题组认为有效、高效的词汇课堂评价的前提应当是遵循孩子发展的规律。初一的孩子大多留有小学时的学习习惯,所以,在英语课堂上评价语言尽量浅显易懂、幽默风趣,而如果是高年级的孩子,评价语言应更加严谨并具有针对性,这样才能达到评价应有的效果。教师要采取多元的评价方式,将注意力放在学生的语言能力、思维品质、文化素养和学习能力的培养上[①]。

三是英语词汇课堂评价的目的是什么的问题。课堂评价是为教学目标服务的,课堂评价不应该只关注每一节英语课的得失,而应该从教学过程大局出发,对学生的点滴进步进行点评,让学生自己、家长了解到学生的学习状况,从而更好地开展新的学习。

另外,词汇评价最主要的场所就是在课堂上,课堂教学总是充满了变化,教师不是导演,学生也不是演员,可以依照剧本完工,他们是导师和学生的关系,学生在课堂上的语言是极其丰富的,通常会有很多突发状况,所

---

① 吕蕾.核心素养背景下中学英语开展多元化教学评价的策略探析[J].英语广场,2021,(19):131-133.

第五章 研究设计与方法

以要求教师应当具备一定的创新能力，按照学生的反映和状况及时创造评价，灵活机智地运用评价语言来营造一个良好的英语学习氛围。

第八节 本章小结

本章对研究的设计与方法进行阐述，包括四个小节：第一节是研究对象和内容，对研究的对象和研究内容进行概述；第二节是研究总体方案，包括本研究的研究方法，研究路线图，研究的创新之处，研究计划及预期进展几个方面；第三节是调查问卷的设计，包括教师问卷设计和学生问卷设计；第四节访谈问题设计，包括教育教学管理者访谈问题设计、教师访谈问题设计，学生访谈问题设计三个方面；第五节课堂观察设计，主要是用课堂观察表进行观察和记录，不仅包括教学步骤还包括观察到的词汇教学情况和观察的总体感受；第六节是词汇测试库建设，共设计了六个级别的测试题，共计177卷，组成中学英语词汇测试库；第七节是基于OBE的英语词汇教学设计，在英语词汇教学设计中，对词汇学习目标、词汇教学内容、词汇学习策略的指导、词汇教学实施、词汇测试库的使用、词汇教学评价等几个方面进行了陈述。

第六章 研究过程及研究结果分析

本章对研究过程进行陈述,对研究结果进行分析,包括八小节的内容:第一节从研究对象的情况、研究开展概况、研究数据的收集和整理过程三个方面对研究过程进行了概述;第二节分析了教师问卷结果和学生问卷的结果,并对问卷调查收集到的数据进行了统计学分析;第三节分析了教育教学管理者访谈、教师访谈以及学生访谈的结果;第四节分析了课堂观察的结果;第五节陈述了教学实验结果;第六节是课程目标的达成及分析;第七节是教学实验结果反思;第八节进行本章小结。

第一节 研究过程概述

本小节对本研究的研究过程进行陈述,包括研究对象的基本情况、研究开展概况、研究数据的收集和整理过程三个方面的内容。

一、研究对象的基本情况

本研究共访谈了9位教育管理者，其中，女性3人（33.3%），男性6人（66.7%），他们分别是台江县教育和科技局教育督导办公室主任1人，台江县第一中学和第三中学教务处主任2人，两所学校的七至九年级英语组组长共6人。这9位教育教学管理者长期从事教师的教学管理工作，工龄均超过10年，有丰富的教育教学管理经验，对本县（学校）的教师开展教育教学和科研的情况非常熟悉。

参与本研究的教师为两所易地扶贫搬迁安置点学校的英语教师，共计47人，其中，女教师24人（51%），男教师23人（49%）。47人均参加了问卷调查，根据加拿大艾伯塔省卫生和安全协会（Alberta Municipal Health & Safety Association，AMHSA）官网的访谈样本数抽取参考标准（见第五章表5-2访谈样本数抽取参考标准），随机抽取19名教师进行了本研究的访谈，其中，女教师7名（37%），男教师12名（63%）[①]。据调查，参与问卷调查的47名教师的最高学历为大学本科43人（91%），大学专科4人（9%）；从教1-5年1人（2%），6-10年7人（15%），11-15年（含15年）17人（36%），15年以上22人（47%）；职称为中学高级1人（2%），中学一级36人（77%），中学二级10人（21%）；目前所教授的年级为初一19人（40%），所教授的年级为初二20人（43%），所教授的年级为初三8人（17%）；除了5人（11%）教授重点班级而外，其他教师均教授普通班，其中13人（28%）除任课外承担班主任、备课组长、教研组长或其他行政工作。

参与本研究的学生为两所易地扶贫搬迁安置点学校七年级的四个班级，其中，实验班两个班103人，对比班两个班112人，共计215人，其中，女学生98人（46%），男学生117人（54%），年龄为11-13岁，平均年龄为12.2岁。根据加拿大艾伯塔省卫生和安全协会（Alberta Municipal Health & Safety Association，AMHSA）官网的访谈样本数抽取参考标准（见第五章表5-2访

[①] Alberta Municipal Health & Safety Association｜AMHSA.http：//www.amhsa.net

谈样本数抽取参考标准），随机抽取30名学生进行了本研究的访谈，其中，女学生12名（40%），男学生18名（60%）。

二、研究开展概况

本研究的开展概况包括问卷和访谈的开展、教学观察的开展、教学实验的开展三个方面，下面将逐一进行概述。

（一）问卷和访谈的开展

本研究共发放教师问卷47份，学生问卷215份。其中，教师的有效问卷为47份，有效率为100%；学生的有效问卷为213份，有效率为99%（教师问卷详见：附录1，学生问卷详见：附录2）。

课题组于2020年9月3日（开学第一周）向研究调查点的两所中学的教学实验班和对比班的四个班级学生发放了学生问卷，共发放215份学生问卷，收回的问卷是215份，其中1份问卷为规律性填答，所填答的内容全部填答同样的一个选项，判定为无效卷，另1份问卷没有填答完整，也判定为无效卷，因此，学生的有效问卷为213份，有效率为99%。学生的访谈时间是在进行问卷调查之后，在2020年11月20日进行，采取半结构式个别访谈的形式随机抽取30名学生，其中，女学生12名（40%），男学生18名（60%）进行了面对面的访谈，并对学生的回答进行了记录。每次访谈的时间约10分钟，分两组在两所学校的教师办公室进行。

教师问卷在2020年9月4日（开学第一周）发放给台江第一中学英语教师24名，台江县第三中学英语教师23名，共计47人，女教师24人（51%），男教师23人（49%）。在教师做完问卷调查后，课题组随机抽取19名教师，其中，女教师7名（37%），男教师12名（63%），进行面对面的半结构式访谈，访谈的主要内容是教师在英语词汇教学中的困惑，在词汇教学过程中遇到的困难及解决办法，学生在上词汇课时的表现，学生记忆英语词汇最有效的方法，扩大学生的词汇量方法，引导或安排学生运用生词的方式。每次访谈过程约需15分钟，分两组在两所学校的教师办公室进行。研究者首先介绍了访谈的目的，接着根据设计好的6个访谈问题进行逐一提问，参与者根据自己的实际情况作答，答案没有对错之分，研究者适时与接受访谈者进行交流，整个访谈过程在访谈参与者允许下进行全程录音，课题组对教师的访谈回答做了详细的记录。之后，在访谈信息整理过程中，发现有4位老师的录音因为有课间操广播影响杂音重，研究者再次联系了受访者，通过微信或QQ进行语音交流访谈，并对访谈信息进行了整理。

课题组对9位教育管理者（其中，女性3人33.3%，男性6人66.7%）的访谈是在当地教育和科技局教师培训中心办公室和两所调查点学校的教师办公室进行，每次访谈时间为15分钟。访谈时，首先是研究者对此项研究的内容和目的进行简单介绍，接着是对受访者面对面的半结构式访谈。整个访谈过程，研究者根据设计好的4个访谈问题进行提问，一问一答有时进行互动交流，访谈进展顺利，访谈内容在得到受访者的允许下进行全程录音，并在访谈后进行整理和数据信息分析。

（二）教学观察的开展

从2020年9月1日至2021年7月20日（两个学期），课题组在取得了英语教师的同意后，听了两所教学实验开展学校的中学英语教师的英语课30节（每学期15节），也就是进行了30节课的课堂观察。课题组对于课堂观察的内容进行了详细的听课笔记的记录，在此过程中，特别注意观察词汇的教学，并记录下听课感受。课题组对收集到的教师问卷和学生问卷进行分析，并结合访谈结果情况以及课堂观察和访谈记录，从而对农村中学的英语词汇教学现状进行了解和掌握。

（三）教学实验的开展

教学实验开展了两个学期，授课教师均为课题组成人员3人。教学设计由授课教师进行设计，在教学实验前进行了讨论和修订，在教学实验过程中

第六章　研究过程及研究结果分析

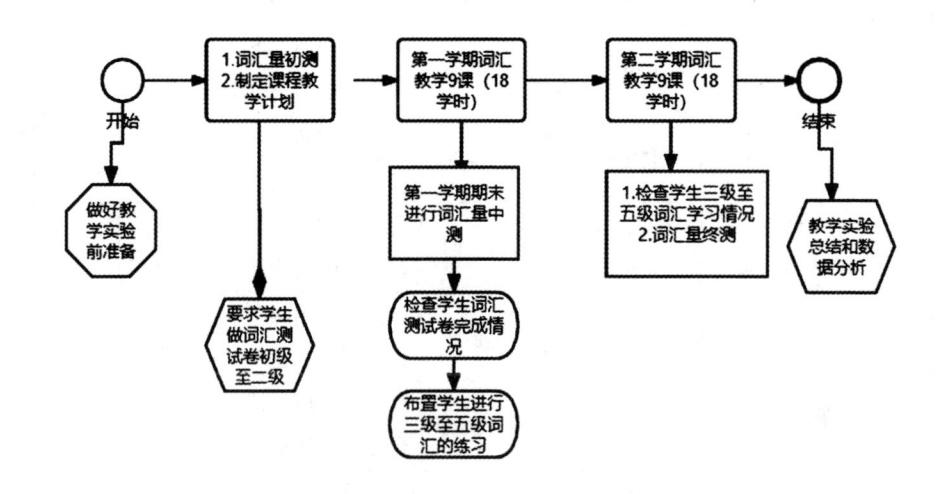

进行微调。

图6-1　教学实验开展流程图

如图6-1，课题组教师开展了为期一学年（两个学期）的教学实验，进行了两轮行动研究。具体教学内容见第五章之表5-6 教学内容与词汇目标的关系。在教学实验开始前课题组做好教学实验前准备，包括词汇测试库初级至五级已经建好，制定好教学计划和课程教学设计，并在第一学期初进行了学生英语词汇量的前测，了解学生的英语词汇水平。在开展第一学期词汇教学实验（第一轮中学英语词汇教学）的同时布置学生同时段完成词汇测试卷初级、一级、二级的词汇练习，在9课（18学时）词汇教学完成后检查学生的词汇练习完成情况，进行词汇量中测，布置学生完成词汇测试卷三级、四级、五级的词汇练习。开展第二学期词汇教学（第二轮）结束时，检查学生的词汇练习完成情况，进行词汇量后测，进行教学实验的总结和数据的分析。教学实验的总结主要包括教学的反思、教学的评价以及词汇量测试结果三个方面，每次课结束教师都进行教学反思，并用第五章表5-7中学英语词汇学习过程性评价量表进行教学过程性评价，教学实验结束后，课题组根据收集到的数据和信息进行教学实验总结。具体教学计划见表6-1。

表6-1 词汇教学计划

课程内容	教学内容	学期	教学时间（每课2学时）	备注
第一课	学习用品 school things	第一学期	台江一中周二下午一二节；台江三中周三下午一二节。	
第二课	人体 body、人物 people	第一学期	台江一中周二下午一二节；台江三中周三下午一二节。	
第三课	颜色 colours、衣服 clothes	第一学期	台江一中周二下午一二节；台江三中周三下午一二节。	
第四课	动物 animals	第一学期	台江一中周二下午一二节；台江三中周三下午一二节。	
第五课	动词（v.）概述	第一学期	台江一中周二下午一二节；台江三中周三下午一二节。	
第六课	职业 jobs	第一学期	台江一中周二下午一二节；台江三中周三下午一二节。	
第七课	食品、饮料 food & drink、患病 illness	第一学期	台江一中周二下午一二节；台江三中周三下午一二节。	
第八课	水果、蔬菜 fruit/vegetables	第一学期	台江一中周二下午一二节；台江三中周三下午一二节。	
第九课	交通工具 vehicles	第一学期	台江一中周二下午一二节；台江三中周三下午一二节。	
第十课	数词 numbers 概述	第二学期	台江一中周三下午一二节；台江三中周四下午一二节。	
第十一课	杂物 other things 家用电器、房屋设施 household appliances	第二学期	台江一中周三下午一二节；台江三中周四下午一二节。	
第十二课	杂物 other things 家庭用品 housewares	第二学期	台江一中周三下午一二节；台江三中周四下午一二节。	
第十三课	地点 locations（一）家庭和学校设施	第二学期	台江一中周三下午一二节；台江三中周四下午一二节。	
第十四课	地点 locations（二）生活和娱乐设施	第二学期	台江一中周三下午一二节；台江三中周四下午一二节。	

续表

课程内容	教学内容	学期	教学时间（每课2学时）	备注
第十五课	课程classes和星期week	第二学期	台江一中周三下午一二节；台江三中周四下午一二节。	
第十六课	国家、城市countries/cities、景物nature、方位directions	第二学期	台江一中周三下午一二节；台江三中周四下午一二节。	
第十七课	气象weather、月份months、季节seasons、植物plants	第二学期	台江一中周三下午一二节；台江三中周四下午一二节。	
第十八课	形容词（adj.）、介词（prep.）、代词（pron.）概述（相关词汇及短语）	第二学期	台江一中周三下午一二节；台江三中周四下午一二节。	

如上表所示，每个学期有9次英语词汇教学课程共计18学时，一学年共计36学时。通常是安排在下午一二节授课，如遇特殊情况可以调整到当天晚自习的一二节课完成。

三、数据的收集和整理过程

本研究的数据收集和整理包括问卷和访谈数据、教学观察情况、教学实验的数据收集和整理三个方面，下面逐一对数据和信息的收集和整理过程进行陈述。

（一）问卷调查和访谈的数据

所有回收到的教师有效问卷47份和学生有效问卷213份，共计260份。260份有效问卷的数据，由两名课题组成员分3次录入SPSS 26软件中。录入完毕后，于2021年9月初，请两位有SPSS数据分析经验的老师进行了数据录入情况的检查，对发现录入错误的地方进行了订正。

数据的分析主要分为三个方面：（1）问卷的第一部分，基本信息的分析；（2）学生问卷第二部分，教师问卷的第二部分和第三部分，李克特量表（Likert scale）计分题的分析；（3）学生问卷的第三部分多项选择的多重响应集分析；（4）问卷最后一部分简答题的质性分析。其中，李克特量表（Likert scale）计分题和多选题使用SPSS 26软件分析；简答题使用人工进行描述性分析。

具体统计和整理方法如下：（1）用SPSS 26分析第二部分李克特量表Likert scale计分题各条目的频率和百分比；（2）用SPSS 26的"相关"分析教师的词汇教学策略与中学英语教师的性别、教龄、学历、职称有无显著性差异；用SPSS 26的"相关"分析学生的年龄和性别与他们的词汇学习方法和态度有无显著性差异；（3）除了用SPSS 26的"描述性分析"分析基本信息的频率和百分比外，两位课题参与者教师还对问答题的结果进行人工描述性分析。

本研究的访谈为半结构式访谈，访谈分三个层次，教育教学管理人员访谈9人，中学专职英语教师19人和中学生30人，每次访谈的时间为15分钟，访谈的过程进行记录和录音，访谈后由两位课题组成员进行数据收集、整理和人工描述性分析。

（二）课堂观察的数据

课堂观察是使用课堂观察表把课堂观察到的情况详细记录，由听课教师对得到的信息进行初步整理，然后交给笔者对收集到的信息进行汇总和分析，主要是课堂上教师教授英语单词的情况、学生学习单词的情况以及使用词汇学习策略的情况，采用质性数据描述性分析法。

（三）教学实验收集到的质性和量性数据

教学实验包括定量和定性数据两个方面。定性数据信息（Qualitative data）的分析是教学反思信息的汇总和分析，定量数据信息（Quantitative

Data)的分析是教学评价和词汇量测试结果的分析,词汇量测试使用SPSS 26 的T-test进行测试结果的对比分析。对比分析包括两个方面:一是实验班的词汇量前测和词汇量后测成绩的对比分析,二是实验班与对比班的对比分析。

研究方法互补(Methodological triangulation)包括使用定量和定性方法来收集数据。采用研究方法互补(Methodological triangulation)的优势主要在于它可以用于解决研究中不同但互补的问题,增强研究结果的可解释性[①]。本研究采用多种研究方法和数据分析法来确保研究结果的效度和信度。

第二节　问卷调查结果

本小节对问卷调查结果进行陈述,包括教师问卷结果、学生问卷结果两个部分。

一、教师问卷结果

教师问卷分为四个部分(教师问卷详见:附录1),第一部分是基本信息,已经在本章第一节的"研究对象的基本情况"进行叙述,本节不再赘述;第二部分是教师素养和教学理念;第三部分是教师的词汇教学策略,第四部分是简答题。

---

① Robson, C.(2000)*Real world research*: *A resource for social scientists and practitioner researchers*[M].Oxford: Black well Publish.

（一）问卷第二部分教师素养和教学理念

教师素养和教学理念见表6-2。

表6-2 教师素养和教学理念（N=47）

陈述	对陈述的看法（请在认为符合的选项上打√）				
	1	2	3	4	5
1.我清楚初中英语课程标准各年段各领域的要求。	从不清楚21人（45%）	不够清楚12人（25%）	不确定7人（15%）	清楚7人（15%）	非常清楚0人（0%）
2.我了解英语词汇教学相关的理论。	从不了解8人（18%）	不够了解12人（25%）	不确定12人（25%）	了解15人（32%）	非常了解0人（0%）
3.我经常浏览英语词汇方面的书籍。	从不浏览0人（0%）	很少浏览16人（34%）	偶尔浏览12人（26%）	浏览14人（30%）	经常浏览5人（10%）
4.目前我校重视培养学生的词汇学习能力。	非常不重视0人（0%）	不重视2人（5%）	一般21人（45%）	重视19人（40%）	非常重视5人（10%）
5.我指导学生制定过英语学习计划。	从不5人（11%）	很少8人（18%）	有时17人（36%）	经常12人（25%）	总是5人（10%）
6.我认为教学研究对教学的促进作用明显。	非常不同意7人（15%）	不同意5人（10%）	不确定9人（20%）	同意19人（40%）	非常同意7人（15%）

如表6-2所示，教师问卷的第二部分教师素养和教学理念包括6个条目，其中1-3条目是调查教师素养，4-6条目是调查教师的教学理念，回收的有效卷是47份（N=47）。数据显示，占比很大的老师不清楚初中英语课程标准各年段各领域的要求33人占比70%（从不清楚21人45%，不够清楚12人25%），仅有小部分老师（7人，15%）清楚初中英语课程标准各年段各领域的要求。15人（32%）的老师了解英语词汇教学相关的理论，仍有占比较大的老师20人（43%）不了解英语词汇教学相关的理论（从不了解8人，18%，

第六章 研究过程及研究结果分析

不够了解12人，25%）。关于浏览英语词汇方面的书籍，16人占比34%的教师很少浏览英语词汇书籍，占比较大的老师浏览词汇书籍19人占比40%（浏览14人，30%，经常浏览5人，10%）。可见，英语教师要加强英语课程标准的学习，以英语课程标准作为指南指导我们的英语学科教学，特别是攻克英语词汇关。同时我们也发现教师只有知道英语词汇教学相关的理论和浏览英语词汇方面的书籍，才能更好地指导学生学习英语词汇。

（二）问卷的第三部分教师的词汇教学策略

教师在教学中是组织者、指导者和协助者。教师的教学方法和教学策略对学生的英语学习具有较大的影响。通过调查教师的词汇教学理念和观念，可以在一定程度上分析和研究教师的教学方法和策略。问卷第三部分调查结果表6-3是调查教师对英语词汇教学以及词汇教学策略所持有的观念。中学英语教师认为学生的词汇学习主要是靠学生自己，同时也有教师认为学生的词汇学习应该是由学生本人负主要责任。这看似好像是很矛盾的回答，实际上并不矛盾。这就说明了当教师意识到如何运用好的方法和策略进行词汇教学时，对学生的词汇学习会产生很大的作用，但是教师还没有清楚地意识到除了课堂上运用有效的词汇教学方法外，教师还要指导学生在课前和课后自己如何进行词汇的预习和巩固。因此，教师问卷的第三部分主要是设计获取教师的词汇教学策略信息。

表6-3 教师的词汇教学策略（N=47）

条目/选项（人，%）	选项1（人,%）	选项2（人,%）	选项3（人,%）	选项4（人,%）	选项5（人,%）
1.每次词汇教学前我会有教学设计	总是19人（41%）	经常16人（34%）	有时8人（17%）	很少4人（8%）	从不0人（0%）
2.词汇教学前我要求学生预习功课	总是8人（17%）	经常12人（25%）	有时19人（41%）	很少8人（17%）	从不0人（0%）

续表

条目/选项（人，%）	选项1（人,%）	选项2（人,%）	选项3（人,%）	选项4（人,%）	选项5（人,%）
3.我对学生指导过新单词的预习方法	总是24人（51%）	经常17人（37%）	有时0人（0%）	很少6人（12%）	从不0人（0%）
4.我通过音形结合，根据读音音标规律教授词汇	总是31人（67%）	经常8人（16%）	有时3人（7%）	很少5人（10%）	从不0人（0%）
5.我通过合成、转化、缩略、词缀法等构词法教授单词	总是23人（50%）	经常12人（25%）	有时0人（0%）	很少12人（25%）	从不0人（0%）
6.我以词汇搭配或者短语等展开教学	总是4人（8%）	经常24人（51%）	有时0人（0%）	很少19人（41%）	从不0人（0%）
7.我借助上下文语境讲解单词	总是4人（8%）	经常31人（67%）	有时0人（0%）	很少12人（25%）	从不0人（0%）
8.我在教授词汇的过程中经常给学生提供例句	总是8人（16%）	经常31人（67%）	有时0人（0%）	很少8人（17%）	从不0人（0%）
9.我在教授词汇的过程中会创新教学方法来教授新词汇	总是4人（8%）	经常9人（20%）	有时15人（32%）	很少19人（40%）	从不0人（0%）
10.课堂上，我给学生运用生词的机会	总是8人（16%）	经常35人（76%）	有时0%	很少4人（8%）	从不0人（0%）
11.我对学生进行听写、默写的词汇测试	总是8人（16%）	经常31人（67）%	有时8人（17%）	很少0人（0%）	从不0人（0%）
12.我要求学生辨析近义词和相近的词	总是16人（34%）	经常24人（51%）	有时7人（15%）	很少0人（0%）	从不0人（0%）
13.我要求学生做一词多义的相关练习	总是20人（43%）	经常20人（43%）	有时4人（8%）	很少3人（6%）	从不0人（0%）
14.我会要求学生用词的不同形式来进行填空练习	总是24人（50%）	经常8人（17%）	有时16人（33%）	很少0人（0%）	从不0人（0%）
15.我会要求学生用所学词汇进行相关的造句或翻译练习	总是24人（50%）	经常7人（16%）	有时16人（34%）	很少0人（0%）	从不0人（0%）
16.我会要求学生用所学词汇进行写作练习	总是7人（17%）	经常4人（8%）	有时20人（42%）	很少16人（33%）	从不0人（0%）

第六章 研究过程及研究结果分析

续表

条目/选项（人，%）	选项1（人,%）	选项2（人,%）	选项3（人,%）	选项4（人,%）	选项5（人,%）
17.我会要求学生用所学词汇进行口语表达相关的练习	总是3人（7%）	经常20人（43%）	有时0人（0%）	很少24人（50%）	从不0人（0%）
18.我要求学生特别注意所学单词的使用场合和文化背景	总是0人（0%）	经常7人（16%）	有时16人（34%）	很少24人（50%）	从不0人（0%）
19.我在教学中引导和鼓励学生学习词汇	总是24人（50%）	经常16人（34%）	有时0人（0%）	很少7人（16%）	从不0人（0%）
20.我对学生现阶段的词汇掌握情况满意	非常满意0人（0%）	满意9人（19%）	一般13人（28%）	不满意25人（53%）	非常不满意0人（0%）

注：数据输入SPSS时，总是=5，经常=4，有时=3，很少=2，从不=1。

问卷第三部分可以细分为词汇教学前的情况、课堂词汇教学情况和词汇教学后教师要求完成的练习情况以及教师对学生学习词汇的满意度四个方面。

1.词汇教学前的情况

从调查结果（表6-3教师的词汇教学策略）显示，1至3条目是调查课前的准备，通过教师词汇教学策略问卷数据显示，在调查研究中发现，有19人占比41%的教师每次在教学前都会进行词汇教学设计，有16人占比34%的教师经常会在教学前开展词汇教学设计，有12人，25%的教师（有时8人，17%；很少4人，8%）在词汇教学前有时或很少会进行词汇教学设计（条目1）。统计数据表明，有8人占比17%的教师总是会在词汇教学前要求学生做课前预习工作，有12人占比25%的教师会在词汇教学前经常要求学生做词汇预习工作，有19人占比41%的教师有时在词汇教学前要求学生做功课预习工作，占比很少的教师8人（17%）很少要求学生做课前预习（条目2）。在问卷调查中发现，从教师是否对学生进行新单词的预习方法指导的数据来看，有24人占比51%的教师总是会指导学生进行新单词的预习方法，有17人占比37%的教师经常会对学生的新单词预习方法进行指导，仍有6人占比12%的教师很少在平时授课过程中对学生的新单词预习方法进行指导（条目3）。

通过条目1至3的数据，笔者对调查点学校英语教师词汇教学前的情况做如下总结和分析：大多数英语教师在词汇教学前仍然会选择先做好教学设计工作，但只有少部分教师在词汇教学前仍是以自己的传统教学模式开展授课，没有科学地进行词汇教学设计。在英语词汇教学中大部分教师会严格要求学生做好词汇教学前的预习功课，但是有小部分教师没有在词汇教学前要学生做预习功课的习惯。多数教师会在新单词的教学过程中对学生进行新单词的预习方法的指导，但仍有少部分教师在教学中忽视了这一点，没有重视学生在新单词预习中的方法教学和指导工作。可见，词汇教学课前的准备没有引起英语教师的足够重视，课前的准备不充分，常常会影响到课堂词汇教学的成果。

2.课堂词汇教学情况

条目4至12以及18、19条目是词汇教学中的情况，在问卷调查中发现有31人占比67%的教师总是会在词汇教学中通过音形结合的方式，对学生讲授词汇教学中的读音音标规律，有8人占比16%的教师经常会在词汇教学中对学生讲解音形结合的音标规律，但是在调查中发现还有一部分教师很少，5人10%）会对学生进行音形结合训练（条目4）。在问卷调查中发现有35人占比75%（总是23人，50%；经常12人，25%）的教师会在词汇教学中通过合成、转化、缩略、词缀等方式对学生进行教学，在调查中发现这一部分教师都属于教学经验丰富且有较长教龄的教师，但是在调查中发现只有12人占比25%的教师很少在词汇教学中对学生应用合成、转化、词缀等（条目5）。关于教师在词汇教学中是否会运用词汇搭配或短语的形式开展词汇教学（条目6），发现有28人占比59%（总是4人，8%；经常24人，51%）的教师通常会在词汇教学中运用词汇搭配或短语的形式的方法开展教学，但是有19名（41%）教师很少会在词汇教学中通过词汇搭配或短语的形式开展教学工作。表上数据显示，在词汇教学中发现有4人，8%的教师每次在词汇教学中总是会借助课文中的上下文语境对单词进行讲解，有31人占比67%的教师经常会在词汇教学中借助上下文的语境对学生进行单词讲解，但是仍有12人占比25%的教师很少会在词汇教学中借助上下文语境进行单词讲解（条目7）。在问卷调查中发现教师在教授词汇的过程中，仅有8人，16%的教师每次总会在教学中给学生提供词汇例句，有31人占比67%的教师经常会在词汇教学中给学

第六章 研究过程及研究结果分析

生提供例句，但是仍有8人（17%）的教师很少会在词汇教学中给学生提供例句（条目8）。在词汇教学中有4人，8%的教师会常常创新现有的词汇教学模式，对学生进行词汇教学，有15人占比32%的教师有时会在词汇教学中创新词汇教学模式，但是仍有19人占比40%的教师很少在词汇教学中创新教学模式（条目9）。关于课堂上教师是否给学生运用生词的机会（条目10），有8人（16%）会在词汇授课的过程中给学生运用生词的机会，有35人（76%）偶尔会在课堂上让学生有应用生词的机会，但是仍有4人（8%）会忽视这一点。关于词汇的默写和听写（条目11），有8人（16%）表示总是会在词汇课教学时对学生进行生词的默写和听写，有31人占比67%的教师经常会在上课时，对学生进行生字词的默写和听写，但是仍有8人（17%）有时会在词汇教学时对学生进行词汇的默写和听写练习，大部分教师使用了默写和听写的方式让学生进行词汇学习的巩固。有40人占比85%（总是16人，34%；经常24人，51%）的教师通常会在词汇教学中要求学生练习生词的近义词和相近词，有7人（15%）教师很少会在生词或教学中让学生辨析近义词和相近词（条目12）；同时调查中有16人占比34%的教师经常要求学生特别注意所学单词的使用场合和文化背景（条目18），7人（16%）有时会有要求，但是24名（50%）教师很少要求；40人占比84%（总是24人，50%；经常16人，34%）的教师会在教学中引导学生和鼓励学生进行词汇学习，有7名（16%）教师很少甚至没有在教学中对学生进行鼓励（条目19）。

通过4至12条目以及18、19条目的数据，笔者对调查点学校英语教师课堂词汇教学的情况做如下总结和分析：部分学生在词汇学习中没有形成音形相结合来记忆和学习词汇的理念，有部分教师在词汇教学中忽视通过合成、转化、缩略、词缀等方式对学生进行教学的方法，经了解部分学生感觉这种教学模式过于枯燥，难以坚持，因此有教师将这一教学形式在词汇教学中取消。对于"以词汇搭配或者短语等展开教学""借助上下文语境讲解单词""在教授词汇的过程中经常给学生提供例句"这些英语单词学习策略存在被教师忽视的现象。关于"创新教学方法来教授新词汇"，在后续调查中发现有部分教师，通常是属于年龄较大且任课资历较深的老教师，认为现有的教学模式是通过多年的磨练所产生的教学经验，是最好的教学模式。进行听写、默写的词汇测试是中学教师常用的巩固词汇学习的方法，然而教师在词汇教学中也容易忽视要求学生"辨析近义词和相近的词"这一词汇学习策略，这会对学生的词汇学习和词汇理解产生一定的干扰，不利于学生的词汇学习。在调查中教师很少会在词汇教学中要求学生运用所学词汇，在特定的场合进行言语表达，同时也不注意让学生关注所学词汇所使用的场合及文化背景。语境和文化背景对学生理解英语词汇和正确使用英语词汇很重要，这一点应该得到重视，教师应该思考有效方法克服不能将词汇与语境和文化背景结合起来学习的短板。

3.词汇教学后教师要求完成的练习情况

从调查结果（表6-3教师的词汇教学策略）显示，13至17条目是调查教学后教师要求完成练习的情况，数据表明有20人占比43%的教师总是要求学生在词汇学习中进行一词多义的相关练习，有20人占比43%的教师经常会在词汇教学中要求学生进行一词多义的相关练习，有4人占比8%的教师很少会在词汇教学中要求学生进行一词多义的练习，3人占比6%的教师不做这一训练要求（条目13）；多数教师32人占比67%（总是24人，50%；经常8人，17%）会通过填空练习的方式，带领学生进行生字词的学习，有16人占比33%的教师很少会在教学中让学生进行生字词的填空练习（条目14）；有24人占比50%的教师总是要求学生运用所学的词汇进行相关造句和翻译，有7人占比16%的教师经常会要求学生通过所学词汇进行相关造句和翻译，有16人（34%）的教师有时会在词汇教学中，让学生运用所学词汇进行相关造句和翻译（条目15）；在词汇教学中有20人占比42%的教师有时要求学生运用所学词汇进行写作练习，但是仍有16人占比34%的教师，在词汇教学中忽视了让学生运用所学词汇进行写作练习这一点，这是当前词汇教学中存在的误区（条目16）；有24人占比50%的教师很少要求学生用所学词汇进行口语表达相关的练习，有20人占比43%的教师经常要求学生用所学词汇进行口语表达相关的练习（条目17）。

通过13至17条目的数据，笔者对调查点学校英语教师教学后教师要求完成的练习情况做如下总结和分析：教师们采取多种形式对学生课后需完成的学习任务和练习进行了布置和安排，其中做填空练习是最普遍的方式，但是用单词做一词多义的相关练习和运用所学词汇进行写作练习有被忽视的现象，而这两项练习有助于学生辨析词汇，做到活学活用才能举一反三，达到事半功倍的效果，课后练习应该采取多种形式，形式单一不利于学生的思维发展，因此教师们还需在这方面改进。教师们在词汇教学中忽视学生运用所学词汇进行口语练习，导致学生的口语表达能力低于其他语言学习技能。

4.教师对学生学习词汇的满意度

问卷调查了教师对现阶段学生所掌握的词汇满意程度（问卷条目20），可以发现仅有9人占比19%的教师满意当前学生的词汇掌握情况，认为学生掌握词汇一般的有13人（28%），但是在调查中发现有25人（53%）的教师不满意学生对现阶段的词汇掌握情况。可见，词汇的学习是英语教学和学习的重点，教师们不满意学生现阶段的词汇掌握情况，苦于没有具体有效的实施办法来改变学生的现状。

（三）问卷的第四部分为简答

根据教师们的教学经验，他们认为中学生英语词汇学习存在的主要问题是学习词汇不踏实，不经常复习和巩固所学词汇，没有每天抽时间进行练习。他们认为英语词汇有效教学主要体现在学生能听写、默写出学过的词汇，能使用词汇造句并能知道词汇的不同形式。现阶段中学英语词汇教学存在的不足体现在教师不能创新教学方法，在指导学生高效学习英语词汇方面有所欠缺。

二、学生问卷结果

学生问卷调查结果及分析分为三个部分：（1）问卷调查第一部分"基本信息"的结果及分析，已经在本章第一小节的"研究对象的基本情况"进行叙述，本节不再赘述；（2）问卷调查第二部分"学习英语单词的方法和态度"的结果及分析；（3）问卷调查第三部分"简答题"的结果及分析。第一部分是基本信息，已经在上小节的"研究对象的基本情况"进行叙述，本节不再赘述。第二部分和第三部分的调查结果具体如下：

（一）学生问卷第二部分"学生学习英语单词的方法和态度"的结果及分析

"学生学习英语单词的方法和态度"的结果及分析，见表6-4。

表6-4　学生学习英语单词的方法和态度（N=213）

陈述	对陈述的看法（请在认为符合的选项上打√）				
	1	2	3	4	5
1.我认为词汇教学对英语教学重要。	非常不同意0人（0.0%）	不同意0人（0.0%）	不确定12人（5.6%）	同意45人（21.2%）	非常同意156人（73.2%）
2.我希望英语老师改变现有的词汇教学。	非常不同意1人（0.4%）	不同意2人（0.9%）	不确定47人（22.1%）	同意163人（76.6%）	非常同意0人（0.0%）
3.掌握充足的词汇量是提高英语成绩的保证。	非常不同意0人（0.0%）	不同意4人（1.8%）	不确定47人（22.1%）	同意162人（76.1%）	非常同意0人（0.0%）
4.我注意利用点滴时间记忆单词。	从不2人（0.9%）	很少12人（5.6%）	有时160人（75.1%）	经常36人（16.9%）	总是3人（1.5%）
5.我会根据上下文猜词义。	从不5人（2.3%）	很少12人（5.6%）	有时157人（73.7%）	经常32人（15%）	总是7人（3.3%）
6.我采用不同的方法记忆单词。	从不7人（3.3%）	很少10人（4.7%）	有时152人（71.3%）	经常37人（17.4%）	总是7人（3.3%）
7.我在英语课前预习单词。	从不2人（0.9%）	很少65人（30.5%）	有时92人（43.2%）	经常12人（5.6%）	总是42人（19.8%）
8.我会跟同学交流学习单词的经验。	从不0人（0.0%）	很少67人（31.5%）	有时96人（45.2%）	经常40人（18.8%）	总是10人（4.7%）
9.我定期复习单词。	从不2人（0.9%）	很少65人（30.5%）	有时96人（45.1%）	经常40人（18.8%）	总是10人（4.7%）

第六章　研究过程及研究结果分析

续表

陈述	对陈述的看法（请在认为符合的选项上打√）				
	1	2	3	4	5
10.我根据规律，把词根、词类等相同特点的词放在一起记忆单词。	从不12人（5.6%）	很少92人（43.2%）	有时69人（32.4%）	经常30人（14.1%）	总是10人（4.7%）

在问卷调查中发现，有201人占比94.4%的学生（同意45人，21.2%；非常同意156人，73.2%）认为词汇教学对英语教学很重要（条目1）；有163人占比76.6%的学生认为希望教师可以改变现有的词汇教学模式，在词汇教学中应用更有新意的教学形式开展教学工作（条目2）；有162人占比76.1%的学生认为教师在教学的过程中，对自己进行词汇教学可以提高自己的英语成绩，同时充足地词汇量对自己的后续学习工作也非常有帮助（条目3）；在问卷调查中，发现有39人占比18.4%（经常36人，16.9%；总是3人，1.5%）的学生认为自己在词汇学习中会时常提醒自己利用点滴时间进行单词记忆，有160人占比75.1%的学生有时会用点滴时间记忆单词（条目4）；在问卷调查中有占比很大的学生（157人占比73.7%）有时会根据上下文猜词义，经常会在教学中通过上下文进行词义猜测的学生有39人，18.3%（经常32人，15%；总是7人，3.3%）（条目5）；关于采用不同的方法记忆单词，在调查中发现有少部分学生经常采用不同的方法44人占比20.7%（经常37人，17.4%；总是7人，3.3%）的学生，反馈他们老师会经常在词汇学习中运用不同的方法帮助自己进行单词记忆，但是有大多数占比很大的学生有时使用不同方法记忆单词152人（71.3%）（条目6）；在问题调查中发现有54人占比25.4%（经常12人，5.6%；总是42人，19.8%）的学生，反馈通常他们会在单词学习的课程前进行预习工作，但是有65人（30.5%）的学生很少进行预习（条目7）；有50人23.5%（经常40人，18.8%；经常40人，18.8%）学生反馈自己在平时的词汇学习中会通常与同班学生开展单词学习交流经验，96人（45.2%）有时与同学进行交流词汇学习经验，67人（31.5%）的学生很少进行学习交流（条目8）；在词汇教学中，有50人（23.5%）的学生反馈自己

会对自己的单词学习进行定期复习，有时进行词汇复习的有96人（45.1%），很少复习词汇的有65人（30.5%），从不复习词汇的2人（0.9%）（条目9）；关于根据规律，把词根、词类等相同特点的词放在一起记忆单词，很少使用的有92人（43.2%），有时使用的有69人（32.4%），经常使用这种方法的有40人，18.8%（30人，14.1%；总是10人，4.7%）（条目10）。

（二）学生问卷第三部分"学生对教师词汇教学的方法和策略的态度和观点"的结果及分析

表6-5　学生对教师词汇教学的方法和策略的态度和观点（多项选择）

条目/选项	选项1	选项2	选项3	选项4	选项5	选项6法	选项7	选项8
1.教师教授词汇和讲解词汇的方法有	直观法	情景法	构词法	举例法	外语释义法	词解词法	猜测法	查词典
频次	176	185	102	120	85	55	69	35
百分比	21.3%	22.4%	12.3%	14.5%	10.3%	6.7%	8.3%	4.2%
2.学习英语词汇老师指导我们	认识到词汇学习对学好英语的重要性	掌握充足的词汇量以保证英语成绩的提高		老师教我注意运用所学词汇		老师让我学会根据上下文猜词义		
频次	182	123		196		135		
百分比	28.7%	19.3%		30.8%		21.2%		
3.巩固英语词汇老师要求我们	老师让我采用不同的方法记忆单词	老师指导我在英语课前预习单词		跟同学交流学习单词的经验		老师指导我定期复习单词		
频次	99	185		44		20		

续表

条目/选项	选项1	选项2	选项3	选项4	选项5	选项6法	选项7	选项8
百分比	28.4%		53.3%		12.6%		5.7%	
4.你希望教师词汇复习的策略	课堂提问		总结归类		试题测试		其他	
频次	133		202		109		35	
百分比	27.8%		42.2%		22.7%		7.3%	
5.你所掌握的词汇更多来源于	课堂教师的讲解		课下自主学习		课后的阅读		观看英文视频和电影	
频次	192		46		35		0	
百分比	70.3%		16.8%		12.9%		0%	

表6-5学生对教师词汇教学方法和策略的态度和观点的数据显示了，在教师教授词汇和讲解词汇的方法方面，教师使用了直观法、情景法、构词法、举例法、外语释义法、词解词法、猜测法、查词典等方法，教师用得最多的是情景法185频次（22.4%），其次是直观法176频次（21.3%），第三是举例法（120频次，14.5%）（条目1）。在学习英语词汇过程中教师指导学生认识到词汇学习对学好英语的重要性，掌握充足的词汇量以保证英语成绩的提高，老师教我注意运用所学词汇，老师让我学会根据上下文猜词义等。教师指导学生注意运用所学词汇频度最大196频次（30.8%），其次是指导学生认识到词汇学习对学好英语的重要性182频次（28.7%）（条目2）。关于巩固英语词汇老师要求学生，采用不同的方法记忆单词，我在英语课前预习单词，跟同学交流学习单词的经验，定期复习单词。其中，在英语课前预习单词频次最高185（53.3%），其次是采用不同的方法记忆单词99频次（28.4%），但是教师很少要求或提醒学生定期复习单词20频次（5.7%）（条目3）。希望教师词汇复习的策略有课堂提问、总结归类、试题测试、其他

几种选择，其中，总结归类202频次（42.2%），课堂提问133频次（27.8%）（条目4）。学生所掌握的词汇更多来源于课堂教师的讲解、课下自主学习、课后的阅读几个方面。其中，课堂教师的讲解192频次（70.3%），课下自主学习46频次（16.8%）（条目5）。

根据学生问卷的数据，笔者分析在英语的学习过程中，大部分的中学生已经认识到词汇学习在整个英语学习过程中的地位和重要性。但是由于缺乏有效的方法，中学生每天遇到的教材中新词汇量增大，学生在学英语的过程中就要面临着学习好巨大词汇量的压力，学习的词汇容易遗忘，导致学习不牢固，词汇容易混淆。因此，在词汇教学中，大部分的学生希望教师讲解的重点是中文意义、词形、习惯用法和搭配以及同反义词，因而教师在备课的过程中也要适度照顾到学生本身的学习需要，这样才能进行有效地教学。

（三）学生问卷第四部分问答的结果及分析

第四部分有两个问题：1.你平时是怎样学习和记忆单词的？2.你对老师教授新单元单词有何意见和建议？有的学生自制单词卡记忆单词，有的学生听单词录音听写单词，有的学生是通过句子学习来学习和记忆单词。对教师教授新单元的单词建议主要体现在希望老师先讲授单词，再讲授课文。值得一提的是，大部分学生没有填答这部分，只写了"无"，更深层次的信息需要在访谈中获取。

三、数据相关性结果统计

为了进一步探究教师问卷和学生问卷的数据是否具有统计学意义，研究者用SPSS 26进行了统计学分析，具体结果如下。

第六章 研究过程及研究结果分析

（一）教师问卷数据相关性结果

为了进一步了解教师的教龄、职称、性别与他们的词汇教学策略是否有相关性，本研究的研究者将收集到的相关数据在SPSS 26中进行了Pearson相关系数的检验。结果见表6-6。

表6-6 教师教龄、职称、性别与词汇教学策略的相关性结果统计（N=47）

您的教龄	平均数	标准偏差	皮尔森（Pearson）相关性系数	显著性Sig.（双尾）
每次词汇教学前我会有教学设计。	3.91	.584	−.151**	.001
我对学生指导过新单词的预习方法。	4.69	.465	−.154**	.001
我通过音形结合，根据读音音标规律教授词汇。	3.73	.443	−.138**	.004
我通过合成、转化、缩略、词缀法等构词法教授单词。	3.63	.483	−.143**	.003
我会要求学生用所学词汇进行口语表达相关的练习。	4.41	.492	−.158**	.001
我要求学生辨析近义词和相近的词。	3.67	.473	−.133**	.003
我要求学生特别注意所学单词的使用场合和文化背景。	4.51	.482	−.156**	.001
您的职称	平均数	标准偏差	皮尔森（Pearson）相关性系数	显著性Sig.（双尾）
我会要求学生用词的不同形式来进行填空练习。	3.81	.484	−.139**	.003

续表

	平均数	标准偏差	皮尔森（Pearson）相关性系数	显著性Sig.（双尾）
我要求学生特别注意所学单词的使用场合和文化背景。	4.69	.465	−.145**	.002
我在教授词汇的过程中会创新教学方法来教授新词汇。	3.75	.434	−.148**	.002
我对学生进行听写、默写的词汇测试。	3.80	.403	.140**	.003
我在教授词汇的过程中经常给学生提供例句。	3.75	.413	.139**	.002

您的性别	平均数	标准偏差	皮尔森（Pearson）相关性系数	显著性Sig.（双尾）
我会要求学生用所学词汇进行口语表达相关的练习。	4.84	.367	.145**	.002
我以词汇搭配或者短语等展开教学。	3.93	.368	.155**	.001

表6-6的数据显示，参与研究的中学教师的教龄与词汇教学策略相关性结果统计中的7个项目的相关性显著，具有统计学意义，因为这7个项目的P值都<0.05。这7个项目是："每次词汇教学前我会有教学设计"（P=0.001）；"我对学生指导过新单词的预习方法"（P=0.001）；"我通过音形结合，根据读音音标规律教授词汇"（P=0.004）；"我通过合成、转化、缩略、词缀法等构词法教授单词"（P=0.003）；"我会要求学生用所学词汇进行口语表达相关的练习"（P=0.001）；"我要求学生辨析近义词和相近的词"（P=0.003）；"我要求学生特别注意所学单词的使用场合和文化背景"（P=0.003）。但他们都是相关程度弱的负相关，因为这7个项目的Pearson相关性系数的绝对值都介于−1~0之间，表明变量之间存在负相关关系，比如："每次词汇教学前我会有教学设计"这个项目的Pearson相关性系数−0.151**，"我对学生指导过新单词的预习方法"的Pearson相关性系数−0.154**，等等。

第六章 研究过程及研究结果分析

参与研究的中学教师的职称与词汇教学策略相关性结果统计中的5个项目的相关性显著，具有统计学意义，因为这5个项目的P值均<0.05。在这4个项目中，有3项是程度弱的负相关，因为Person相关性系数的绝对值都介于-1~0之间，表明变量之间存在负相关关系；有2项是程度弱的正相关，因为这项Person相关性系数的绝对值介于0~1之间，表明变量之间存在正相关关系。即："我会要求学生用词的不同形式来进行填空练习"P=0.003<0.05，Pearson相关系数-0.139**；"我要求学生特别注意所学单词的使用场合和文化背景"P=0.002<0.05，Pearson相关系数-0.145**；"我在教授词汇的过程中会创新教学方法来教授新词汇"P=0.002<0.05，Pearson相关系数-0.148**；"我对学生进行听写、默写的词汇测试"P=0.003<0.05，Pearson相关系数0.140**；"我在教授词汇的过程中经常给学生提供例句"P=0.002<0.05，Pearson相关系数0.139**。为探究参与研究教师的职称与词汇教学策略关系，通过观察数据发现，在正相关且具有统计学显著意义的两个项目"我对学生进行听写、默写的词汇测试"和"我在教授词汇的过程中经常给学生提供例句"中，高职称的教师比低职称的教师更趋向于在教学中使用这两种词汇教学策略。

此外，参与研究的中学教师的性别与词汇教学策略相关性结果统计中的2个项目的相关性显著，具有统计学意义，因为这2个项目的P值均<0.05。"我会要求学生用所学词汇进行口语表达相关的练习"P=0.002<0.05，Pearson相关系数0.145**；"我以词汇搭配或者短语等展开教学"P=0.001<0.05，Pearson相关系数0.155**。通过进一步观察问卷数据发现，女教师比男教师更趋向于在教学中使用这两种词汇教学策略。

（二）学生问卷数据相关性结果

为了进一步了解学生的年龄、性别与他们学习英语单词的方法和态度是否有相关性，本研究的研究者将收集到的相关数据在SPSS 26中进行了Pearson相关系数的检验。结果见表6-7。

表6-7 学生的年龄、性别与学习英语单词的方法和态度的相关性结果统计（N=213）

您的年龄	平均数	标准偏差	皮尔森（Pearson）相关性系数	显著性Sig.（双尾）
我注意利用点滴时间记忆单词。	4.41	.492	−.158**	.001
我会跟同学交流学习单词的经验。	3.67	.473	−.133**	.003
我根据规律，把词根、词类等相同特点的词放在一起记忆单词。	4.51	.482	−.156**	.001
您的性别	平均数	标准偏差	皮尔森（Pearson）相关性系数	显著性Sig.（双尾）
我在英语课前预习单词。	3.84	.367	−.145**	.002
我会跟同学交流学习单词的经验。	4.67	.473	−.135**	.003
我采用不同的方法记忆单词。	4.51	.482	.156**	.001
我希望英语老师改变现有的词汇教学。	3.93	.368	.155**	.001

课题组用SPSS 26的"相关"分析学生的年龄、性别与学习英语单词的方法和态度有无显著性差异。发现，（1）参与研究学生的年龄与学习英语单词的方法和态度中的3个项目的相关性显著（程度弱的负相关），具有统计学意义："我注意利用点滴时间记忆单词"$P=0.001<0.05$，Pearson 相关系数$-0.148**$；"我会跟同学交流学习单词的经验"$P=0.003<0.05$，Pearson 相关系数$-0.133**$；"我根据规律，把词根、词类等相同特点的词放在一起记忆单词"$P=0.002<0.05$，Pearson 相关系数$-0.145**$。（2）参与研究的学生的性别与学习英语单词的方法和态度中的4个项目的相关性显著，具有统计学意义。其中，两个项目为程度弱的负相关，相关性系数介于$-1\sim 0$

第六章 研究过程及研究结果分析

之间时，表明变量之间存在负相关关系；两个项目为正相关，相关性系数介于0~1之间时，表明变量之间存在正相关关系："我在英语课前预习单词"P=0.002＜0.05，Pearson 相关系数–0.145**；"我会跟同学交流学习单词的经验"P=0.003＜0.05，Pearson 相关系数–0.135**；"我采用不同的方法记忆单词"P=0.001＜0.05，Pearson 相关系数0.156**；"我希望英语老师改变现有的词汇教学"P=0.001＜0.05，Pearson 相关系数0.155**。通过进一步观察问卷数据发现，女学生比男学生更趋向于在词汇学习中采用不同方法记忆单词，她们比男学生更希望英语老师改变现有的词汇教学。

第三节 访谈结果

本小节对本研究的访谈结果进行陈述，包括教育教学管理者访谈结果、教师访谈结果、学生访谈结果三个方面的内容。

一、教育教学管理者访谈结果

课题组对教育科技局的教学督导人员、学校教务处的老师和教研组组长以及名师工作室的负责人，共9名教育教学管理者进行了访谈，主要是提出这样的问题：管理人员有硬性的教学督导要求吗？具体有哪些要求？对教师的教学评价包括哪些方面？您认为还需要如何改进？你们是否开展学生学习方法和教学方法的调研？（回答"是"）你们调查的结果是什么？（回答"否"）有计划进行调查吗？如何开展？你们如何给予教师教育教学方面的帮助和指导？具体的方式和成效（见附录3）。

关于教学督导工作和相关要求，受访的9位教育教学管理者对相关要求很熟悉,教学督导的主要内容是:教师的中继教学习任务是否按时完成,监考、改卷任务是否完成,是否遵守学校考勤纪律要求,一学期内听课是否达到规定次数要求,作业批改是否达到规定次数要求(州教科通[2015]XX号文件)。这些工作都与每个教师的绩效考核挂钩。一学期听课规定:校长、副校长、中层干部、任课教师15节;分管教学副校长、教务处主任、教科处主任20节;教研组长18节;以教科处检查记录为准,每少1节被扣绩效分0.2分。作业量根据州教科通[2015]33号文件规定要求全批全改:语文学科书面作业每学期15次以上,作文每学期6次以上,小作文8次以上;数学、英语学科书面作业每学期30次以上;物理、化学学科书面作业每学期20次以上;思品、历史、地理、生物学科书面作业每学期15次以上;音乐、美术、体育、计算机等学科应注意实践操作和情感教育,根据实际情况适当布置作业,作业原则上要求在课堂内完成10次,教师必须及时检查和批改作业并且批改日期要明确。中继教学习要求每年每位教师不少于72学时。

在对教师的教学评价方面和在开展学生学习方法和教学方法的调研方面,受访者表示,英语老师教学评价主要源于推门听课进行评价、学生课堂表现情况、学生综合测试成绩、教师备课情况等。关于开展学生学习方法和教学方法的调研,通过访谈结果调查可以发现,多数教育教学管理者在工作中经常开展学生学习方法和教学方法的调研工作,特别是建名师工作室并组织教师进行省、州课题的申报。在访谈中发现多数教育教学管理者认为,当前的学校教学模式和方法等仍需改进,需要通过开展教学研究来实现这种改进,这也是以后开展教育教学管理工作中的重点环节。

在给予教师教育教学方面的帮助和指导方面。教育教学管理者表示,他们探索多种形式、内容和层次的教学督导,帮助教师促进教育教学水平。"多种形式"是指开展听课、调研、教学讨论会、教学比赛等。"多种内容"主要是指与各个学科教学相关的课堂讲授、试卷的评价、作业批改的检查、课程建设、学生的自修指导等等方面。"多种层次"是指对教育与科技局、教务科、教研组、基层的教师、学生,都进行专题性调研。每年根据教育与科技局的安排派教师参与国培、省级、州级和县市级四个层面的培训,开展送教下乡活动培养教师的教育服务水平。通常培训每年有两种形式:一是暑期培训,每期5天40学时分学段进行;二是每年小学、初中、高中升学考试的考前指导培训共8个学时。另外,还有全国专家的暑期培训,主要是来自杭州市以及依托名师工作室做教师暑期培训。国培和省培要求进行二级培训,国培要有文字材料,跟岗学习在学校自己的教研室进行交流[①]。每个老师的继续教育学时要求是每年完成教师专业发展的72学时,评职称初级要求16,中级要求36,高级要求72学时,这些学时包括线上线下学习,现在一般是暑期为40学时,省级名师、州级名师组织的各种活动和校本研修占32学时。优质课比赛是省教育厅下任务,根据省赛事开展大赛,交叉开设每年7个学科,每个学科两年一次,有些中学有与杭州对口学校结合的校本研修。另外,学校鼓励教师学历提升,中学英语教师经前几年学历提升学习后,普遍具有本科学历。教师学历提升各教育和科技局给予不同程度的支持,现阶段因本科学历饱和,要求提升学历的教师较少。

二、教师访谈结果

课题组对教师的访谈,主要是提出这样的6个问题:您在英语教学中是否倾向于某一知识面的教学?为什么?您在英语词汇教学中有什么困惑?在词汇教学过程中遇到困难时如何解决?您感觉自己在上词汇课时,学生在多数情况下有怎样的表现?您认为学生记忆英语词汇最有效的方法是什么?您主要通过何种方法引导学生学习和运用生词扩大词汇量?课堂上,您通常引导或安排学生通过什么方式运用生词?(见附录3)。

关于在英语教学中是否倾向于某一知识面的教学和原因。7位教师(36.8%)在教学中侧重于语法和阅读教学,因为语法是影响学生考试成绩的最大因素,学生学会表达是学习的最好见证,每个单元都要有语法巩固练习,把涉及的语法点贯穿到平时的阅读教学中,阅读很重要,因为阅读在高

---

① 中华人民共和国教育部.教育部关于大力加强中小学教师培训工作的意见[EB/OL],[2011-01-06].http://www.gov.cn/gzdt/2011-01/06/content_1779454.htm.

考和中考中占分值比例较大。这些老师认为农村学生的单词和语法功底弱，对英语学科不重视，写简单句很困难，词汇是基本，从词汇抓起，同时注意灌输语法和阅读知识。10位老师（52.6%）认为各方面兼顾，遵循平均原则，跟着中考的指挥棒走，所以不会倾向于哪个方向，而是综合地考虑各个知识面的需要，也可以根据学生的实际情况因材施教，学生的哪方面薄弱，就会更加的倾向于某一个知识点的教学。2位老师（10.6%）侧重学生的写作能力的培养，因为农村学生的单词和语法功底弱，对英语学科不重视，写简单句很困难。教师们在处理教材中的重难点时侧重有所不同，但是都围绕提高学生英语基本语言能力和提高中考分数和高中入学率进行。

对中学生英语词汇学习存在的主要问题及解决方法，教师们表示，发现中学生在词汇学习中存在的主要问题源于学生对词汇学习兴趣较低且词汇量过大造成学生的记忆困难，大多数学生没有复习巩固反复记忆词汇的习惯，造成学过的词汇遗忘，新的词汇没有记牢的现象。大多数教师认为，英语词汇有效教学主要体现在学生能够将学到的单词用在他们的阅读理解、课堂口语活动和写作中，开展词汇有效性教学首先需要确定完整清晰且具体的词汇教学观念及策略方法，大部分教师都对于词汇如何教，如何让学生学好等没有具体完善的思路。

教师们在词汇教学中存在的困惑主要有两个方面：一是教学方面，二是管理学生方面。教学方面：词汇教学内容多，时间不够用，学生层度低接受不了是教学中的困惑。词汇教学中重难点知识的处理方面有困惑，有些知识不难，通过讲解大部分学生还是不能理解，考试都乱蒙。不知怎么能更好地营造学生的英语学习氛围和提高学生的学习兴趣。认为语言就是一个交流的工具，考试当然是有它的必要性，如果能够更注重学生口语方面的发展，提供给学生更适当的词汇使用语言环境，会提升学生学习英语的兴趣，能够更加实用。有些老师认为，自己在处理课堂时间和知识点的关系上不是很恰当，在一节课的时间想多上内容，但是常常只能讲某个点，一节课下来，觉得内心不是很愉快。有老师认为，老师要写好英文板书，学生才能够像老师一样写得好，而自己的英文写得不够漂亮，所以在练习英语书法这方面存在困惑。有老师认为，学生语言学习乐趣与应试教育的冲突，自己有唯分评价的困惑。有老师认为，虽然自己已经尽力，但是学生的成绩年年下滑是教学

第六章 研究过程及研究结果分析

中的困惑。有的教师表示，在教学中缺乏经验，教学方法陈旧，课堂沉闷，如何提高课堂效率是词汇教学中的困惑。学生管理方面：教师提出学生基础差且厌学，没有自信和毅力去背单词打基础，教学中不能积极配合教师，学生逃学老师担责。有部分学生在小学没有学习英语，在初中赶不上，老师只是学习的领路人，不能代替学生学习，学生没有学习兴趣不愿完成作业，特别是不愿花时间记忆单词，很难监督。有些家长不配合和支持教师教育学生，班上留守儿童多，教学和管理压力大。有老师提出，学生管不得罚不得，特别是辍学，教师必须负责，压力特别大。

受访教师都表示他们有不同程度地关注过或学习过英语单词的教学法，认为有些方法会适用于现在的教学环境，但是有些方法却不能用，特别是运用网上资源，由于学生没有电脑且不能用手机，无法实现使用网络平台的"泛在"学习，有些网上资源老师只能下载或者录屏后，在教室里共享，但是毕竟资源有限而且学生不能根据自己的兴趣进行选择。他们是通过书籍、网络查询含糊的知识点、学习一些知名老师的视频，同行互相讨论、听老师的课、学习教法、取长补短等方式进行教育教学知识学习。另一方面，由于学生的年龄特点，老师即使能使用网络平台进行教学，也难以监督学生。比如使用多媒体进行听力教学，图文声像并茂会调动学生的情绪，但是有的学生更关注动画而重心不在学习内容上。部分教师表示，引导学生学习和运用生词扩大词汇量有多种方法，他们常用的办法就是适时进行检查和监督他们的词汇学习，最常用的就是听写和默写单词，做词汇完形填空题。

另外，从访谈中了解到，大部分教师表示喜欢教师这份职业，认为教师能教书育人，职业高尚，应该爱岗敬业。从事这份职业能不断成长，在这个岗位上能实现人生价值，有成就感和满足感。当英语教师在教会孩子们学英语、学做人的同时，教师自己也在方方面面拓宽了视野。有部分教师，觉得尽职尽责就行，学生不好管，尤其是家长和学生不理解的时候。也有教师态度消极，他们在从事教师职业时觉得迷茫、缺乏激情，觉得任务重、责任大。有教师认为教研活动流于形式没有帮助，每天应付的检查太多，互相听课没有新的理念和教学方法引进，走不出去。由于考核机制，学校教研组的老师基本上是单打独斗，缺乏团队集体学习和集体提高精神。学校开展的教研很少，基本没有课题，有些老师为了评职称做课题，但是没有资金资助。有教师认为学校和教研组开展的教研活动有一点促进教学的作用，主要原因是学校英语教师不多，开展活动仅仅是在小圈子内，每个人的教学方法大家都熟悉，没有新的发展。仅有少部分教师认为，在教研组的活动中学习到了很多教学经验，很好的教学方法，教学水平得到很大提升。

三、学生访谈结果

课题组与学生的访谈主要是提出：您平时是怎样学习和记忆单词的？遇到英语词汇学习中的困难您会怎么做？你有制定英语单词学习计划吗？如果有请分享一下计划，如果没有现在如何制定呢？你的教师是怎样教授你们英语单词的？你希望单词课在哪些方面有所改进？请分享一下你的学习单词感受和方法。

对于平时学习和记忆单词的方法，学生一般是在课堂上读好单词，注意单词的拼写，课后反复记忆，有时候会与同桌交换听写，有学生专门准备一个小单词本记录自己的生词。遇到英语词汇学习中的困难学生会查词典和向授课教师咨询，仅有3人（10%）制定英语单词学习计划。18人（60%）表示，教师在阅读教学和课后练习时教授他们英语单词，他们希望老师可以开展学单词比赛，给记单词好的同学加平时分等方式促进单词学习。通过访谈，有部分学生也说出他们的困难，9人（30%）认为教师在教授每单元词汇的方法并不是很科学，所以他们学起新词汇显得非常吃力，记忆单词也不牢固，渐渐失去了学英语的兴趣。

第四节　课堂观察结果

通过为期两个学期（一学年）的课堂观察，每学期观察15节课共计30节（课堂观察表见附录4）。课题组发现，中学教师的授课课型主要为听说和读写两种课型，另有专门指导课后练习和测试讲解的课。观察的中学英语课堂教学情况如下：听说课型8节（26.7%），读写课型17节（56.7%），课后练习和测试讲解5节（16.6%）。教师在听说和读写课堂上讲授词汇的时间较短，遇到生词教师会进行讲解，但是有时候一带而过，在课后练习和测试讲解时，词汇教学时间稍多。在教学过程中有讲解英语词汇，大多用的是翻译法，有部分教师通过提供英文句子，给学生使用词汇的环境。查词典学单词的方法在学校比较常用，在教师讲授单词时学生遇到不懂的地方主动查词典学习。少部分教师在"新知呈现"部分，先教授学生词汇知识，然后进入阅读、听力或写作的学习。有老师使用上下文推理的办法教授新词，也有教师使用音形义理解的方法以及讲授词缀的方法。部分英语教师在教授每单元的新词汇时，对所教词汇的基本特征不能够准确把握，对所教词汇知识的教学目标认识不够完整、不够到位。所以教师不能够准确地判断出具体的词汇教学的目标要求，是要求学生理解还是活用？教师也不能够准确地诊断出到底学生是否掌握了所教的词汇，如果学生还没有牢固地掌握所教的词汇，教师应该要采用哪些措施和方法。因而，在课题组的课堂观察中，发现部分教师对词汇教学讲解不透，没有进行词汇和句子的扩展来发散学生的思维。

通过对课堂观察表上的"听课感受"部分记录的信息进行收集和整理，以及在听课后，听课教师和授课教师的交流探讨，课题组发现了以下的问题。

（1）中学教师在教授词汇时，通常用中文解释单词和相关短语的意思。在学习新课文之前，老师布置学生预习，然后是老师课堂上解释，没有先让学生分享预习的情况。为了提高中学生的词汇学习能力，学生应该先行自学与生词具有相同意义、相近意义或同名词根的单词。在实际教学实践中，大部分老师采取传统的以教师为中心的教学形式，学生的英语口语表达练习非常有限，英语口语表达水平和听力水平难以提高。部分教师意识到在学生的英语词汇学习中，教师起着很大的作用，但另一方面教师却认为学生的词汇学习主要是靠学生，学生是学习的主体。同时，中学生英语学习的兴趣低，学习自主性差，英语学习显得被动，他们更依赖于教师的课堂教学和课堂指导，他们对于自己课后的英语词汇学习和巩固显得比较盲目。教师在平时的教学过程中缺乏对自己的英语专业知识和教学技能和业务水平的再学习、再更新和再进修，所以教师在平时较少关注英语词汇教学，也很少主动探讨和学习词汇教学策略。教师对于认知记忆策略的认识以及运用有限。在英语的词汇教学中，教师词汇教学的方法单调，词汇情境枯燥无味，有的教师不知道如何很恰当地适时进行学生词汇学习的检查，所以在英语的词汇教学过程中很少对英语词汇进行复习或者是复习的时间和阶段把握不恰当，导致学生学了单词以后，又很快地忘了单词，没有能很好地得到巩固记忆。另外，缺乏培养学生的情感策略和文化意识策略。

（2）中学生的英语基础比较差，英语学习不够积极，有的学生出现厌学的情况。学生的厌学影响了教师的授课效果，有部分教师在词汇教学中会出现失望、低落等负面情绪，对学生的鼓励和微笑就会比较少，会影响师生的互动。大部分教师对于英语词汇中的文化内涵不了解，或者是了解得非常有限。义务教育阶段英语新课程标准要求教师要培养学生的文化意识。词汇是中学英语教学中最重要的组成部分之一，初中英语词汇数量比小学的词汇会成倍增长，学生对所学词汇如果没有掌握，就难以提高整个英语语言学习的水平。大多学生学习词汇的方法只是机械记忆英语词汇，学生不了解词义与构词的关系，导致学习效果不理想，学生虽然背诵快但忘词也快，采用这种记忆方法，也不同程度地影响了学生的学习兴趣。

（3）《义务教育英语课程标准》（2011版）提出教师要利用现代教育技术来拓宽学生学习和运用英语的渠道[①]，但是平时教师采用多媒体进行词汇教学的频率少。一方面由于制作课件的烦琐，另一方面由于多媒体设备的配置

[①] 中华人民共和国教育部，2011，义务教育英语课程标准（2011版）. http：//www.moe.gov.cn/srcsite/A26/s8001/201112/t20111228_167340.html.

第六章 研究过程及研究结果分析

原因。教师在词汇教学中没有很好地利用阅读课进行词汇教学，教师把课本中的阅读文章当做训练阅读的能力和传授学生阅读技巧的资料，词汇教学在实际教学中没有很好地融入阅读课。受长期以来学习英语的固定观念的影响，大多数中学生在学习过程中没有意识到词汇是提高英语素养的关键，掌握大量的单词可以提高英语学习。记忆单词的方法只是学习了基本意思，不深入学习词的表达和意义，不了解词的实际用法，包括不知道它在句型中的用法和表达，这样的学习大部分都达不到《新课标》的要求。

调查发现，中学英语教学课堂上，教师常常在新单元开始、文章讲解等环节进行词汇教学，介入的时机不尽相同，常常是让学生在课文中将生词找出来，然后以反复带读的方式，固化在学生脑中，存在形式化主义倾向，忽略课文所提供的语境，与学生的认知成长规律不符。英语学科考评方式单一，仅以最终考试成绩定成败，目标设计不明朗，在很大程度上影响学生学习思维，使他们更倾向传统的学习范式，为应试而学习，导致系列问题衍生。

教师在词汇教学方面投入了相当大的时间和精力。从课题组了解到的教师在词汇教学上所分配的时间比例来看，绝大部分的教师分配了每单元学习约三分之一的时间给词汇学习，这样的投入量还是非常大的。

根据课题组的了解，一小部分的教师倾向于在进入新课文前就讲解词汇。在他们看来，在新课文中往往有较多的生词，如果学生无法辨认和了解这些生词的话，这会对他们的课文阅读理解造成很大的困难。尤其对于词汇量小、英语基础相对较差的学生而言，读到这样的课文更是使他们的学习积极性受到重创，学习兴趣不断丧失。所以，从便于阅读理解课文的角度出发，这些教师更愿意首先帮助学生解决词汇问题，降低他们稍后进行课文阅读的难度。但是，在阅读课前进行词汇教学最大的弊端就是没有利用课文提供的上下文。从实质上来说，这也是一种孤立学习词汇的方式，不是科学的词汇学习方法，是不被我们所提倡的。在讲解课文前一次性讲解疏通所有的新词汇，这种做法并没有考虑学生的实际接受能力，会给他们的单词学习和记忆带来较大的负担。

也有接近一半的教师更倾向于一边讲解课文一边教授词汇，这些教师充分认识到课文是很好的学习记忆单词的语篇材料，将生词放在课文中进行讲解，能够充分利用课文提供的上下文。学生在上下文里能更容易地理解生词的意义，借助语境来记忆生词比孤立地记忆要容易得多。但是，这种教授生词的方式对教师的语篇教学能力要求较高，需要他们时时将生词教学和上下文融为一体。很多教师所谓的在讲解课文时讲解词汇，其操作方法就是让学生在课文中将生词找出来，然后通过带读教会他们生词的读音。接着把这些生词拿出来单独讲解它们的意义、用法和固定搭配。这样的操作方法就是完全的形式主义，从根本上忽略了课文所提供的语境，显得多此一举，还不如就在阅读课文前讲解生词显得直接明了。

还有一小部分的教师认为把生词教学放在讲解完课文之后的做法比较科学合理。他们认为，在阅读和讲解完课文之后，学生已经能够把握阅读材料和它提供的上下文语境。此时的新单词对他们而言也不是完全的生词，他们能够了解这些词汇在课文中的意义。在这个时候再对单元生词进行讲解，能够加深这些词汇在学生脑海中的印象，相当于学生在一个单元里第二次学习生词。

然而，有极少数的教师自己生词教授时间的选择是不固定的，这样的做法是值得我们深入思考和探究的。在这些教师看来，掌握一个新词需要掌握它的各个方面的要素，如发音和拼写、意义和搭配，最后才是它在实际情况中的运用。通过选择单一的教学时机就让学生完全掌握一个生词的所有要素，这件事很难实现的。因此这些教师认为，应该把词汇学习的各个要素拆分开来，分配到单元学习的各个时段，效率会比较高。如他们会选择在进入课文之前带读生词的读音，并要求学生掌握其拼写；重点把掌握词汇的意义和搭配放在讲解课文时结合语境来进行；最后再设计相关的情境或者练习来帮助学生运用所学生词。这样一步一步，循序渐进，学生的词汇学习会更有层次感，这也符合建构主义理论中所强调的同化和顺应的过程。因此这种方法比单一地选择词汇教学时机效率更高，更能将词汇教学落到实处。

根据课题组了解：有80%的教师表明他们在平时的词汇教学中能有意识地做到词汇分层，但仍有约五分之一的教师在传统教学过程中对单词并无主次划分，要求学生掌握单词表中列出的全部单词，并且在教授单词时对每个单词都投入相同的时间和精力。这样的做法往往会造成难点不清，重点不

第六章　研究过程及研究结果分析

明，不仅费时低效，而且使学生记忆负担过重。

词汇学习也应该是有层次的。一个单词是由多方面的要素构成的。学生要掌握一个新词，就必须掌握这个词各方面的要素。最基本的要素就是单词的拼写和读音；其次是单词的意义和固定搭配，最后才是单词的实际运用。很多教师喜欢一次性将生词的所有要素都教授给学生，实际上这是不利于学生掌握这些词汇的。尤其在单词的意义方面，有时一个单词会有很多不同的义项，部分教师喜欢一次性全部罗列出来，不仅非常的枯燥，学生一次也无法接受，无法消化为自己的东西。科学的做法应该是在不同的时机选择教授单词的不同要素，层层递进。

根据课题组了解，大部分的教师能够根据教授词汇的不同要素来选择恰当的教授时机。但还有部分教师并未注意到对词汇进行分层教学的效率并作出积极尝试。一些教师在讲单词时，会把词典里该单词的相关内容，如词性转换、词组搭配、不同用法的例句等罗列出来展示给学生。在上述做法中，教师只是机械地传授词典上的内容，而学生则使劲做笔记，无暇顾及思考和判断。以上做法是不符合建构主义理论下的课堂要求的。教师一人唱独角戏，不停地涂鸦灌输，完全没有发挥学生的主观能动性。

一个班级里的学生，个体水平的差异是非常大的，不同学生之间的英语基础各不相同。如果总是采取一视同仁的教学，可能会符合部分学生的接受水平，而忽略另外一些学生的接受情况。这样的教学方法可能会导致教学效率不高的情况发生。因此，教师若能在教学过程中考虑到学生实际水平的差异，把学生根据水平高低进行分层，因材施教，可能会达到较好的教学效果。

学生与学生个体之间存在着很大的差异。在这些差异客观存在的情况下，仍在教学中对所有学生提出相同的要求，这是不科学的做法。对于英语基础比较好并且学有余力的学生，教师可以要求他们在掌握课本单词表上要求的所有词汇外，还有意识地去搜集记忆课外的词汇；对于英语水平和学习能力一般的学生，要求他们扎实地掌握好所有的课内词汇即可；对于英语基础和学习能力较差的学生，可要求他们着重掌握重点的黑体词汇。这样，每个学生都会觉得学有所得。学有余力的学生更有成就感，能力较一般的学生也不会有太大的受挫感。

少部分教师认为，受多种客观原因的影响，使得分层教学很难实现。最主要有如下两个方面的问题难以克服。一方面，分层教学在同一班级里很难实施。教师的教学主要集中在课堂的四十分钟里，教师在课堂上的教学内容是一定的。教师不可能说，今天的课程是专门为某些学生准备的，另外一些学生可以不听；不同层次的学生也无法去有选择性地听课，某些知识点听，某些知识点不听。并且，在同一班级里进行学习分层，可能会伤害到后进生的自尊心。另一方面，现行教育体制对学生的评价标准都是一样的，比如中考所考查的词汇对每个学生的要求都是一致的。虽然每个学生水平有高低，但基于他们的能力对他们人为提出不同的要求，这样才有利于他们学业的发展。但是这样也可能导致因为中考对他们的要求和教师平时对他们的要求不一致。对于广大教师而言，进行这样的分层教学是非常难操作的，必须要花很多时间精力去进行规划和安排，摸索出对于本班来说可行的操作体系。因此，这给教师增加了不小的工作量，提高了工作难度。

第五节　教学实验结果

一、教学实验的基本情况

如前所述本研究的教学实验历时两个学期，授课为18课共计36学时，让学生自己预习和巩固的时间为36学时，整个英语词汇教学课程为72学时。课题组的三位教师进行了教学设计，课题组全体成员进行了讨论，授课教师根据讨论意见对教学设计进行了修改，在教学过程中对部分步骤和内容进行了微调。词汇教学课程的教学过程进展顺利，偶尔有因学校开展活动调整上课时间的情况，但是教师授课按照既定的学时完成，学生自学的情况由老师在晚自习进行监督，虽然学生自学的效率不高，但是仍对学生的词汇学习有一定的促进作用。词汇前测和中测在开展教学实验期间完成，在此期间发现，大部分学生能按照老师的要求，按时完成词汇库的词汇练习，少部分学生有厌学情绪，为确保词汇习得，教师做了学生思想工作，并定期进行了检查。在教学实验结束后，进行了学生词汇量的后测、过程性评价以及英语词汇教学课程目标达成度的分析。

二、学生词汇量测试的结果

（一）词汇量测试过程和结果

学生词汇量测试包括词汇量初测、中测和后测三次测试，具体情况如下。

1.词汇量初测情况

为了掌握学生英语词汇量，在学生升入七年级开学的第一周，课题组用测试库的初级词汇卷共33卷，随机组卷进行了学生词汇量的初测，测试时间为一节课。这一级词汇卷的建设依据是《新课标》里的小学英语核心词汇表（600-700词，50词组）（见第五章表5-3 词汇测试库建设情况）。研究调查点的两所中学七年级四个班级都参加了测试，一中实验班和对比班的平均分，分别是27.7分和28.3分，三中实验班和对比班的平均分，分别是37.5分和30.2分。这里列出了两个实验班词汇初测的基本情况（见表6-8和表6-9），一中实验班的最高分是76分，最低分是6分；三中实验班的最高分是94分，最低分是4分。课题组将学生掌握词汇情况划分为五个等次：优、良、中、及格和不及格，成绩为"中"（70分）以上的学生才被认为小学英语词汇习得达标，一中有2人（3.70%）达标，三中有7人（13.21%）达标。另外，对比班也参加了词汇量后测，对比1班的平均成绩是36.3分，词汇学习达标人数为1人，对比2班的平均成绩是31.2分，词汇学习达标人数为2人。可见，学生英语基础差，词汇学习是他们首先要攻克的难关。

表6-8　一中实验班前测成绩情况

最高分	76	最低分	6	平均分	27.7	备注
分数段	优（90-100）	良（80-89）	中（70-79）	及格（60-69）	不及格（<60）	实考：54人
人数	0	0	2	2	50	
百分比（%）	0.00%	0.00%	3.70%	3.70%	92.60%	

表6-9　三中实验班前测成绩

最高分	92	最低分	4	平均分	37.5	备注
分数段	优（90-100）	良（80-89）	中（70-79）	及格（60-69）	不及格（<60）	实考：53人
人数	1	3	3	4	42	
百分比（%）	1.89%	5.66%	5.66%	7.55%	79.25%	

2.词汇量中测情况

词汇教学实验完成9课（18个学时）的教学后，在第一学期结束的最后一周，课题组用测试库的一级和二级词汇卷共64卷，随机抽题组卷35卷进行了学生词汇量的中测，分发给学生的测试卷基本上不一致，确保了测试成绩的真实性，测试时间为一节课。词汇库中的一级词汇卷和二级词汇卷的建设依据是《义务教育教科书 英语》（仁爱版）七年级上册和下册词汇表里的黑色加粗核心词汇（1000词，150词组）（见第五章表5-3 词汇测试库建设情况）。研究调查点的两所中学的实验班参加了测试，一中实验班和三中实验班的平均分，分别是58.98分和58.95分。这里列出了两个实验班词汇中测的基本情况（见表6-10和表6-11），一中实验班的最高分是98分，最低分是12分；三中实验班的最高分是92分，最低分是30分。课题组将学生掌握词汇情况划分为五个等次：优、良、中、及格和不及格，成绩为"中"（70分）以上的学生才被认为英语词汇习得达标，一中有14人达标（26.91%），三中有14人达标（29.79%）。但是一中有2位学生因请假缺考，三中有6位学生因调

第六章　研究过程及研究结果分析

整班级缺考，这些学生从实验研究对象中删除。

表6-10　一中实验班中测成绩情况

最高分	98	最低分	12	平均分	58.98	备注
分数段	优（90-100）	良（80-89）	中（70-79）	及格（60-69）	不及格（<60）	实考：52人
人数	4	5	5	13	25	
百分比（%）	7.69%	9.61%	9.61%	25.00%	48.09%	

表6-11　三中实验班中测成绩

最高分	92	最低分	30	平均分	58.95	备注
分数段	优（90-100）	良（80-89）	中（70-79）	及格（60-69）	不及格（<60）	实考：47人
人数	4	6	4	5	28	
百分比（%）	8.51%	12.77%	8.51%	10.64%	59.57%	

3.词汇量后测情况

词汇教学实验完成所有课程18课（36个学时）的教学后，在第二学期结束的最后一周，课题组用测试库的三级至五级词汇卷共82卷，随机抽题组卷28卷进行了学生词汇量的后测，分发给学生的测试卷基本上不一致，确保了测试成绩的真实性，测试时间为一节课。词汇库中的三级至五级词汇卷的建设依据是《义务教育教科书 英语》（仁爱版）八年级上册和下册，九年级上册和下册词汇表里的黑色加粗核心词汇（1600词，300词组）（见第五章表5-3 词汇测试库建设情况）。研究调查点的两所中学的实验班参加了测试，一中实验班和三中实验班的平均分，分别是72.1分和70.6分。这里列出了两个实验班词汇后测的基本情况（见表6-12和表6-13），一中实验班的最高分是98分，最低分是52分；三中实验班的最高分是96分，最低分是30分。课题组将学生掌握词汇情况划分为五个等次：优、良、中、及格和不及格，成绩为"中"（70分）以上的学生才被认为英语词汇习得达标，一中有22人达标（43.13%），三中有25人达标（53.18%）。一中有1位学生因调班缺考，从实验研究对象中删除，因此，本研究的教学实验参与者为98人，其中，一中51人，三中47人。另外，对比班也参加了词汇量后测，对比1班的平均成绩是58.9分，词汇学习达标人数为9人，对比2班的平均成绩是58.7分，词汇学习达标人数为7人。

表6-12　一中实验班后测成绩情况

最高分	98	最低分	52	平均分	72.1	备注
分数段	优（90-100）	良（80-89）	中（70-79）	及格（60-69）	不及格（<60）	实考：51人
人数	11	6	5	18	11	
百分比（%）	21.57%	11.76%	9.80%	35.29%	21.57%	

表6-13　三中实验班后测成绩

最高分	96	最低分	30	平均分	70.6	备注
分数段	优（90-100）	良（80-89）	中（70-79）	及格（60-69）	不及格（<60）	实考：47人
人数	11	7	7	8	14	
百分比（%）	23.40%	14.89%	14.89%	17.02%	29.79%	

研究开始的词汇量前测学生人数是一中54人，三中53人；研究中期词汇量中测一中52人，三中47人；教学实验后词汇量后测一中51人，三中47人。学生参与研究的人数在变化，由于各种原因不能参与测试的学生，他们的数据从实验数据中删除，最终教学实验的参与人数为一中51人，三中47人。

（二）词汇测试结果的统计学分析

为了进一步探究词汇测试的结果是否有统计学意义，笔者将学生的所有成绩数据输入SPSS 26，然后进行了配对样本T检验，结果见表6-14、表6-15和表6-16。

1.同一实验班的前测和后测的T检验结果

一中实验班前测成绩和一中实验班后测成绩配对样本T检验P=.000<0.05，结果表明，一中实验班前测和后测具有统计学的显著意义，通过观察数据实验后测比实验前测增加了平均值43.882；三中实验班前测成绩和三中实验班后测成绩配对样本T检验P=.000<0.05，结果表明，三中实验班前测和后测具有统计学的显著意义，通过观察数据实验后测比实验前测增加了平均值33.021。两组数据表明，教学实验后两个实验班学生的词汇习得效果明显。

表6-14 同一实验班的前测和后测配对样本T检验

		配对差值					t	自由度	Sig.（双尾）
		平均值	标准偏差	标准误差平均值	差值95%置信区间				
					下限	上限			
配对1	一中实验班前测成绩 - 一中实验班后测成绩	−43.882	20.917	2.929	−49.765	−37.999	−14.982	50	.000
配对2	三中实验班前测成绩 - 三中实验班后测成绩	−33.021	23.286	3.397	−39.858	−26.184	−9.722	46	.000

2.不同实验班的前测和后测的T检验结果

一中实验班前测成绩和三中实验班前测成绩配对样本T检验P=.071>0.05，结果表明，一中实验班前测成绩和三中实验班前测成绩不具有统计学显著意义，通过观察数据平均值仅相差8.894。一中实验班后测成绩和三中实验班后测成绩配对样本T检验P=.0772>0.05，结果表明，一中实验班后测成绩和三中实验班后测成绩不具有统计学显著意义，通过观察数据平均值仅相差1.064。

表6-15　不同实验班的前测和后测配对样本T检验

		配对差值				t	自由度	Sig.（双尾）
		平均值	标准偏差	标准误差平均值	差值95%置信区间			
					下限　上限			
配对1	一中实验班前测成绩 – 三中实验班前测成绩	−8.894	32.942	4.805	−18.566　.779	−1.851	46	.071
配对2	一中实验班后测成绩 – 三中实验班后测成绩	1.064	25.014	3.649	−6.281　8.408	.292	46	.772

3.对比班和实验班的后测的T检验结果

一中对比班后测成绩和一中实验班后测成绩配对样本T检验P=0.000<0.05，结果表明，一中对比班后测成绩和一中实验班后测成绩具有统计学显著意义，通过观察数据平均值相差13.196。三中对比班后测成绩和三中实验班后测成绩配对样本T检验P=0.000<0.05，结果表明，三中对比班后测成绩和三中实验班后测成绩具有统计学显著意义，通过观察数据平均值相差11.881。两组数据表明，教学实验后两个实验班学生的词汇习得效果明显。

表6-16　对比班和实验班的后测配对样本T检验

		配对差值					t	自由度	Sig.（双尾）
		平均值	标准偏差	标准误差平均值	差值95%置信区间				
					下限	上限			
配对1	一中对比班后测成绩 – 一中实验班后测成绩	−13.196	17.486	2.449	−18.114	−8.278	−5.389	50	.000
配对2	三中对比班后测成绩 – 三中实验班后测成绩	−11.881	14.706	2.145	−15.999	−7.363	−5.445	46	.000

三、教学过程性考核的结果

课题组在词汇教学课程授课之前，向实验班的全体学生说明词汇教学课程的成绩评定是过程性评价40%+终结性评价（词汇后测）成绩的60%组成，并详细说明词汇教学课程的过程性评价的要求：中学英语词汇学习过程性评价包括学习态度、课堂参与、探究学习、小组合作、任务完成情况五个方面，每项20分，共计100分。学习态度和任务完成情况是教师评价，课堂参与、探究学习、小组合作的评价方式是学生自评和互评。学习态度的评价标准是有良好的学习习惯、强烈的求知欲和好奇心，积极参与学习活动；课堂参与的评价标准是按要求积极活跃参加与学习有关的活动；探究学习的评价标准是善于提出问题和解决问题，遇到问题积极思考，善于在学习中总结与反思；小组合作的评价标准是有强烈的集体荣誉感，积极参与组上讨论并帮助组员完成集体学习任务和活动；任务完成情况的评价标准是任务完成质量高，并能举一反三（详见：第五章 表5-7中学英语词汇学习过程性评价量表）。

基于成果导向教育的中学英语词汇教学研究

中学英语词汇教学采取分组教学以学生为中心的合作式学习为主，采用多种教学方法进行教学，在授课前每个组选好小组长，要求小组长做好学生各项任务完成情况的登记。在中学英语词汇教学过程中，教师每次授课都会对各小组的表现予以成绩评定，在黑板一角展示各小组的成绩，学生积极踊跃参与课堂活动争取为小组加分。教师将每次授课的小分，拍照保存，并进行登记。在中学英语词汇授课18次（为期两个学期）的过程中，授课教师每个学期组织学生和老师，用"表5-7中学英语词汇学习过程性评价量表"对各位学生的词汇学习过程进行两次评价。每个学期老师向学生公布过程性成绩两次，为促进学生的词汇学习积极性，适时对表现好的学生给予表扬。

实验班每个学生都参加评价，每个学生的成绩取平均分。在评价过程中，教师引导学生要公平、公正以教师和小组长提供的信息和数据进行评价。过程性评价的结果见图6-2。

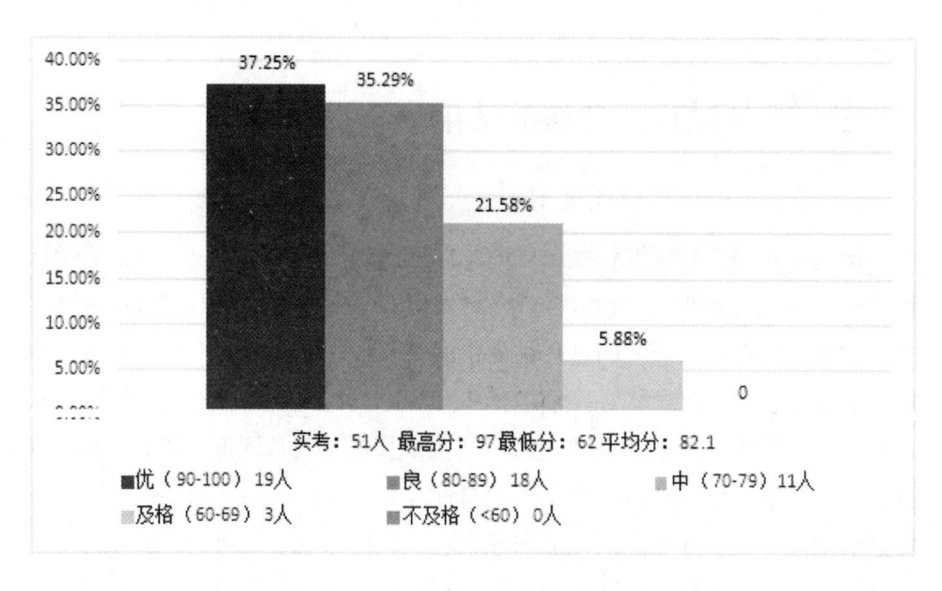

图6-2 一中实验班过程性评价成绩情况

一中实验班的最高分是98分，最低分是62分；课题组将学生过程性考核成绩划分为五个等次：优、良、中、及格和不及格，成绩优的学生19人（37.25%），成绩为"良"的学生18人（35.29%），成绩为"中"的学生11人

第六章 研究过程及研究结果分析

（21.58%），成绩为"及格"的学生3人（5.88%），成绩为"中"（70分）以上的学生才被认为过程性成绩达标，达标人数为48人（94.12%）。

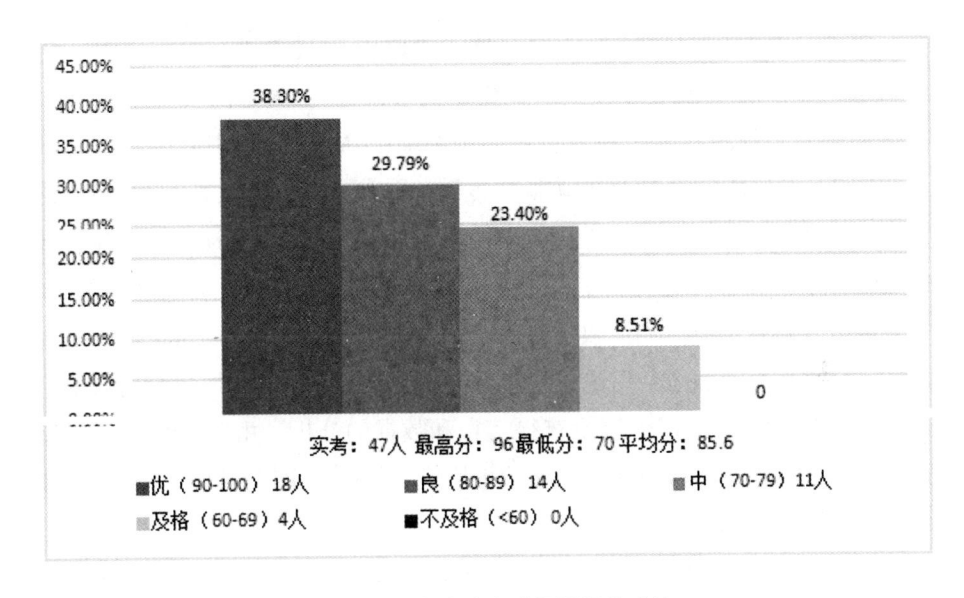

图6-3 三中实验班过程性评价成绩

三中实验班的最高分是96分，最低分是70分；课题组将学生过程性考核成绩划分为五个等次：优、良、中、及格和不及格，成绩优的学生18人（38.30%）成绩为"良"的学生14人（29.79%），成绩为"中"的学生11人（23.40%），成绩为"及格"的学生3人（8.51%），成绩为"中"（70分）以上的学生才被认为过程性成绩达标，达标人数为43人（91.49%）。

图6-2和图6-3的数据表明，学生参与教学实验的参与度高，能积极配合教师的教学，能在小组学习活动中积极贡献自己的智慧，善于提出问题和解决问题，遇到问题积极思考，善于在学习中总结与反思，因为过程性考核的达标人数为48人（94.1%）和达标人数为43人（91.5%）。

四、学生对词汇教学的评价

为了获取学生对教师英语词汇教学的评价,在教学实验完成第一轮(9次课,18学时)教学时和教学实验完成第二轮(18次课,36学时)时,根据加拿大艾伯塔省卫生和安全协会(Alberta Municipal Health & Safety Association,AMHSA)官网的访谈样本数抽取参考标准(见第五章表5-2访谈样本数抽取参考标准)[①],随机抽取了22名学生召开师生座谈会,针对教师的词汇教学资源、词汇教学方式、词汇教学成果、教学内容与词汇学习兴趣符合度以及对教师英语词汇教学的建议五个方面进行了深入的讨论,要求每位学生必须发言或表态,讨论过程进行详细记录,并将能转换为量化数据的质性数据进行转换,以便进行获得信息和数据的分析,由于开展了两次座谈,学生表达意见的百分比取两次的平均值。具体学生对教师的英语词汇教学评价如下。

大部分学生认为通过英语词汇教学课的词汇教学,能够有所收获,能提高自己的词汇习得和英语语言能力,成为词汇学习方面的小能手。(1)在词汇教学资源满意度方面,参与讨论会的学生中,学生感到非常满意和满意的65%,感到不太满意和不满意的同学35%。(2)学生对词汇教学方式的满意程度在非常满意和满意的为72%,少部分学生感到不太满意的是28%。由此可以看出,英语词汇教学使用的词汇教学方式是被学生接受和喜欢的。(3)在词汇教学成果满意度方面,64.6%的学生对词汇教学成果感到满意。可以看出,和传统的词汇教学成果相比,本次的英语词汇教学可以有效地提高的学生对于词汇教学成果的满意度。(4)在词汇教学兴趣符合度方面,对于本次课的词汇教学内容,93%的学生感到符合他们的词汇教学兴趣,可以看出,本次教学设计中设计的教学内容是符合学生兴趣的,可以有效增加学生的词汇学习兴趣,提高对本次课的满意度。(5)在对英语词汇教学课的意见方面,70.5%的学生希望老师能在提出课堂任务时能让他们明确词汇教学

---

① Alberta Municipal Health & Safety Association|AMHSA.http://www.amhsa.net.

目标。这也说明了词汇教学目标对于学生词汇学习的重要性,让学生知道词汇教学目标是有必要的。72.7%的学生希望教师指导学生提高学习课后任务的质量,近40%的学生希望课堂任务难易结合,约15%的学生提出词汇学习任务量要适中,这些都表明教师要把握好词汇学习任务的难度和量,从而更好地激发学生兴趣,提高词汇教学效果。学生建议,更多的词汇教学时间、更多的视频学习、生动有趣的课堂活动、师生交流互动、小组合作学习、个人任务适量。可以看出,英语词汇教学课应该进一步体现"以学生为中心"的教育理念,让他们有更多的自主时间关注词汇学习兴趣,开展有趣的活动和互动交流。虽然英语词汇教学课只是英语学科教学的一个补充,但学生还是希望能在课上真的学到东西,能提高英语学科水平。

综上所述,学生对教师的词汇教学资源、词汇教学方式、词汇教学成果、教学内容与词汇学习兴趣符合度以及对教师英语词汇教学的建议五个方面的讨论结果,可以认为本次基于OBE理念的中学英语词汇教学课得到了学生的认可和喜欢,愿意积极地参与到课堂中。也证明本次基于OBE理念的中学英语词汇教学课可以帮助学生更加清楚的明确词汇教学目标,从而更好地达成词汇教学目标,取得良好的词汇教学效果。

第六节 课程目标的达成及分析

为深入分析中学英语词汇学习课程目标的达成度,课题组教师对中学英语词汇教学课程的考核结果状况进行分析,对课程目标达成度进行计算,分析了课程目标达成情况、存在的问题及原因,提出了课程教学质量持续改进的措施。具体见两个实验班的《中学英语词汇教学课程目标达成度评价表》表6-17和表6-18。

一、台江一中实验班课程目标的达成及分析

（一）中学英语词汇教学课程目标达成度计算

表6-17 中学英语词汇教学课程目标达成度评价表

（2020-2021学年 台江一中实验班）

课程名称	中学英语词汇教学			课程类型		中学英语补充课程
学校	台江一中	班级	七年级6班	命题人	示范做精课题组	任课教师	侯曲萍、唐明、李云忠
考核方式	测试☑ 考查☐	考核形式	开卷☐ 闭卷☑ 口试☐ 其他☐	考核时间	2020年7月12日	评卷方式	教师阅卷
应考人数	51	实考人数		51	缺考人数	0
抽样方法		整年级学生取样☐ 整班学生取样☑			样本数	51
词汇测试卷难易程度	容易☐ 适中☑ 偏难☐		命题范围、内容与课程目标要求		符合☑ 基本符合☐ 不符合☐	
总评成绩构成	总成绩=过程性成绩×40% +词汇测试成绩×60%					
考核结果状况分析	考试卷面成绩					
	最高分	98	最低分	52	平均分	72.1
	分数段	优（90-100）	良（80-89）	中（70-79）	及格（60-69）	不及格（<60）
	人数	11	6	5	18	11

第六章　研究过程及研究结果分析

续表

考核结果状况分析	百分比（%）	21.57%	11.76%	9.81%	35.29%	21.57%
	课程总评成绩					
	最高分	98	最低分	60	平均分	79.69
	分数段	优（90-100）	良（80-89）	中（70-79）	及格（60-69）	不及格（<60）
	人数	20	18	10	3	0
	百分比（%）	39.22%	35.29%	19.61%	5.88%	0

1.课程目标达成评价计算

词汇教学要求	学习目标指标点	词汇学习目标	评价依据	平均分	满分	课程分目标达成值
【词汇知识】理解中学英语词汇学习课程标准，能够在词汇教学实践中以学生为中心，尊重教学规律，针对中学生身心发展情况和认知特点，完成词汇教学设计、教学实施和评价。	【知识目标】M：中度支撑指标点	课程目标1：学会使用1500～1600个单词和200～300个习惯用语或固定搭配，了解一定的语言文化知识。（M）	学习态度	16.02	20	0.856
			课堂参与	17.20	20	
			探究学习	17.00	20	
			小组合作	18.80	20	
			任务完成情况	18.80	20	
			词汇测试	41.67	50	

续表

【语言能力】掌握英语词汇的不同形式，理解和领悟词汇的基本意义及含义，具有在教学实践中和交际活动中能够运用不同词汇描述事物、阐释行为和特征，说明概念等。	【能力目标】H：高度支撑指标点	课程目标2：了解英语词汇包括单词、短语、习惯用语和固定搭配等形式，理解和领悟词语的基本含义以及在特定语境中的意义。能用所学词汇简单描述事物、阐释行为和特征，说明概念等。（H）	学习态度	16.02	20	0.794
			课堂参与	17.20	20	
			探究学习	17.00	20	
			小组合作	18.80	20	
			任务完成情况	18.80	20	
			词汇测试	21.27	30	
【素养目标】理解团队协作和学习共同体的实践内涵，掌握合作原理与技能，具有在教学实践中参与小组互助和合作学习的体验。	【素养目标】M：中度支撑指标点	课程目标3：具有团队合作学习意识，能够分享英语学习资源和学习经验，具有良好的人际交往能力，掌握用英语与他人沟通的技能。（M）	学习态度	16.02	20	0.881
			课堂参与	17.20	20	
			探究学习	17.00	20	
			小组合作	18.80	20	
			任务完成情况	18.80	20	
			词汇测试	17.67	20	

第六章　研究过程及研究结果分析

填写说明：

（1）每个词汇学习要求指标点可由1个课程目标支撑。

（2）评价依据：以课程教学前所确定的各教学目标对应的考核方式为准，不同教学目标评价依据（评价方式）可以相同，也可以不同。

（3）课程分目标达成度算法：

$$\text{分目标达成度} = \frac{\sum_{i=1}^{n} \text{第}i\text{个考核方式分目标平均值} \times \text{权重}}{\sum_{i=1}^{n} \text{第}i\text{个考核方式分目标总分} \times \text{权重}}$$

权重：是指某一个课程目标中不同考核方式所占的比重。

（二）课程目标达成情况分析

按照课程目标达标值≥0.7确定为课程目标达标的标准，本课程的三个目标均达标[①]。课程目标1的达成值是0.856，课程目标2的达成值是0.794，课程目标3的达成值是0.881。课程目标3和课程目标1比课程目标2达成值相对较高，说明学生对这两个目标的知识点掌握得比较好。同时，在本次课程考核中，课程目标2的目标达成度相对较低，说明学生对这个目标的知识点掌握得不够扎实，还需要进一步加强对这方面知识的指导学习和掌握。由于学生入校英语基础较为薄弱，因此教师在课堂上加强了英语基础知识的辅导，并且鼓励学生课下相互交流沟通。

（三）存在的问题及原因分析

1.存在的主要问题

（1）课程目标达成度不均衡，课程目标2的"目标达成度"相对较低。

[①] 徐永霞，赵洪雷，李学鹏，朱文慧，毕海燕，励建荣.基于OBE模式的食品化学课程目标达成度评价方法[J].食品工业，2020，41（12）：261-263.

（2）学生成绩存在参差不齐现象，从词汇后测成绩来看，最低52分，最高的有98分，差距较大。（3）词汇后测考核中，课程目标1的考核方式主要是选择所给单词的中文意思和翻译划线单词成中文，课程目标2考核方式主要是根据句意及提示补全单词，课程目标3考核方式主要是选择所给词组的意思。课程目标2的考核是考核学生的产出性知识（productive knowledge）的掌握情况，词汇的拼写规则、词汇的词形变化等语法知识是学生的英语学习短板，说明学生对英语语法要领把握不好，语言表达和产出能力有待于加强。

2.原因分析

课程学习方面：首先，高估了学生的基础和学习积极性，教学过程中对基础知识强调得不够，学生的课外主动学习的积极性不强，检查落实不够。其次，"过程性考核"还有待于加强，"平时作业"对课程目标的支撑不够充分。平时教学和作业布置上，要认真依据课程目标进行安排。最后，教学设计和备课方面对学情分析还有待于进一步加强，对学生学习的积极性和学习的主动性还有待于进一步激发。

学生方面：从整体答题情况可以看出，学生对"选择所给单词的中文意思""翻译划线单词成中文""选择所给词组的意思"这三个部分相对得分较高。而对"根据句意及提示补全单词"这部分得分较低。一方面说明学生没有下功夫学习，对词汇的掌握特别是词性、词形的变化等语法点的学习有待于加强；另一方面说明学生没有掌握分类记忆词汇的方法，基础知识与基本技能欠缺。通过与学生交流，今后的词汇教学中将着重词汇词形、曲折变化、语法知识的讲解。

教师方面：从学生的得失分情况可以看出，教师在课堂教学过程也存在轻视基础知识的传授和讲解，对相关技能没有进一步培育，对于重要的知识点的检查落实不够。

第六章 研究过程及研究结果分析

二、台江三中实验班课程目标的达成及分析

（一）中学英语词汇教学课程目标达成度计算

表6-18 中学英语词汇教学课程目标达成度评价表

（2020-2021学年 台江三中实验班）

课程名称	中学英语词汇教学				课程类型		中学英语补充课程
学校	台江一中	班级	七年级8班	命题人	示范做精课题组	任课教师	侯曲萍、唐明、李云忠
考核方式	测试☑ 考查□	考核形式	开卷□ 闭卷☑ 口试□ 其他□	考核时间	2021年7月12日	评卷方式	教师阅卷
应考人数	47		实考人数	47	缺考人数		0
抽样方法			整年级学生取样□ 整班学生取样☑		样本数		47
词汇试卷难易程度	容易□ 适中☑ 偏难□	命题范围、内容与课程目标要求			符合☑ 基本符合□ 不符合□		
总评成绩构成		总成绩=过程性成绩×40%+词汇测试成绩×60%					
考核结果状况分析	考试卷面成绩						
	最高分	96	最低分	30	平均分		70.02
	分数段	优（90-100）	良（80-89）	中（70-79）	及格（60-69）		不及格（<60）
	人数	11	7	7	8		14
	百分比（%）	23.41%	14.89%	14.89%	17.02%		29.79%
	课程总评成绩						
	最高分	92	最低分	60	平均分		79.69
	分数段	优（90-100）	良（80-89）	中（70-79）	及格（60-69）		不及格（<60）
	人数	19	15	11	2		0
	百分比（%）	40.43%	31.91%	23.40%	4.26%		0

续表

2.课程目标达成评价计算

词汇学习要求	学习目标指标点	词汇学习目标	评价依据	平均分	满分	课程分目标达成值
【词汇知识】理解中学英语词汇学习课程标准，能够在词汇教学实践中以学生为中心，尊重教学规律，针对中学生身心发展情况和认知特点，完成词汇教学设计、教学实施和评价。	【知识目标】M：中度支撑指标点	课程目标1：学会使用1500~1600个单词和200~300个习惯用语或固定搭配，了解一定的语言文化知识。（M）	学习态度	16.22	20	0.863
			课堂参与	17.32	20	
			探究学习	16.11	20	
			小组合作	18.82	20	
			任务完成情况	18.82	20	
			词汇测试	42.67	50	
【语言能力】掌握英语词汇的不同形式，理解和领悟词汇的基本意义及含义，具有在教学实践中和交际活动中能够运用不同词汇描述事物、阐释行为和特征，说明概念等。	【能力目标】H：高度支撑指标点	课程目标2：了解英语词汇包括单词、短语、习惯用语和固定搭配等形式，理解和领悟词语的基本含义以及在特定语境中的意义。能用所学词汇简单描述事物、行为和特征，说明概念等。（H）	学习态度	16.22	20	0.788
			课堂参与	17.32	20	
			探究学习	16.11	20	
			小组合作	18.82	20	
			任务完成情况	18.82	20	
			词汇测试	21.07	30	
【素养目标】理解团队协作和学习共同体的实践内涵，掌握合作原理与技能，具有在教学实践中参与小组互助和合作学习的体验。	【素养目标】M：中度支撑指标点	课程目标3：具有团队合作学习意识，能够分享英语学习资源和学习经验，具有良好的人际交往能力，掌握用英语与他人沟通的技能。（M）	学习态度	16.22	20	0.884
			课堂参与	17.32	20	
			探究学习	16.11	20	
			小组合作	18.82	20	
			任务完成情况	18.82	20	
			词汇测试	17.87	20	

填写说明：

（1）每个词汇学习要求指标点可由1个课程目标支撑。

（2）以课程教学前所确定的各教学目标对应的考核方式为准，不同教学目标评价依据（评价方式）可以相同，也可以不同。

（3）课程分目标达成度算法：

$$\text{分目标达成度} = \frac{\sum_{i=1}^{n} \text{第}i\text{个考核方式分目标平均值} \times \text{权重}}{\sum_{i=1}^{n} \text{第}i\text{个考核方式分目标总分} \times \text{权重}}$$

权重：是指某一个课程目标中不同考核方式所占的比重。

（二）课程目标达成情况分析

按照课程目标达标值≥0.7确定为课程目标达标的标准，本课程的三个目标均达标[①]。课程目标1的达成值是0.863，课程目标2的达成值是0.788，课程目标3的达成值是0.884。课程目标3和课程目标1比课程目标2达成值相对较高，说明学生对这两个目标的知识点掌握得比较好。而课程目标2的目标达成度相对较低，课程目标2考查的是学生的产出型知识，学生需要根据提示写出单词，这说明学生对这个目标的知识点掌握得不够扎实，还需要进一步加强对这方面知识的指导学习和掌握。由于学生入校英语基础较为薄弱，因此教师在课堂上加强了英语基础知识的辅导，并且鼓励学生课下加强知识巩固。

（三）存在的问题及原因分析

1.存在的主要问题

（1）课程目标达成度不均衡，课程目标2的"目标达成度"相对较低。

[①] 徐永霞，赵洪雷，李学鹏，朱文慧，毕海燕，励建荣.基于OBE模式的食品化学课程目标达成度评价方法[J].食品工业，2020，41（12）：261-263.

（2）学生词汇测试成绩存在两极分化现象，从词汇后测成绩来看，最低30分，最高的有96分，差距大。（3）词汇后测考核中，课程目标1的考核方式主要是选择所给单词的中文意思和翻译划线单词成中文，课程目标2考核方式主要是根据句意及提示补全单词，课程目标3考核方式主要是选择所给词组的意思。课程目标2的考核是考核学生的产出性知识（productive knowledge）的掌握情况，说明学生对词汇的拼写规则、词汇的词形变化等语法知识和要领把握不好，语言表达和产出能力有待于加强。

2.原因

课程学习方面：首先，学生的英语基础薄弱和学习积极性不够高，教学过程中对词汇基础知识重视不够，学生课外主动学习的积极性不高，平时的检查以小组长检查为主，检查落实不够。其次，"过程性考核"与课程目标的联系不够紧密，平时作业和集体任务的布置要充分考虑对课程目标的支撑。平时教学和作业布置上，要认真依据课程目标进行安排。最后，学情分析不够，学生的知识点掌握情况检查不够，对学生学习的积极性和学习的主动性还有待于进一步激发。

学生方面：从词汇测试整体答题情况可以看出，学生对"选择所给单词的中文意思""翻译划线单词成中文""选择所给词组的意思"这三个部分相对得分较高。而对"根据句意及提示补全单词"（支撑目标2）这部分得分较低。一方面说明学生的词汇学习不扎实，对词汇的掌握特别是词性、词形的变化等语法点的学习有待加强；另一方面说明学生没有掌握分类记忆词汇和使用多种词汇学习策略学习词汇的方法，基础知识欠缺。通过与学生交流，今后的词汇教学中将着重词汇词形、曲折变化、语法知识的讲解。

教师方面：从学生的词汇测试失分情况可以看出，教师在课堂教学过程中轻视基础知识的传授和讲解，对相关技能没有进一步培育，对于词汇知识点的讲解和定期检查落实不够。

三、课程教学质量的持续改进

词汇后测环节结束后,教师依据过程性评价指标和词汇后测成绩及分析记录表,分析两个实验班学生对该课程的总体教学目标和对应指标点的达成情况,找出教学环节中存在的问题,列入持续改进计划,并针对具体问题,由课题组全体教师集体讨论,给出今后词汇教学中的改进方案,同时针对词汇教学课程中各个教学目标的达成途径进行讨论分析,做适当改进、完善和调整工作,以期所有学生最终达成词汇学习目标。

具体来说,在今后的英语词汇课程教学中,教师将从以下三个方面持续改进课程教学质量:首先是通过质量信息获取、质量信息反馈及质量信息的利用,使课程的教学目标通过课程教学活动得以实现,并保障教学质量不断提升。其次是更好地分析和适应学生的学情,更好地因材施教,要不断改进自己的备课,精心备好每一堂课,为学生掌握学科素养奠定坚实基础。最后是严格按照词汇教学目标中的考核方式完成"过程性考核"工作,抓好学生课堂听课、课外作业布置,检查落实、抓好小组合作学习活动的开展和指导及检查的各个环节,加强与学生的交流,做到教师的思想引领、知识传授与学生的能力提升三个环节齐头并进,将学科素养与人格养成贯彻到课堂教学和课外作业的各个环节中,使本课程的考核目标达成度更趋完善和合理。

第七节 中学英语词汇教学反思

通过对教学实验整个过程收集到的相关数据和信息的分析、学生对词汇教学的评价分析、课程目标达成度的分析以及中学英语课堂的观察,笔者发现目前英语课堂词汇教学存在着三个问题。

(1)对英语词汇教学的目的不熟悉:有的教师对英语词汇教学的内容和

要求认识不清楚，没有意识到应该把词汇当作表达思想、叙事、陈述的交流工具，也没有意识到词汇教学应该要有辨认、理解、活用等意义传递的交际目的。

（2）词汇教学中缺乏对学生进行英语思维能力的训练：教师在词汇教学中向学生所呈现的词汇的意义和功能往往脱离了语境，词汇练习往往也注重记忆类型，显得非常的机械，缺乏意义交流和智力层面的表达，学生慢慢失去了对词汇的兴趣。

（3）词汇教学的方法和策略很刻板：有的教师为了赶教学进度，并没有在课堂上进行词汇教学，他们大多是让学生自己读读词汇表的单词；有的教师会一次性在课堂上花很长的时间讲解词典上单词的用法和例句，并要求学生认真记笔记。

第八节　本章小结

本章包含八个小节。第一节是研究过程，对本研究的研究过程进行陈述，包括研究对象的基本情况、研究开展概况、数据的收集和整理过程三个方面的内容。第二节是问卷调查结果，对本研究的问卷调查结果进行陈述，包括教师问卷结果、学生问卷结果、数据相关性结果统计三个方面的内容。第三节是访谈结果，对本研究的访谈结果进行陈述，包括教育教学管理者访谈结果、学生问卷结果、教师访谈结果、学生访谈结果。第四节是课堂观察的结果，第五节是教学实验结果，第六节是课程目标的达成及分析，第七节是教学反思，第八节进行总结。

第七章 成果导向教育（OBE）理念融入中学英语词汇教学可行性分析

OBE理念融入中学英语词汇教学需要各方面的因素通力协作以及相应的信息技术手段支撑，由于教育资源分布不均导致各地区的教育发展不均衡，地处贵州黔东南州偏僻地区的中学，由于师资缺乏、教育理念落后、学生的英语学习起步晚等原因英语教学水平相对落后。构建适合各个地区的OBE理念融入中学教学，推进OBE理念融入中学教学在各个地区不同学校运行和发展，才能更好地推动中学教学的整体发展，促进教学质量的全面提高。因此，在基于成果导向教育（OBE）理念融入中学英语词汇教学背景下，笔者将对OBE理念融入中学英语词汇教学的可行性进行分析。具体来说，笔者将从教学改革情况、教学环境、教师因素以及学生因素四个方面对OBE理念融入中学英语词汇教学的可行性进行整体而全面的分析，为下一步基于成果导向教育（OBE）理念融入中学英语教学模式的调整和完善提供有价值的实践参考依据。

第一节　基于OBE的教学改革情况分析

整个研究的过程实质上是在两所实验学校将OBE理念融入英语学科教学从而进行教学改革的过程，课题组构建了词汇学习策略教学模式、小组合作学习模式和多元考核模式，以促进学生英语词汇习得的最大产出。在课题组、学生和家长的共同努力下，坚持了一年（两个学期）的中学英语词汇教学和学习，并在此过程中不断完善和发展，取得了一些成效，但学生距离完全达到英语词汇教学课程的能力目标、知识目标和素养目标还有一定的差距。

一、改革背景

台江一中和三中是县级初级中学，为了使贫困人口能够摆脱地缘限制，2015年全国启动大规模易地扶贫搬迁工作，使贫困地区的学生从贫困山区搬到县城，能够享受到相对好的教育资源。2019年黔东南州的易地扶贫搬迁安置点学校有54所，台江一中和三中为其中两所。为了使易地搬迁学校学生能很快融入新的学习环境，学校领导和老师们对学生耐心教导、严格管理，对他们进行学习习惯的培养，然而英语学科的学习成绩不理想。由于地域原因学生要进行少数民族语言、汉语、英语三种语言的学习和转换，英语学科的学习难度可想而知很大。

2019年7月至8月间，易地搬迁学校教师参加了在凯里学院举办的"黔东南州易地搬迁安置点学校教师培训"，在交流探讨中，笔者和易地搬迁的教师就如何引进OBE理念开展中学英语学科教学展开了深入的讨论，教师表示学校的生源素质开始下降，而教师教学方式、方法仍然很传统，学生基础水平低，教师在课堂上滔滔不绝地讲授，学生要么不听或听不懂、不感兴趣，课上有出现睡觉、看闲书甚至打闹的现象。教师意识到要采用新的教学理念

第七章　成果导向教育（OBE）理念融入中学英语词汇教学可行性分析

和教学方法，激发学生的学习兴趣，同时抓好学风建设，学生学习的监督，特别是英语单词学习的过关，学生的英语学科才会产生好的学习成果。之后，凯里学院外国语教师和两所易地搬迁学校的英语教师组成了教研组，基于OBE理念进行了中学英语词汇教学设计，并进行为期一年的中学英语词汇教学实践。

二、OBE理念的融入

"教无定法，贵在得法"课题组教师通过多次沟通和交流，并进入中学英语教学课堂去观察，对学生和教师进行访谈，收集相关的信息和数据，最终课题组教师达成共识，一致认为在七年级让学生攻克词汇学习难关的教学改革势在必行，因为只有打好词汇学习的基础，才能使听、说、读、写各项技能得到提高。由于《新课标》（2011版）中对于词汇的掌握要求，是各项指标要求中唯一的有量化指标的项目，课题组教师用《新课标》（2011版）列出的单词表（中学生必须掌握的核心词汇），不但基于核心词汇设计了18次课（36课时）的中学英语词汇教学课程，并运用于教学实践中，而且建成了中学英语词汇测试库，让学生进行词汇的学习和测试。基于成果导向教育（OBE）的理念，能更好地指导教师的教和学生的学，课题组认为只有课堂变活了，学生有兴趣了，才可能提高学生的学业成绩，使学生在获得一定的指导和帮助下，获得学习成果的最大产出。但是教师多年养成的教学习惯和传统的教学方法，要让老师一下子改变有困难，为了让教师知道如何去改，进行了大量的听课和与同学科教师一起评课的活动，多次召开会议共同探讨。教师除了收集成果导向教育（OBE）相关的文献资料进行研读和分享以外，还研读了英语语言教学法和词汇学习相关策略的文献和资料，为开展基于成果导向教育（OBE）的理念融入中学英语词汇教学打下了坚实的基础。通过本实证研究的结果证明，基于成果导向教育（OBE）在中学英语课堂运用取得了很好的效果，具有推广应用价值。

第二节　OBE融入英语课堂带来的转变

OBE理念融入中学英语课堂转变了传统的教学模式和评价模式，本节从教学方式的转变、学习方式的转变和评价方式的转变三个方面进行分析。

一、教学方式的转变

教师有了将OBE理念融入中学英语课堂的改革意识后，课题组深入课堂观摩发现，课堂气氛开始活跃了，课前、课中、课后的活动开展效果在增加，大部分学生都能积极参与教师的教学，虽然教师的教学各有特色各有所长，但是教师在把握教学规律、教学经验的基础上开始提炼OBE理念融入教学的模式和效果。

为促进教师的教与学生的学和谐发展，教师每次课的英语词汇教学从"以教师为中心"的模式向"以学生为中心"的模式转变，教师在课堂教学中要充当导演和主持人的角色。具体体现在，教师在教学前通过词汇测试做好了学情分析，以往教师占主导地位的教的方式转变为教师辅助学习的方式，每次课教师设计了3至4个教学活动让学生参与，将教师授课的讲台让给学生，课堂上大部分的时间是学生在主导。教师创造机会，搭建平台，指导学生进行合作学习、探究学习以及学生自主学习，真正做到把学习的主动权交给学生，让学生在中学英语词汇学习过程中感受成功、主动学习，教师积极鼓励学生，使他们在快乐愉悦中学得知识。教师使课堂教学不仅成为学生学习中学英语词汇知识的过程，而且成为学生形成科学合理的使用高效学习方式和提高英语学科综合素质的训练基地。

教师的主要任务是指导学生学会各种语言学习方法和词汇学习策略，促进学生的词汇学习效果。在词汇学习策略方面，主要指导了学生元认知策略、认知策略和社会情感策略。元认知策略方面，教师指导学生制定中学英

第七章　成果导向教育（OBE）理念融入中学英语词汇教学可行性分析

语词汇学习计划，定期复习和检查，自我监督学习过程，发现不足及时改正和及时调整学习计划。认知策略方面，教师教会学生运用查字典法、上下文推理分析法、音形义辩证学习法、词缀词根法、归纳分类法、思维导图法、情境创设法等方法学习英语单词。社会情感策略方面，教师将学生进行分组，安排学生的自主学习和合作学习，有分工也有协作，培养学生的团队合作精神，互相帮助共同进步。另外，在运用现代信息技术方面，虽然每个教室都有网络，但是由于初中学生按照学校规定，禁止使用手机，无法实现使用网络教学平台的"泛在学习"模式。因此，教师在课前尽可能地使用网络进行了相关信息和教学资源的收集，用于教学的资料和视频等在晚自习时间向学生分享，有些需要发给学生课前预习或课后复习的视频和文字资料，教师利用家长微信群转发，做好课前准备和课后巩固，课上都使用多媒体进行教学。

二、学习方式的转变

学生学习方式的转变主要是小组合作学习和自主学习相结合，在课堂上是"以学生为中心"的一种新的教育教学理念模式。在为期一年（两个学期）的中学英语词汇教学课程中，授课教师在教学中深入探索初中学生的学习规律，以"小组合作学习"为突破口，进行了课堂教学的行动研究实践，总结出了基于成果产出导向OBE理念的学生学习模式指导经验，即"合作学习+自主学习"学习模式，改变了原有的课堂结构，学生的学习方式发生了根本性的变化，学习英语词汇的效率明显提高。

实验班级每个班分成8个小组，每组6-7人，教师按照词汇前测成绩的情况进行科学分组，每个小组中有成绩较好和认真负责的学生作为组长，尽量做到按学情分组均衡、组间同质、组内异质。小组长在教师的指导下做好学生完成词汇学习任务的统计、课堂参与情况的统计、做好纪律监督、学习的管理等，必要时进行小组长的轮换。小组长还负责定期向教师汇报小组任务完成的情况，指导组上学生做好英语词汇学习计划，互相对学习计划的落实情况进行监督，发现问题及时调整计划，定期展示小组词汇学习量化评比情况。授课教师重视小组长培养，坚持开展小组长培训活动，召开班级培训会，通过培训提升小组长的组织能力和协调能力。

在教师引导下，学生以课上和课下小组合作学习和自主学习相结合的方式进行词汇学习，学生依据教学目标要求，对教学内容讨论，学生根据教师设计的问题发表自己的观点和见解，教师在课堂上起到参与、辅助、启发、指导、引领和点拨的作用，学生的自主学习能力和团队协作能力得到培养，学习效率得到提高。

三、评价方式的转变

中学英语词汇教学课程的评价方式采取多元化评价的方式进行，使课程评价更趋于合理，更能调动学生的学习积极性。课程评价量化方法：（1）学习过程评价（量化积分）+学习结果（词汇后测成绩）评价相结合，着重于学习能力的培养和学习过程的评价，充分体现注重学习实效的理念。（2）小组集体的评价+小组成员个人评价相结合，发现和正视学生的个体差异，有助于开展个别指导，评价侧重于小组集体的评价，鼓励集体协作团队精神，由个人目标的达成促进小组团体目标的达成。（3）评价的内容包括学习态度，课堂参与，探究学习，小组合作，任务完成情况五个方面。（4）教师评价与学生自我评价相结合，学生关系更加和谐。通过合作，学生增进了彼此的了解和友谊，学会了在学习过程中沟通与交流，懂得互相包容与理解，形成了互助友爱、团结协作的优良品质。学生之间平等、民主、和谐的关系逐步确立。

第三节　教学环境因素分析

教学环境因素包含自然环境、教学设施设备、班风学风建设、家校合作沟通等多方面的内容。笔者对本项目研究中的教学环境因素在第一章研究背景部分进行了简要的概述，因此，在本小节中，笔者将从具体的成果导向教育（OBE）理念融入中学英语词汇教学中分析这些教学环境因素在具体教学实践中的影响，其中包括分析实施中存在的问题以及解决的方案。

自然环境因素和教学设施设备方面。本项目的研究对象为贵州省黔东南州易地搬迁安置点两所中学，易地搬迁安置点中学地处我国西部经济不发达地区，因此在教学环境硬件、软件设备上落后于我国发达地区学校。OBE理念融入中学英语词汇教学的实施首先需要依赖教室的多媒体设备，这也是最传统、最常规的现代化教学手段，易地搬迁学校在教育行政部门的大力支持下，教学设备和设施有很大改善，每间教室均有多媒体和希沃白板，可以说，学校提供的多媒体教室能够完全满足OBE理念融入中学英语词汇教学的需求。

班风学风建设和家校合作沟通方面。本研究强调过程性评价，弱化终结性评价，注重学生英语词汇学习方法和策略的培养，注重小组长的培养，形成小组长带动小组成员，学科代表带动小组长的良好班风和学风。学生形成了学习上要有竞争意识，在团体学习活动中要有集体意识的班风，共同协作，共同进步。同时，小组合作学习使学生的集体荣誉感增强了，班集体的凝聚力增大了，学生的学风得到很大的改善。授课教师通过微信群与家长沟通，得到了家长的支持，授课教师把需要学生观看的视频和学习的思维导图发给家长，让学生课前预习和课后巩固。

第四节 教师与学生因素分析

教师和学生是OBE理念融入中学英语词汇教学顺利实施的关键因素，教师的学科素养和对OBE理念融入中学英语词汇教学的整体设计，学生的知识水平和他们的教学过程积极参与程度，都决定着OBE理念融入中学英语词汇教学成功与否。因此，在本小节重点对本成果导向教育（OBE）理念融入中学英语词汇教学中的教师因素和学生因素进行可行性分析。

一、教师因素分析

本项目研究的授课教师愿意接受新鲜的事物，愿意去改变传统的模式。从教学科研上来说，这些教师也积极投入到传统教学改革的实际工作中来。授课教师的基本态度为OBE理念融入中学英语词汇教学的顺利实施提供了前提条件，更为成果导向教育（OBE）理念融入中学英语词汇教学成果的推广奠定了坚实的基础。

教师们都具备熟练地操作多媒体设备、搜索网络教学资源，以及制作课件等多种信息技术运用能力。他们经常使用的搜索引擎是百度和必应，其中必应属于国外的搜索引擎，除此之外，教师们还经常在国内各种视频网站上搜索各类与教学内容相关的视频。因此，可以说，研究对象院校教师在多媒体技术方面所具有的扎实功底为中学英语词汇教学的实施提供了良好的信息技术保障。教师通过多次研讨学习了英语词汇教学方法和词汇教学策略，利用多种方法促进中学英语词汇教学，是本研究成果导向教育（OBE）理念融入中学英语词汇教学改革的主要教学模式，教师由于参加过类似的培训，所以对该模式也有着自己的看法和理解。

二、学生因素分析

在这部分笔者主要从学生因素方面对成果导向教育（OBE）理念融入中学英语词汇教学的可行性进行分析。对学生因素的分析主要是指对学生的学习习惯、自主学习行为进行分析。

通过班主任和任课教师的反馈以及对学生的访谈，笔者对学生的学习时间、学习地点、学习计划以及学习内容进行了全面的了解。学生除了课堂上的学习时间以外，课外学习时间主要集中在晚自习，晚自习后学校会统一关灯休息。大部分的学生能比较自觉地进行学习，并且他们学习进度能跟上学习计划，学过的英语词汇能及时巩固。少部分学生课前缺乏预习，课后不能按时复习，导致词汇学习进度跟不上学习计划。

本研究中，融入OBE理念的中学英语词汇教学需要学生具备一定的自主学习能力，并在这个基础上不断地培养、激发自己的自主学习能力。本研究中的中学生具备一定的自主学习能力，能够按照老师的要求开展自主学习，对于自主学习能力较弱的学生来说，授课教师给予一定的监督，他们能够顺利地开展自主学习，并能慢慢培养自主学习习惯。而且，本研究中的中学生具备一定的信息收集素养，他们能够运用现代化的信息技术手段来辅助自己的中学英语词汇学习，解决在中学英语词汇学习中存在的问题。本研究的研究结果证明，成果导向教育（OBE）理念融入中学英语词汇教学符合学生的学习特点，开展顺利，并取得了良好的结果。

第五节　持续改进措施的提出

在为期两个学期的中学英语词汇教学实践中，通过英语词汇教学课程目标达成度的分析，两所试验点学校的实验班总体的达成度已经达成，但是从学生个体达标情况来看，两个班级均有学生没有达到目标要求，一中有3人课程成绩没有达到70分，三中有2人课程成绩没有达到70分。具体来说在今后的中学英语词汇课程教学中，授课教师将从以下三个方面持续改进、提升中学英语词汇课程教学质量：一是畅通质量信息获取、质量信息反馈及质量信息利用的渠道，利用收集到的信息设计更合理和高效的词汇教学，使课程的词汇教学目标通过课程的词汇教学活动得以实现，并保障教学质量不断提升。二是授课教师更好地适应学生的学情，更好地因材施教，精心备好每一堂课，使课堂的教学更具成效。三是严格按照课程要求中的考核方式，完成"过程性考核"和"终结性考核"工作，抓好教学各个环节的监督和管理，加强与学生的交流，做到教师的思想引领、小组长带领，使教师的知识传授与学生的能力提升齐头并进，将知识的习得和学习习惯的养成贯穿到课堂教学和课外作业的各个环节中，使中学英语词汇教学课程的目标达成度更趋合理。

对几位没有达到70分的学生，授课教师制定了持续改进计划，在教师的指导和帮助下，这些学生制定自己的英语词汇学习计划，按时定期检查词汇学习进度，学习各种英语词汇学习策略。在教师的指导下，努力学习一个学期后，再次进行中学英语词汇测试，最终全部以超过80分的成绩通过了词汇测试，他们的中学词汇教学课程的知识目标、能力目标和素养目标三个目标的达成度均达到$0.83 \geq 0.7$以上，说明持续改进后学生的中学词汇教学课程目标全部达标。

第六节　本章小结

本章节主要对本成果导向教育（OBE）理念融入中学英语词汇教学的可行性进行了分析，笔者从基于OBE理念的教学改革情况分析、OBE融入英语课堂带来的转变、教学环境因素分析、教师与学生因素分析、持续改进措施

第七章　成果导向教育（OBE）理念融入中学英语词汇教学可行性分析

的提出几个方面进行了阐述。

从基于OBE的英语教学改革背景和OBE理念融入中学英语教学来看，教师渴望改变现在的传统教学模式，愿意接受和实践新的教学理念。从学校的自然环境因素和教学设施设备方面来看，学校提供的多媒体教室能够完全满足OBE理念融入中学英语词汇教学的需求。小组合作学习与自主学习相结合，使学生的集体荣誉感增强了，班集体的凝聚力增大了，学生的学风得到很大的改善，教学的改革得到了家长的支持。

教师都具备熟练地操作多媒体设备、搜索网络教学资源，以及制作课件等多种信息技术运用能力，是OBE理念融入中学英语词汇教学的基本保障。通过改革和实践特别是课程目标达成度的分析，笔者提出了持续改进措施，为所有学生最终达标提供了支持。

本研究的研究结果证明，成果导向教育（OBE）理念融入中学英语词汇教学能提升易地搬迁学校的教学质量，符合学生的学习特点，本研究开展顺利，并取得了良好的成果，具有理论价值和实践价值。

第八章 研究总结与对进一步研究的建议

本章对研究进行总结,分析了本研究存在的不足,并对进一步研究提出了六个方面的建议。

第一节 研究总结

本研究对基于OBE理念的中学英语词汇教学进行具体的设计,设计了相应的课程目标,根据课程目标指标进行了教学实践和持续改进,所有学生的课程目标都最终达标。在中学英语词汇教学课程的课程内容框架下,精选《新课标》中合适的教学内容以实现教学目标,根据OBE的逐级达到顶峰的原则,划分出学生的学习阶段。然后以《新课标》核心词汇的教学设计中教会学生词汇学习策略和方法的教学设计作为案例,开展教学实验的设计与实施,分析词汇教学效果,总结了以下研究结果。

(1)基于OBE理念的中学英语词汇教学可以促进学生实现学习目标。以英语词汇学习成果为导向，进行反向的教学设计，整合词汇学习资源，形成以学生为中心的教学方式，评价中学英语词汇学习成果，实现课堂提质增效，使学生英语词汇学习目标的达成度明显提高。

（2）基于OBE理念的中学英语词汇教学可以满足学生的学习期望，激发学生的学习兴趣，从而提高学生的中学英语词汇课程参与度和满意度。在两轮教学实验过程中，通过与学生的座谈交流，在词汇学习资源、学习方式、学习成果的满意度调查上，对于学习方式和学习成果的满意度提高最明显，教学案例中笔者使用的是教学活动开展，即任务型学习方式，这种词汇学习方式受到了学生的欢迎，因此，在之后的英语词汇教学中，进一步运用任务型教学法这类以学生为中心的教学方式。学生对于中学英语词汇学习成果也表现出极高满意度，分组教学互相帮助的学习特点激发了学生对于成果达成的渴望。

（3）基于OBE理念的中学英语词汇教学评价机制可以有效帮助学生学习。授课教师采用了小组合作探究加上自主学习的方式展开任务型学习，学生的词汇学习课程采用过程性评价和终结性评价相结合的方式，授课教师在教学实验前呈现评价量表，讲明了评价规则，注重在教学过程中及时进行监督和评价反馈，促进了学生对新词汇知识的进一步掌握和理解，获得了学生的认同。

综上所述，本研究基于OBE理念的中学英语词汇教学设计是有效的，可以帮助学生明确中学英语词汇学习目标，帮助学生攻克中学英语词汇学习难关，促进学生的英语词汇习得，激发学生词汇学习认知的内驱力。

第二节　存在的不足

本研究在分析和研究问卷调查数据、课堂观察和个别与集体访谈结果的基础上，发现了易地搬迁中学词汇教学现状中所存在的主要问题，并指

第八章　研究总结与对进一步研究的建议

出了本课题研究过程中所存在的局限性。在易地搬迁中学，有的英语教师虽然知道英语的词汇量对学生的英语学习有很大的影响，但是教师并没有充分认识和运用英语的词汇教学策略，他们甚至认为学好英语词汇是学生自己的事情，要靠学生自己努力去记忆、背诵。而易地搬迁中学的学生在英语词汇学习方面感到很盲目，他们想学好，但是不知道该如何去有效率地学习，他们很希望教师能在平时做一些词汇学习策略的指导和培养。教师本身对于新课程标准中对词汇教学的目标和要求不清楚，对于具体的单元中词汇的词性、词形、词根、词缀等不能进行详尽分析，所以在教学中不能做到有的放矢。

本课题采取对易地搬迁中学的英语教师和学生进行问卷调查、课堂观察、师生访谈、词汇教学实验几种方式进行研究。由于研究的条件限制，调查和访谈对象的选取也不是很全面，所以本研究调查结果的普遍意义仍需要我们进一步的调查和验证。易地搬迁中学英语的词汇教学是一个具有实际操作意义的教学实践，因而仅仅通过纸上谈兵的（进行问卷调查和课堂观察的研究）形式是不够的。本研究是基于OBE理念并以黔东南州两所易地搬迁安置点中学的七年级四个班的全体学生为研究对象展开的关于初中英语词汇的教学行动研究。前期采用文献调查法，了解OBE理念和初中信息技术的国内外研究现状。随后，采用问卷调查和访谈的方式进一步了解易地搬迁学校中学的初中英语词汇教学现状、学生特点。在调查分析的基础上，结合2011年《九年义务教育英语学科新课程标准》进行了基于OBE理念的中学英语词汇教学设计。

在基于OBE理念的中学英语词汇教学课程设计与实践中，整体的完成情况较好，但仍存在以下不足。

（1）制作的词汇教学课件和选取的词汇学习视频不够精良。笔者给学生提供的微视频多为网上搜索到的免费词汇教学短视频，词汇知识讲解水平不一，部分视频语速过快，学生听力水平低，学生在微视频的学习上也变得相对困难，必须在教师指导和讲解下才能弄懂视频内容。教师的词汇教学课件在动画设计、图片选取、音效等方面还有待加强。

（2）研究应用实践的范围不够广泛，代表性不够。本次研究的实验对象为两所易地搬迁学校七年级两个班的98名学生，代表性不足，实验时间为期一年，实验方式是采用实验班和对比班的对比，以及实验班的教学实验前后对比，虽然具有一定的合理性和相对严谨性，但是对变量的控制需要进一步加强，本次研究的有效性和科学性也有待提高。今后，需开展范围更广、时间更长的教学实践，采用更加严格的词汇教学实验方式，以获得更多的反馈，增加实验结果的说服力，增加研究的有效性和科学性。

（3）教师的知识素养能力有待提高。授课教师对初中学生的特点、需求分析不够充分，词汇教学经验需进一步积累，在目标制定和教学设计上不够完善，对于各种词汇教学方法和教学策略还无法做到灵活地运用和举一反三，在实际的中学英语词汇教学应用中也存在一些缺陷。

第三节　对进一步研究的建议

除了研究存在的不足，以及扩大研究对象范围提高研究的代表性，加强对变量的控制，提高研究的有效性和科学性以外，对于进一步提升中学英语词汇教学质量研究的建议主要有以下六点。

一、结合学生的学习特点，自制中学英语词汇教学微视频

本研究中的词汇教学视频大多来自网络免费资源，质量参差不齐，有的语速过快与学生的英语水平不十分匹配。在下一步研究中，授课教师可根据实际的学情分析和需要，根据核心词汇的分类，制作更适合学生学情的词汇教学视频，提高学生的词汇学习质量。

二、把扩大学生的词汇量和培养词汇学习策略相结合

教师在词汇教学中要以学生的认知心理发展水平为出发点，要在词汇学习活动中训练学生的思维和智力活动，比如采用观察、联想、猜测、想象、尝试等活动，让学生在这些活动中体验到智力活动的摸索和成功的过程，这样就可以帮助学生形成各种有效的词汇学习策略，通过上下文语境和构词法来猜测单词的意思，能够在英语学习中关注词块而不是孤立的单词，学会有效地使用词典，这样的词汇学习过程就显得生动活泼，而不是机械模仿、刻板套用或者死记硬背，这样学生就会对英语学习感兴趣。在易地搬迁中学英语教学中进行词汇和搭配教学。

在易地搬迁中学英语单词的教学过程中，教师还需要对学生进行词汇和搭配教学。进行词汇教学时，教师首先需要让学生了解单词与单词之间的词的意思，然后让学生在"用中学"，也就是帮助学生通过利用单词来造出通顺的句子，进而提高学生掌握运用单词的能力。例如，在英语单词学习中，breath和breathe都可以翻译成"呼吸"的意思，但前者是名词，后者是动词，然后用两个句子："He breathed in fresh air.""His breath smelled bad."帮助学生注意到英语单词词类应用过程中的细节；在英语学习过程中，任何一个语篇都是由单词组合而成的，因此英语单词的组合离不开词类的搭配。英语和汉语词汇搭配过程中具有很多的不同点，如在汉语中"开门""开刀""开风扇"都可以使用"开"这一字进行表示，但是在英语中却分别需要通过"open""operate""turn on"这些词性进行搭配，同时英语词汇的搭配受到英语语法的支配，如在英语单词中有些瞬间动词不能与表示一段时间的状语进行搭配等，这些都是英语单词搭配教学中的学习重点[①]。

---

① 陈静.浅谈易地搬迁中学英语词汇教学的有效方法研究[J].东西南北（教育），2020（34）：57.

三、把英语教科书的各类词汇项目从语言和教学法的角度密切结合在一起

教师不应该只是把英语词汇意义和母语简单对等,应该有意识地把词汇的语言特征和教学法特征结合在一起,有三种教学方法可以运用。第一种方法是:学生掌握新词汇这一过程中需要不断地重复,比如可以通过阅读和听力来不断地对新词汇进行回访和接触,以加深学生的记忆,所以,教师需要有意地隔几天后,利用课堂提问来帮助学生回忆新词汇。第二种方法是:教师可以在阶段总结或者期中、期末复习总结时,把学生已接触的相关词汇归纳在一起。第三种方法是:把两大类有显著区别的词汇,比如名词、形容词或者是副词等具有高度信息性(high information content)的词,这种词Lewis认为可以脱离语境学习;另一种词是介词、冠词等具有生成性的(generative)的词,这种词最好是结合语境学习。

四、把英语的各类词汇项目的练习活动和学生的学习目标结合起来

课本和练习册的各种词汇练习活动,一般都有明确的词汇学习目标和教学意图,但是如果教师在进行这些练习活动的时候,没有提醒或者点拨学生,学生也许并不一定清楚这些练习活动的意图。所以,教师要有意地、清楚地说明每个词汇项目练习活动的目的:比如有的练习活动是训练辨认各类词汇,有的是强调词汇的使用功能,有的是学习单词的读音和拼写,有的是对前后的语言搭配进行关注,有的是要学习如何从语境中猜测词义,这样的话有助于学生提升语言意识。在易地搬迁中学英语单词教学过程中,教师还需要对学生进行词汇辨析和比较教学。在对学生进行词汇辨析教学过程中,教师需要让学生对英语单词中的同义词、近义词或是在英语语法搭配上作用相同的词组之间进行词汇辨析训练,同时这也是英语单词词汇学习过程

第八章 研究总结与对进一步研究的建议

中的重难点。英语单词在运用过程中，绝对同义的单词数量极其稀少，通常英语词汇多呈现出表意相近，但是在具体用法上却具有不同特色的情况。例如，英语单词cost，spend，pay这几个单词的表面意思极其相似，但是在具体的使用过程中，需要根据使用情景和使用方式而选择不同的单词。在英语词汇的学习过程中，学生还会遇到很多单词意思近似的情况，这就需要学生通过仔细的辨析才可以在英语词汇的应用过程中不陷入困境。例如，"Keep somebody doing something"和"Keep somebody for doing something"的用词中，这两个句式在单词搭配上极为相似，但是在具体使用过程中就有着主动和被动的偏差关系；在英语单词进行比较教学的过程中，教师在教学中主要需要让学生了解到英语词汇的搭配、修辞手法和持续等方面的不同，同时教师还需要让学生对英语词汇和本民族语言在运用中的差距进行比较，进而提高学生的英语核心素养。

第四节 本章小结

本章对研究进行全面总结，本研究基于OBE理念的中学英语词汇教学设计是有效的，可以帮助学生明确中学英语词汇学习目标，帮助学生攻克中学英语词汇学习难关，促进学生的英语词汇习得，激发学生词汇学习认知的内驱力。本研究存在不足，体现在制作的词汇教学课件和选取的词汇学习视频不够精良，研究应用实践的范围不够广泛，代表性不够，教师的知识素养能力有待提高三个方面，并对进一步研究提出了建议。

参考文献

[1] Acharya, C.Outcome-basedEducation (OBE): A New Paradigm for Leaning[J].*CDT Link*, 2003（7）: 3.

[2] Alberta Municipal Health & Safety Association | AMHSA.http: //www.amhsa.net.

[3] Bloom, B.S., Englehart, M.D., Furst, E.J., Will, W.A.& Krathwohl, D.R.*Taxonomy of Educational Objectives*: *The Classfication of Educational Goals*, *Handbook* I: Cognitive Domain[M].New York: David Mckay, 1956.

[4] Coady, J.Research on ESL/EFL vocabulary acquisition: Putting it in context[A].In T.Huckin, M.Haynes, & J.Coady (eds.), *Second language reading and vocabulary learning*[C].Norwood, NJ: Ablex.1993.

[5] Collins A, Brown J.S, Newman S.E.Cognitive apprenticeship: teaching the craft of reading, writing, and arith-metic [R].*Technical report*, 1989: 16.

[6] Dodge B .WebQuests: A Technique for Internet-Based Learning[J]. *Distance Educator*, 1995, 1（2）: 10-13.

[7] Fantasia Monique Taylor.*Argue about Student Learning Outcomes*[M]. Cambridge: Cambridge Education Review, 2000（9）: 83.

[8] Gu, Y.Q.& Johnson, R.K.Vocabulary learning strategies and language learning outcomes[J].*Language Learning*, 1996（46）: 4: 643-679.

[9] Kelly, P.Guessing: No substitute for systematic learning of Lexis[J]. *System*,1990: 199-207.

[10] Krashen, S.D.The "Fundamental Pedagogical Principle" in Second Language Teaching[J].*Studia Linguistica*, 1981, 35（1-2）: 50-70.

[11] Lancaster, G.A., Dodd, S., and Williamson, P.R.（2004）.Design

and analysis of pilot studies: recommendations for good practice[J].*Journal of Evaluation in Clinical Practice*, 10 (2), 307.

[12] Mark Payne.Exploring Stephen Krashen's 'i+1' acquisition model in the classroom[J].*Linguistics and Education December* 2011, Volume 22, Issue 4, Pages 419-429.

[13] Matthews, M.R. *Constructivism in Sciences and Mathematics Education*[M].Chicago: University of Chicago Press, 2000, pp.161-192.

[14] Nation, I.S.P. (2001) .*Learning Vocabulary in Another Language*[M]. Cambridge: Cambridge University Press.

[15] O'Malley, J.M.& Chamot, A.U. *Learning strategies in second language acquisition*[M].Cambridge: Cambridge University Press, 1990.

[16] Oxford, R., etal.Strategy Training for Language Learners: Six Situational Case Studies and a Training Model[J] .*Foreign Language Annals*, 1990 (3): 197-216.

[17] Penny Ur.*A Course in language teaching: practice and theory*[M].北京: 外语教学与研究出版社, 2000.

[18] Pressley, M.*Cognitive strategy instruction that really improves children's academic performance*[M].Brookline Books, 1990.

[19] Richards, J.C., Rodgers T S .Approaches and Methods in Language Teaching: Author index[J].2001, 10.1017/CBO9780511667305 (4): 50-70.

[20] Robson, C. (2000) .*Real world research: A resource for social scientists and practitioner-researchers*[M].Oxford: Black well Publish.

[21] Rumelhart, D .E., Hinton G E, Williams R J .Learning Internal Representations by Error Propagation[J].*Readings in Cognitive Science*, 1988, 323 (6088): 399-421.

[22] Sarka Hubackova, lona Semradova.Some Specifics of Foreign Language Teaching [J].*Procedia - Social and Behavioral Sciences*, 2013 (93), 1090-1094.

[23] Schmitt, N., &McCarthy, M. *Vocabulary Description, Acquisition and Pedagogy*[M]. Cambridge: Cambridge University Press, 1997.

[24] Sigel, Irving E .*A Conceptual Analysis of Beliefs*[M].Springer Netherlands, 1985.

[25] Spady, W.*Outcome-Based Education*:*Critical Issues And Answers*[M].Arlington:The American Association of School Administrators, 1994.

[26] Wilkins, D.A.*Linguistics in language teaching*[M].London:Edward Amold, 1972.

[27] Weinstein, C.E, & Mayer, R.E.*The teaching of learning strategies*:*The handbook of research on teaching*[M].New York:Macmillan, 1986.

[28] Wood, D, Bruner, J, S.& Boss, G The role of tutoring in problem solving[J].*Journal of Child Psychology and Psychiatry*, 1976, 17:89-100.

[29] Woodworth, R.S .Hermann Ebbinghaus[J].*Journal of Philosophy Psychology & Scientific Methods*, 1909, 6（10）:253-256.

[30] 奥苏贝尔.教育心理学：一种认知观[M].北京：人民教育出版社, 1994.

[31] [美]安东尼·伍维克.创新从头开始——成果导向式创新法[M].北京：中国财政经济出版社, 2007.

[32] 陈雪晶.支架式教学模式在大学英语教学中的应用[J].湖北经济学院学报（人文社会科学版）, 2015, 27（6）:207-208.

[33] 蔡笑岳.心理学（第三版）[M].北京：高等教育出版社, 2014.

[34] 陈艳华.克拉申的输入及情感过滤假设的认知分析[J].湖南社会科学, 2011,（03）:183-185.

[35] 陈奕曼.Swain的输出假设理论和中国英语教学[J].宜春学院学报, 2010, 32（09）:164-166.

[36] 董宏建.胡贤钰.我国STEAM教育的研究分析及未来展望[J].现代教育技术, 2017, 27（09）:114-120.

[37] 董秀丽.成果导向视角下的外语课程教学刍议[J].辽宁工业大学学报（社会科学版）, 2020, 22（03）:130-132.

[38] 董新良, 刘岗.课程设计概论[M].太原：山西教育出版社, 2012.

[39] 粉笔教师.教育综合知识6000题第5册[M].北京：电子工业出版社, 2020.

[40] 樊湘军，关兴华.成果导向教育理论在英语口语翻转课堂中的实证研究[J].中国教育学刊，2017，（S1）：232-235.

[41] 冯凌.艾宾浩斯遗忘曲线在单词记忆中的应用[J].成都航空职业技术学院学报，2007（23）：35-36.

[42] 龚锋，曾爱玲.以OBE理念完善我国高校国际经济与贸易专业人才培养的思考[J].高教学刊，2018，（24）：160-163.

[43] 郭东明.浅谈高中生英语词汇学习的策略[J].高考，2016，（31）：56-57.

[44] 郭晓旋，付东青，严涛.支架式教学模式在数学应用中的探究[J].内蒙古师范大学学报：教育科学版，2013，26（6）：3.

[45] 惠恩玲.支架教学模式在初中物理试卷讲评课中的应用[J].物理教学，2022，44（02）：33-37+40.

[46] 胡冰，郭晓娟.基于OBE教育理念的供热工程课程教学探讨[J].东莞理工学院学报，2019，26（03）：116-119.

[47] 何静.基于DQP成果导向的人才培养探索与实践美国学历资格框架中国化的应用实践[M].广州：中山大学出版社，2017.

[48] 花江萍.移动终端在初中英语词汇教学中的应用策略研究[J].文理导航（上旬），2021（5）：33-34.

[49] 何克抗.教学支架的含义、类型、设计及其在教学中的应用——美国《教育传播与技术研究手册（第四版）》让我们深受启发的亮点之一[J].中国电化教育，2017（04）：9.

[50] 侯曲萍，唐明，李云忠.基于OBE理念的中学英语词汇教学研究[J].英语广场，2021，（28）：127-130.

[51] 黄云飞.高中生英语学习中社交情感策略运用的调查研究[D].广西师范学院，2012.

[52] 金海霞.第二学段复述教学支架的优化[J].教学与管理，2020（02）：45-47.

[53] 《聚焦新课程》编写委员会.聚焦新课程：中小学新课程改革实践与研究[M].石家庄：河北人民出版社，2007.

[54] 金跃芳.英语情境教学理论与实践[M].杭州：杭州出版社，2005.

[55] 加涅.教学设计原理[M].上海：华东师范大学出版社，2000.

[56] 姜素梅.初中英语教学中英语词汇教学策略探析[J].学苑教育，2021（16）：43-44.

[57] 杰理·罗西克.情感性支架：学生情感和学科内容交叉点上教师知识的研究[J].开放教育研究，2009（05）：62-70.

[58] 李博琳.克拉申"语言输入假说"综述[J].海外英语，2021，（12）：103-104.

[59] 李丹妹，邹德刚.多媒体支架式教学在大学英语教学中的应用[J].现代交际，2016，9（14）：219-220.

[60] 李光梅.成果导向教育理论及其应用[J].教育评论，2007（01）：51-54.

[61] 刘建珠.基于成果的教育：缘起、内涵与框架[J].深圳职业技术学院学报，2019，18（02）：47-52.

[62] 罗立胜，李子男，葛岚.克拉申语言输入说与外语教学[J].清华大学学报（哲学社会科学版），2001，16（4）：71-74.

[63] 吕蕾.核心素养背景下中学英语开展多元化教学评价的策略探析[J].英语广场，2021，（19）：131-133.

[64] 李梅."互联网+"背景下的课程形成性考核模式创新性设计[J].吉林广播电视大学学报，2019（11）：3.

[65] 李楠楠.Michael Long的互动假说评述[J].语文学刊（外语教育与教学），2010（09）：133-135.

[66] 刘宁，王铟.基于支架式教学的生成性学习支架研究[C].全球华人计算机教育应用协会，2018.

[67] 雷萍莉.试论成果导向型英语写作教学新范式的创建[J].佳木斯大学社会科学学报，2016，34（06）：187-190.

[68] 刘素芳.基于数据分析的初中英语词汇教学策略[J].科学咨询（教育科研），2021（4）：250-251.

[69] 李思萦，高原.移动技术辅助外语教学对英语词汇习得有效性的实证研究[J].外语界，2016，（04）：73-81.

[70] 李霞，张荻，胡卫平.核心素养价值取向的小学科学教学模式研究

[J].课程.教材.教法，2018，38（05）：99-104.

[71] 李幸.浅谈认知语言学理论对英语词汇教学的作用[J].中国教育学刊，2019，(S1)：100-102.

[72] 厉毅.概念图支架在远程协作学习中的应用探索[J].中国远程教育，2009（10）：37-40+79-80.

[73] 罗毅，安福勇，王宝.现代英语课程与教学论改革[M].天津：天津教育出版社，2009.

[74] 李月军.思维导图在初中英语词汇教学中的应用策略研究[J].中学生英语，2021（18）：37.

[75] 李昱炜.基于情境学习理论的在线教育平台设计与研究[D].杭州：浙江大学，2018.

[76] 李志义，袁德成，汪滢，等."113"应用型人才培养体系改革[J].中国大学教学，2018（03）：57-61.

[77] 梁亚冰.支架式教学在英语词汇学教学中的应用[J].浙江万里学院学报，2012，25（3）：106-109.

[78] 毛彬彬.初中生英语词汇认知策略的训练[J].山东师范大学外国语学院学报（基础英语教育），2006（02）：30-33.

[79] 莫国涛.基于成果导向教育的商务英语视听课程教学模式改革研究[J].湖北开放职业学院学报，2019，32（23）：172-173.

[80] 莫雷.教育心理学[M].北京：教育科学出版社，2007.

[81] 弭乐，郭玉英.概念学习进阶与科学论证整合的教学设计研究[J].课程·教材·教法，2018（05）：9.

[82] 毛巍伟.基于成果导向理念的本科人才培养方案探析[J].福建师大福清分校学报，2020，(03)：96-102.

[83] 皮亚杰.心理学与认识论[M].北京：求实出版社，1988：23.

[84] 潘星竹，姜强，黄丽，赵蔚，王利思."支架+"STEM教学模式设计及实践研究——面向高阶思维能力培养[J].现代远距离教育，2019，(03)：56-64.

[85] 屈勇，胡政权，姚贞，向朝春，胡宁.现代教育技术[M].成都：西南交通大学出版社，2013.

[86] 邵瑞珍.教育心理学[M].上海：上海教育出版社，2002.

[87] 斯苗儿.现场改课：从"说给你听"到"做给你看"[J].人民教育，2020（22）：4.

[88] 申天恩，申丽然.成果导向教育理念中的学习成果界定、测量与评估——美国的探索和实践[J].高教探索，2018（12）：49-54+85.

[89] 申天恩，斯蒂文·洛克.论成果导向的教育理念[J].高校教育管理，2016，10（05）：47-51.

[90] 盛艳，张伟平.新课改视野下的支架式教学：师生角色调适问题探讨[J].教学与管理：中学版，2012（08）：3.

[91] 盛艳.思维诊断：支架式教学实践的有效路径[J].现代教育科学：普教研究，2015（05）：4.

[92] 汤瑞琼.成果导向理念下高中英语阅读教学模式优化的行动研究[D].五邑大学，2019.

[93] 谭会.中学物理模型教学设计的理论与实践研究[D].东北师范大学，2009.

[94] 徐永霞，赵洪雷，李学鹏，朱文慧，毕海燕，励建荣.基于OBE模式的食品化学课程目标达成度评价方法[J].食品工业，2020，41（12）：261-263.

[95] 晏妮.OBE理念下的中学数学教学模式改革[J].才智，2020（18）：76.

[96] 田式国.英语教学理论与实践[M].北京：高等教育出版社，2001.

[97] 田式国.简论我国的外语教学改革[J].中国成人教育，2002（08）：67.

[98] 田式国.实用英语教育学（第2版）[M].北京：中国人民大学出版社，2011.

[99] 王彩云，刘加明.基于支架式教学的案例研究——以"太阳视运动图的判读"为例[J].地理教学，2019（24）：55-58.

[100] 吴峰.克拉申"i+1"理论的探讨[J].文学教育（中），2013，（11）：103.

[101] 王华文.基于核心素养下初中英语词汇教学的有效研究策略[J].中学生英语，2021（22）：35.

[102] 王惠玉.提高中学英语课堂教学效率的探索[J].语数外学习（英语教育），2012，(03)：20.

[103] 王海珊.教与学的有效互动——简析支架式教学[J].福建师范大学学报（哲学社会科学版），2005（01）：140-143.

[104] 维果斯基.思维与语言[M].杭州：浙江教育出版社，1997.

[105] 维果斯基.维果斯基教育论著选[M].北京：人民教育出版社，2005.

[106] 王改燕.认知语言学框架下的词汇理据解析与二语词汇教学[J].外语教学，2012，33（06）：54-57+62.

[107] 王丽.英语语音课堂教学技能与实践瓦[M].北京：九州出版社，2020.

[108] 王静.以小见大，见微知著——浅谈初中英语阅读课词汇教学策略的实施[J].中学生英语，2021（22）：36.

[109] 王家奇，李艳敏.教育学基础与应用[M].哈尔滨：哈尔滨工业大学出版社，2004.

[110] 王继新，杨九民.初中科学教学设计基于案例分析的初中科学课程教学设计方法[M].北京：高等教育出版社，2008.

[111] 王金旭，朱正伟，李茂国.成果导向：从认证理念到教学模式[J].中国大学教学，2017（06）：77-82.

[112] 维柯.新科学[M].北京：人民文学出版社，1997.

[113] 王蔷.深化改革理念提升课程质量——解读《义务教育英语课程标准（2011年版）》的主要变化[J].课程·教材·教法，2013，33（01）：34-40.

[114] 王婷.社会情感策略在高中英语词汇教学中的运用[J].成才之路，2012，(34)：57.

[115] 王小港.认知语境视域下高中英语词汇教学策略研究[D].延安大学，2020.

[116] 王小宁.克拉申的习得/学得假说与外语教学[J].外语界，2001（1）：28-31.

[117] 杨东.基于OBE模式的"小组工作"课程改革[J].教育教学论坛，2019（46）：94-95.

[118] 闫寒冰.信息化教学的学习支架研究[J].中国电化教育，2003（11）：18-21.

[119] 杨楠.基于建构主义理论的"线上+线下"混合英语教学法探索[J].英语广场，2022，（03）：110-112.

[120] 杨志宏.浅谈成果导向教育（OBE）理念的起源、发展及理论基础[J].学周刊，2019（29）：5-6.

[121] 张冬霞.支架式教学模式浅析[J].学周刊，2014（04）：50.

[122] 祝怀新，毛红霞.南非"以结果为本的教育"课程模式探析[J].外国教育研究，2006（04）：34-38.

[123] 中华人民共和国教育部.教育部关于大力加强中小学教师培训工作的意见[EB/OL]，[2011-01-06].http：//www.gov.cn/gzdt/2011-01/06/content_1779454.htm.

[124] 特里·汤普森.支架式教学：培养学生独立学习能力[M].重庆：西南师范大学出版社，2018.

[125] 中华人民共和国教育部,2011，义务教育英语课程标准（2011版），http：//www.moe.gov.cn/srcsite/A26/s8001/201112/t20111228_167340.html.

[126] 郑琨瑀.多模态理论下初中英语词汇教学改进策略研究[D].哈尔滨师范大学，2021.

[127] 张丽霞，商蕾杰.虚拟课堂学习支架的类型及功能[J].中国电化教育，2011（04）：5.

[128] 张丽霞.激发学生学习动力的教育教学策略[J].散文百家：下旬刊，2014（01）：1.

[129] 张乐.大学英语学优生与学困生元认知策略运用的对比研究[D].山西师范大学，2019.

[130] 邹群.教育学原理[M].大连：辽宁师范大学出版社，2010.

[131] 赵玉梅.建构数学深度学习三大"真学支架"[J].教学与管理，2020（08）：4.

[132] 朱云.高、低分组学生词汇学习策略差异研究——以高职非英语专业学生为研究对象[J].哈尔滨职业技术学院学报，2013，（06）：4-5.

附录1

英语词汇教学调查问卷（教师版）

老师您好！本问卷调查的目的是了解我校英语教师对中学英语词汇教学的看法，掌握我校英语词汇教学的现状。为了探索更高效的英语词汇教学方法并构建特色词汇教学模式，帮助学生掌握好英语词汇，您的观点将给我们的研究提供非常重要的参考。本问卷不记姓名，答案没有对错之分，您的答案我们会严格保密，不会对您的工作和生活造成影响。非常感谢您的配合和支持！谢谢！

一、基本信息（请在认为符合的选项上打√）。

1.您的性别：A.男_____　　　　　　　　B.女_____

2.您的最高学历：A.硕士研究生及以上_____　B.大学本科_____

　　　　　　　　C.大学专科_____　　　　D.其他_____

3.您的教龄：A.1–5年_____　　　　　　B.6–10年_____

　　　　　　C.11–15年（含15年）_____　D.15年以上_____

4.您的职称：A.中学高级_____　　　　　B.中学一级_____

　　　　　　C.中学二级_____　　　　　D.中学三级_____

　　　　　　E.未评_____

5.您目前所教授的年级：A.初一_____   B.初二_____
C.初三_____

6.您目前授课班级的性质：A.尖子班_____   B.重点班_____
C.普通班_____   D.提升班_____

7.您目前是否承担班主任、备课组长、教研组长或其他行政工作：
A.是_____   B.否_____

二、教师素养和教学理念

陈述	对陈述的看法（请在认为符合的选项上打√）				
	1	2	3	4	5
1.我清楚初中英语课程标准各年段各领域的要求。	从不清楚	不够清楚	不确定	清楚	非常清楚
2.我了解英语词汇教学相关的理论。	从不了解	不够了解	不确定	了解	非常了解
3.我经常浏览英语词汇方面的书籍。	从不浏览	偶尔浏览	不确定	浏览	经常浏览
4.目前我校重视培养学生的词汇学习能力。	非常不重视	不重视	不确定	重视	非常重视
5.我指导学生制定过英语学习计划。	从不	很少	有时	经常	总是
6.我认为教学研究对教学的促进作用明显。	非常不同意	不同意	不确定	同意	非常同意

三、教师的词汇教学策略

陈述	对陈述的看法（请在认为符合的选项上打√）				
	5	4	3	2	1
1.每次词汇教学前我会有教学设计。	总是	经常	有时	很少	从不
2.词汇教学前我要求学生预习功课。	总是	经常	有时	很少	从不
3.我对学生指导过新单词的预习方法。	总是	经常	有时	很少	从不
4.我通过音形结合，根据读音音标规律教授词汇。	总是	经常	有时	很少	从不
5.我通过合成、转化、缩略、词缀法等构词法教授单词。	总是	经常	有时	很少	从不
6.我以词汇搭配或者短语等展开教学。	总是	经常	有时	很少	从不
7.我借助上下文语境讲解单词。	总是	经常	有时	很少	从不
8.我在教授词汇的过程中经常给学生提供例句。	总是	经常	有时	很少	从不
9.我在教授词汇的过程中会创新教学方法来教授新词汇。	总是	经常	有时	很少	从不
10.课堂上，我给学生运用生词的机会。	总是	经常	有时	很少	从不
11.我对学生进行听写、默写的词汇测试。	总是	经常	有时	很少	从不

续表

陈述	对陈述的看法（请在认为符合的选项上打√）				
	5	4	3	2	1
12.我要求学生辨析近义词和相近的词。	总是	经常	有时	很少	从不
13.我要求学生做一词多义的相关练习。	总是	经常	有时	很少	从不
14.我会要求学生用词的不同形式来进行填空练习。	总是	经常	有时	很少	从不
15.我会要求学生用所学词汇进行相关的造句或翻译练习。	总是	经常	有时	很少	从不
16.我会要求学生用所学词汇进行写作练习。	总是	经常	有时	很少	从不
17.我会要求学生用所学词汇进行口语表达相关的练习。	总是	经常	有时	很少	从不
18.我要求学生特别注意所学单词的使用场合和文化背景。	总是	经常	有时	很少	从不
19.我对学生现阶段的词汇掌握情况满意。	总是	经常	有时	很少	从不
20.我在教学中引导和鼓励学生学习词汇。	总是	经常	有时	很少	从不

四、简答题。

1.根据您的教学经验,您认为中学生英语词汇学习存在的主要问题是什么?
_____
_____

2.您认为英语词汇有效教学主要体现在哪些方面?
_____
_____

3.现阶段中学英语词汇教学还存在哪些不足?
_____
_____

附录2

中学英语词汇教学调查问卷（学生卷）

同学好！词汇教学是英语教学重要的组成部分，如何使同学们更轻松、更有效地掌握英语词汇，一直是英语教学的难题。这份问卷旨在调查同学们的中学英语词汇学习情况，以便给英语老师提供一定的依据，总结出行之有效的教学方法，你的观点将给我们的研究提供非常重要的参考，答案没有对错之分，请按照你的想法作答，非常感谢你的合作。谢谢！

一、基本信息。

学校：_____ 年级：_____
性别：_____ 年龄：_____

二、学习英语单词的方法和态度。

陈述	对陈述的看法（请在认为符合的选项上打√）				
	1	2	3	4	5
1.我认为词汇教学对英语教学重要。	非常不同意	不同意	不确定	同意	非常同意

附录2

续表

陈述	对陈述的看法（请在认为符合的选项上打√）				
	1	2	3	4	5
2.我希望英语老师改变现有的词汇教学。	非常不同意	不同意	不确定	同意	非常同意
3.掌握充足的词汇量是提高英语成绩的保证。	非常不同意	不同意	不确定	同意	非常同意
4.我注意利用点滴时间记忆单词。	从不	很少	有时	经常	总是
5.我学会根据上下文猜词义。	从不	很少	有时	经常	总是
6.我采用不同的方法记忆单词。	从不	很少	有时	经常	总是
7.我在英语课前预习单词。	从不	很少	有时	经常	总是
8.我会跟同学交流学习单词的经验。	从不	很少	有时	经常	总是
9.我定期复习单词。	从不	很少	有时	经常	总是
10.我根据规律，把词根、词类等相同特点的词放在一起记忆单词。	从不	很少	有时	经常	总是

三、对教师词汇教学方法和策略的态度和观点（多项选择）

1.教师教授词汇和讲解词汇的方法有：____
    A.直观法   B.情景法   C.构词法   D.举例法
    E.外语释义法   F.词解词法   G.猜测法   H.查词典

2.学习英语词汇老师指导我们：_____

A.认识到词汇学习对学好英语重要

B.掌握充足的词汇量以保证英语成绩的提高

C.老师教我注意运用所学词汇

D.老师让我学会根据上下文猜词义

3.巩固英语词汇老师要求我们：_____

A.老师让我采用不同的方法记忆单词

B.老师指导我使用词汇学习策略

C.老师指导我跟同学交流学习单词的经验

D.老师指导我定期复习单词

4.你希望教师词汇复习的策略：_____

A.课堂提问　　　B.总结归类　　　C.试题测试　　　D.其他

5.你所掌握的词汇更多来源于：_____

A.课堂教师的讲解　　　B.课下自主学习

C.课后的阅读　　　D.观看英文视频和电影

四、简答题。

1.你平时是怎样学习和记忆单词的？

_____

2.你对老师教授新单元单词有何意见和建议？

_____

附录3

教育教学管理者访谈提纲

（1）管理人员有硬性的教学督导要求吗？具体有哪些要求？

（2）对教师的教学评价包括哪些方面？您认为还需要如何改进？

（3）你们是否开展学生学习方法和教学方法的调研？（回答"是"）你们调查的结果是什么？（回答"否"）有计划进行调查吗？如何开展？

（4）你们如何给予教师教育教学方面的帮助和指导？具体的方式和成效。

教师访谈提纲

（1）您在英语教学中是否倾向于某一知识面的教学？为什么？

（2）您在英语词汇教学中有什么困惑？在词汇教学过程中遇到困难时如何解决？

（3）您感觉自己在上词汇课时，学生在多数情况下有怎样的表现？

（4）您认为学生记忆英语词汇最有效的方法是什么？

（5）您主要通过何种方法扩大学生的词汇量？

（6）课堂上，您通常引导或安排学生通过什么方式运用生词？

学生访谈提纲

（1）您平时是怎样学习和记忆单词的？
（2）您对老师教授新单元单词有何意见和建议？
（3）您认为提高英语学习水平的方法有哪些？
（4）遇到英语词汇学习中的困难您会怎么做？

附录4

英语课堂观察表

时间：	地点：	授课单元：	授课教师：	观察人：
课堂记录：				

时间：	地点：	授课单元：	授课教师：	观察人：
观察到的词汇教学情况：				
观察的总体感受：				

附录5

词汇测试库建设例卷（一卷/级）

初级英语词汇测试卷一

学校：_____ 班级：_____ 姓名：_____

一、选择所给单词的中文意思，把选项字母写在横线上
（15小题，每题2分，共30分）

1.a/an _____	A.一个	B.权利	C.假定	D.账
2.ball _____	A.球	B.球场	C.圆珠笔	D.民谣
3.about _____	A.早该如此	B.向后转	C.大约	D.盛产
4.banana _____	A.平常	B.香蕉	C.天堂	D.平庸的
5.afraid _____	A.恶魔	B.害怕的	C.重新	D.影响
6.bag _____	A.行李	B.包	C.乞求	D.下垂的
7.basketball _____	A.一满筐	B.晒太阳	C.篮球	D.篮子
8.after _____	A.毕竟	B.下课后	C.在...之后	D.下午
9.afternoon _____	A.下午	B.余震	C.回味	D.午觉

续表

10.bear _____	A.熊	B.胡须	C.轴承	D.搬运工
11.again _____	A.逆风	B.再一次	C.反对	D.获得
12.beautiful _____	A.美化	B.美丽的	C.纨绔子弟	D.海狸
13.all _____	A.减轻	B.所有	C.分配	D.零用钱
14.bed _____	A.基底		B.床	
	C.在……的后面		D.利益	
15.also _____	A.败者	B.密友	C.供桌	D.也

二、翻译划线单词成中文，并写在括号里（10道题，每题2分，共20分）

1.I tried <u>again</u> to get a hold of my cousin Joan. (   )

2.It's been a <u>beautiful</u> evening and you have made it all possible. (   )

3.They <u>all</u> cackled with delight. (   )

4.Her <u>bed</u> was neatly made, her clothes put away. (   )

5.They <u>also</u> left a card, imprinted with the name Sean Lynch. (   )

6.Wash your hands with hot soapy water <u>before</u> handling any food. (   )

7.She <u>always</u> was pretty strong. (   )

8.You can add ingredients to desserts as they <u>begin</u> to set. (   )

9.Remember, keep a positive attitude <u>and</u> good things will happen. (   )

10.He could see the little man <u>behind</u> the counter. (   )

三、根据句意及提示补全单词（15小题，每题2分，共30分）

1.I could see big circles under each a_____（手臂）.

2.He died two days shy of his 95th b_____（生日）.

3.A b_____（黑色的）coat always looks smart and will never date.

4.We rang my friend to a_____（问）where he was going on holiday.

5.With a stick of chalk he wrote her order on a b_____（黑板）.

6.He stared at me out of those b_____（蓝色）eyes.

7.He lives with an a_____（姑姑）who keeps house for him.

8.The b_____（船）started to spin around in the water.

9.Two thousand gray seals are born there every a_____（秋天）.

10.He had wrenched his ankle b_____（严重地）from the force of the fall.

11.The tone of the b_____（书）is sometimes too flip.

12.He puts candy into b_____（盒子）.

13.The b_____（小孩）was filled with alarm at the darkness.

14.An 8-year-old b_____（男孩）was killed by a bullet.

15.If you love life，life will love you b_____（回报）.

四、请选择所给词组的意思，并把词义写在横线上（10道题，每题2分，共20分）

少即是多　　　　　　　　　放学后

感冒　　　　　　　　　　　倒塌

查阅　　　　　　　　　　　在……上面

照相　　　　　　　　　　　掉进

计算机课　　　　　　　　　跑开

1.come down _____　　2.on the top of _____

3.fall into _____　　　4.run off _____

5.less is more _____　　6.have a cold _____

7.look up _____　　　　8.take picture _____

9.computer class _____　10.after school _____

参考答案：

一、1.A　2.A　3.C　4.B　5.B　6.B　7.C　8.C　9.A　10.A　11.B　12.B　13.B　14.B　15.D

二、1.再一次　2.美丽的　3.都　4.床　5.也　6.在……之前　7.总是　8.开始　9.然后/并且　10.在……之后

245

三、1.arm   2.birthday   3.black   4.ask   5.blackboard
    6.blue   7.aunt   8.boat   9.autumn   10.badly
    11.book   12.box   13.baby   14.boy   15.back

四、1.倒塌   2.在...上面   3.掉进   4.跑开
    5.少既是多   6.感冒   7.查阅   8.照相
    9.计算机课   10.放学后

一级英语词汇测试卷一

学校：_____ 班级：_____ 姓名：_____

一、选择所给单词的中文意思，把选项字母写在横线上（15小题，每题2分，共30分）。

1.morning_____   A.晚上   B.凌晨   C.早晨   D.下午
2.good_____   A.上帝   B.好的   C.呆瓜   D.黄金
3.welcome_____   A.焊接   B.再见   C.欢迎   D.想念
4.telephone_____ A.心灵运输 B.电话   C.望远镜 D.电视
5.zero_____   A.动物园 B.零   C.斑马   D.航空的
6.sixteen_____   A.十六   B.十五   C.十七   D.十八
7.box_____   A.鞠躬   B.男孩   C.盒子   D.狐狸
8.face_____   A.比赛   B.事实   C.侧面   D.脸
9.high_____   A.记号   B.叹息   C.大腿   D.高的
10.face_____   A.比赛   B.事实   C.侧面   D.脸
11.arm_____   A.手臂   B.军队   C.温暖的 D.伤害
12.color_____   A.群体   B.衣领   C.颜色   D.勇猛
13.gray_____   A.请求   B.灰色   C.肉汁   D.盘
14.buy_____   A.埋葬   B.浮标   C.忙碌的 D.买
15.skirt_____   A.衬衫   B.裙子   C.急仍   D.技巧

二、翻译划线单词成中文，并写在括号里（10道题，每题2分，共20分）。

1.I come from China. （   ）

2.Are you from the USA? Linda. （   ）

3.He is five years old. （   ）

4.Do you have twenty yuan? （   ）

5.My ruler was broken. （   ）

6.I have a big school . （   ）

7.The hotel restaurant is noted for its excellent cuisine. （   ）

8.You have no idea how much this means to me. （   ）

9.You need to drink more water. （   ）

10.Are there any trees in the picture? （   ）

三、根据句意及提示补全单词（15小题，每题2分，共30分）。

1.The U_____（英国）=the United Kingdom

2.H_____（你好），is Stacy there please?

3. —Nice to meet you，John. —Nice to m_____（见到）you.

4.We s_____（看见）a black and white cat.

5.Their teacher is M_____（先生）Wang.

6.My favorite t_____（老师）is English teacher.

7.My m_____（妈妈）is a teacher.

8. —Good afternoon，Stacy. —Good a_____（下午），Freya.

9. —How are you? —I am f_____（好的，健康的），thank you.

10.E_____（原谅）me，can I ask how I can get to the bus station.

11. —What is your name? —My n_____（名字）is Tom.

12.P_____（请）write and tell me about yourself.

13.He was lying on the s_____（沙发）watching TV.

14. I visited my g_____（祖父母）last week.

15. I can play the piano very w_____（很好的）.

四、请选择所给词组的意思，并把词义写在横线上（10道题，每题2分，共20分）。

购物　　　　　　　　　　　出生于，来自
做家庭作业　　　　　　　　盼望
起床　　　　　　　　　　　考虑
认为、想起　　　　　　　　一点儿也不，根本不
互相、彼此　　　　　　　　在……旁边，紧邻

1. come from _____　　2. next to _____
3. each other _____　　4. do one's homework _____
5. get up _____　　　　6. not...at all _____
7. look forward _____　8. think of _____
9. think about _____　 10. do some shopping _____

参考答案：

一、1.C　2.B　3.C　4.B　5.B　6.A　7.C　8.D　9.D　10.D　11.A　12.C
　　13.B　14.D　15.B

二、1.中国　2.美国　3.五　4.二十　5.尺子
　　6.学校　7.餐馆　8.主意　9.需要　10.任何的

三、1.UK　2.hello　3.meet　4.see　5.Mister
　　6.teacher　7.mom　8.afternoon　9.fine　10.excuse
　　11.name　12.please　13.sofa　14.grandparents　15.well

四、1.出生于，来自　2.在……旁边，紧邻　3.互相、彼此
　　4.做家庭作业　5.起床　6.一点儿也不，根本不
　　7.盼望　8.认为，想起　9.考虑
　　10.购物

二级英语词汇测试卷一

学校：_____ 班级：_____ 姓名：_____

一、选择所给单词的中文意思，把选项字母写在横线上（15小题，每题2分，共30分）。

1.gate_____	A.到达	B.大门	C.给	D.去
2.make_____	A.带走	B.制造	C.湖泊	D.标记
3.Wednesday_____	A.星期一	B.星期二	C.星期三	D.星期四
4.beautiful_____	A.美人	B.漂亮的	C.美丽	D.漂亮地
5.country_____	A.农村	B.城市	C.小镇	D.郊区
6.along_____	A.长的	B.独自地	C.沿着	D.穿过
7.writer_____	A.书写	B.白色	C.作家	D.对的
8.else_____	A.除此之外	B.其他	C.和	D.或者
9.weather_____	A.冬天	B.毛衣	C.天气	D.季节
10.together_____	A.集合	B.一起	C.获得	D.聚集
11.life_____	A.生活	B.离开	C.小刀	D.左边
12.picture_____	A.正确的	B.挑选	C.照片	D.电脑
13.Saturday_____	A.星期三	B.星期四	C.星期五	D.星期六
14.house_____	A.卧室	B.院子	C.房子	D.马
15.traffic_____	A.交通	B.卡住	C.法律	D.规则

二、翻译划线单词成中文，并写在括号里（10道题，每题2分，共20分）。

1.Jim always goes to Beijing by plane.（   ）

2.Michael and Jane are talking in the classroom.（   ）

3.Can I make a booking for Friday?（   ）

4.His office is on the first floor.（   ）

5.The new store will be open in the spring. (　　)

6.The cafe is just across the road over there. (　　)

7.The fan revolved slowly. (　　)

8.We always get lost in London. (　　)

9.I really love summer evenings. (　　)

10.We asked Jason to write an essay about his hometown. (　　)

三、根据句意及提示补全单词（15小题，每题2分，共30分）。

1.They a_____（总是）go to the zoo on foot.

2.We will deliver the goods as s_____（很快）as we can.

3.Yesterday is Wednesday, so today is T_____（星期四）.

4.Her first book sells well, so she is going to write the s_____（第二）book.

5.I parked my baby at the n_____（邻居）'s house.

6.It's about 4000 m_____s（米）away.

7.Summer vacation is in J_____（六月）and August.

8.Why didn't you do it months a_____（之前）?

9.Autumn is my favorite s_____（季节）.

10.Did you see that programme on I_____（印度）last night?

11.Which season do you like best, spring, summer, fall o_____（或）winter?

12.Many J_____（日本人）and Chinese teas are green teas.

13.He could hear the s_____（声音）of a radio playing a pop song.

14.My l_____（左边）arm had gone dead.

15.You m_____（想念）them, don't you? He asked gently.

附录5

四、请选择所给词组的意思,并把词义写在横线上（10道题,每题2分,共20分）。

快点儿,加油   餐厅
步行   打扫
看电视   当然
在学校,在上课   准时,按时
听,倾听   失物招领处

1.on foot _____   2.on time _____
3.listen to _____   4.come on _____
5.watch TV _____   6.do some cleaning _____
7.Lost and Found _____   8.at school _____
9.dining hall _____   10.of course _____

参考答案：

一、1.B 2.B 3.C 4.B 5.A 6.C 7.C 8.B 9.C 10.B 11.A 12.C
    13.D 14.C 15.A

二、1.飞机   2.教室   3.星期五   4.层   5.商店
    6.穿过   7.风扇   8.伦敦   9.夏天   10.家乡

三、1.always   2.soon   3.Thursday 4.second   5.neighbor's
    6.meters   7.June   8.ago   9.season   10.India
    11.or   12.Japanese 13.sound 14.left   15.miss

四、1.步行   2.准时,按时   3.听,倾听   4.快点儿,加油
    5.看电视   6.打扫   7.失物招领处 8.在学校,在上课
    9.餐厅   10.当然

三级英语词汇测试卷一

学校：_____ 班级：_____ 姓名：_____

一、选择所给单词的中文意思，把选项字母写在横线上（15小题，每题2分，共30分）

1. during _____   A.在……期间   B.榴莲   C.高粱   D.诽谤
2. against _____   A.再一次   B.反对   C.代理人   D.议程
3. team _____   A.茶   B.团队   C.采取   D.茶具
4. win _____   A.畏缩   B.战斗   C.邪恶的   D.战胜
5. cheer _____   A.欢呼   B.脸颊   C.奶酪   D.珍惜
6. football _____   A.足球   B.脚   C.足球比赛   D.足球俱乐部
7. practice _____   A.实际的   B.实用性   C.练习   D.开业的
8. row _____   A.划船   B.划艇   C.路   D.蟑螂
9. quite _____   A.相当   B.安静的   C.辞职   D.被
10. join _____   A.加入   B.共同的   C.工作   D.出游
11. skate _____   A.溜冰   B.滑板   C.滑冰者   D.令人讨厌的
12. tennis _____   A.网球场   B.要旨   C.男高音   D.网球
13. dream _____   A.害怕   B.枯燥的   C.梦想   D.丑陋的
14. grow _____   A.呻吟   B.抢先   C.生长，增加   D.杂货商
15. scientist _____   A.科学   B.科学家   C.音乐家   D.诗人

二、翻译划线单词成中文，并写在括号里（10道题，每题2分，共20分）

1. What do you often do <u>during</u> the summer holiday?（　　）
2. I have nothing <u>against</u> you personally.（　　）
3. He had lost his place in the England <u>team</u>.（　　）
4. He <u>won</u> the Gold Medal in skating.（　　）

5.I wrote that song just to cheer myself up.（   ）
6.He said he was going to improve his football .（   ）
7.She's determined to put her new ideas into practice.（   ）
8.After the row in a pub he drove off in a huff.（   ）
9.I don't drive and the buses are quite hopeless.（   ）
10.You will join us at our table，won't you?（   ）

三、根据句意及提示补全单词（15小题，每题2分，共30分）

1.D_____（在……期间）the summer holiday，I found many funny things.

2.If you take action a_____（反对）someone or something，you will try to harm them.

3.The football t_____（队）is not playing very well this season.

4.Which team w_____（赢得）in the competition.

5.C_____（使……振作）up，better times may be ahead.

6.As a sport，f_____（足球）is very popular in many countries.

7.P_____（实践）makes perfect.

8.She has had a flaming r_____（争吵）with her lover.

9.They function q_____（相当、非常）well even in old age.

10.He j_____（加入）the Army today.

11.The ice is hard enough to s_____（滑冰）on.

12.As a t_____（网球）player，the rackets is very important.

13.I had a vivid d_____（梦想）about my old school.

14.The region is too dry for plants to g_____（生长）.

15.The s_____（科学家）abandoned his research for lack of fund.

四.请选择所给词组的意思，并把词义写在横线上（10道题，每题2分，共20分）

为……加油   打乒乓球

长大成人、成长　　　　　　　　今后

擅长、精通　　　　　　　　　　参加，加入

对……有益　　　　　　　　　　后天

到处，遍及　　　　　　　　　　保持健康

1.cheer...on＿＿＿＿＿＿＿　　2.grow up＿＿＿＿＿＿＿

3.be good for＿＿＿＿＿＿＿　4.take part in＿＿＿＿＿＿＿

5.in the future＿＿＿＿＿＿＿　6.be good at＿＿＿＿＿＿＿

7.all over＿＿＿＿＿＿＿　　　8.play table tennis＿＿＿＿＿＿＿

9.keep fit＿＿＿＿＿＿＿　　　10.the day after tomorrow＿＿＿＿＿＿＿

参考答案：

一、1.A　2.B　3.B　4.D　5.A　6.A　7.C　8.A　9.A　10.A　11.A　12.D　13.C　14.C　15.B

二、1.在……期间　2.反对　3.队　4.赢得　5.使...振作　6.足球球技　7.实践　8.争吵　9.相当/非常　10.加入

三、1.During　2.against　3.team　4.win　5.cheer　6.football　7.Practice　8.row　9.quite　10.join　11.skate　12.tennis　13.dream　14.grow　15.scientist

四、1.为……加油　2.长大成人，成长　3.对……有益　4.参加，加入　5.今后　6.擅长，精通　7.到处，遍及　8.乒乓球　9.保持健康　10.后天

四级英语词汇测试卷一

学校：_____ 班级：_____ 姓名：_____

一、选择所给单词的中文意思，把选项字母写在横线上（15小题，每题2分，共30分）。

1. invite____   A.邀请人   B.邀请   C.被邀请人   D.诱人的
2. film____   A.电影   B.文件   C.装满   D.坚定
3. smell____   A.有臭味的   B.小的   C.闻   D.微笑
4. seem____   A.似乎   B.寻找   C.种子   D.适当的
5. lonely____   A.寂寞的   B.单独地   C.落寞   D.沿着
6. lively____   A.活泼的   B.活着的   C.居住   D.生活
7. almost____   A.几乎   B.非常   C.主要地   D.脱毛
8. role____   A.滚动   B.小溪   C.规则   D.角色
9. exam____   A.检查   B.准确的   C.例子   D.考试
10. strict____ A.严格的   B.严格   C.限制   D.结构
11. shy____   A.发光   B.害羞   C.害羞的   D.害羞地
12. fail____   A.公平的   B.落下   C.信仰   D.失败
13. someone____ A.一些人   B.某人   C.某事   D.某人的
14. feeling____ A.感动地   B.忠诚的   C.感觉   D.傻瓜
15. joke____   A.博客   B.工作   C.玩笑   D.滑稽的

二、翻译划线单词成中文，并写在括号里（10道题，每题2分，共20分）。

1. He came later than _usual_. (   )
2. _Either_ you or I am going there tomorrow. (   )
3. We gave him a present, but he did not _accept_ it. (   )
4. She is so _lovely_ a girl that all of us like her. (   )

· 255 ·

5.It is helpful to listen carefully in class. (   )

6.WTO is an international organization. (   )

7.We made a deal . (   )

8.My elder sister is 3 years older than me. (   )

9.I felt very sad when he refused my gift. (   )

10.I forbid anyone to touch that clock. (   )

三、根据句意及首字母提示补全单词（15小题，每题2分，共30分）。

1.She was always afraid of men，even t_____（尽管）she had lots of boyfriends.

2.If I pass this t_____（测试），I will buy a cake for celebration.

3.He is very n_____（紧张）before the exam.

4.Though she is not r_____（富有），she enjoys shopping very much.

5.I am s_____（生病）and I want to have a rest.

6.My parents are p_____（骄傲）of my progress in English.

7.You can do the job a_____（任何形式）you want.

8.Are you r_____（准备好）to sleep？

9.Please，give me your p_____（护照）

10.Can I talk to your b_____（老板），please?

11.The child dressed in red is her g_____（孙子）.

12.We should create a good e_____（环境）so that we can study better.

13.I bought the book e_____（特别）for you.

14.He is hungry and he wants to f_____（填满）his stomach with anything.

15.When we are in t_____（麻烦），we should ask others for help.

四、请选择所给词组的意思，并把词义写在横线上（10道题，每题2分，共20分）。

别紧张，别着急　　　　　　不再
最后，终于　　　　　　　　好像往常一样
照顾，照料　　　　　　　　顺便说一声，捎带说一声
对……严格要求　　　　　　处理，解决，对付
即使，尽管　　　　　　　　（使）振作起来，（使）高兴起来

1. care for_____　　　　　2. cheer up_____
3. in the end_____　　　　4. be strict with_____
5. take it easy_____　　　6. by the way_____
7. as usual_____　　　　　8. deal with_____
9. even though_____　　　10. not ... any longer= no longer_____

参考答案：

一、1.B　2.A　3.C　4.A　5.A　6.A　7.A　8.D　9.A　10.A　11.C
　　12.D　13.B　14.C　15.C

二、1.通常的　2.或者　3.接受　4.可爱的　5.有帮助的
　　6.国际的　7.协议　8.年长的　9.拒绝　10.任何人

三、1.though　2.test　3.nervous　4.rich　5.sick
　　6.proud　7.anyway　8.ready　9.passport　10.boss
　　11.grandson　12.environment　13.especially　14.fill
　　15.trouble

四、1.照顾，照料　　　　　2.（使）振作起来，（使）高兴起来
　　3.最后，终于　　　　　4.对……严格要求
　　5.别紧张，别着急　　　6.顺便说一声，捎带说一声
　　7.像往常一样　　　　　8.处理，解决，对付
　　9.即使，尽管　　　　　10.不再

五级词英语汇测试卷一

一、选择所给单词的中文意思，把选项字母写在横线上（15道题，每题2分，共30分）。

1.report_____	A.报告	B.记者	C.重复	D.回答
2.ever_____	A.从来	B.尽管	C.即使	D.每一个
3.rope_____	A.绳索	B.通道	C.一排	D.角色
4.bell_____	A.贝尔	B.铃声	C.腹部	D.吼叫
5.nod_____	A.点头	B.茎节	C.脖子	D.头
6.Africa_____	A.非洲	B.非洲的	C.恶魔	D.美国
7.blood_____	A.花	B.血	C.吹	D.立方块
8.project_____	A.提供	B.许诺	C.方案	D.注射
9.guide_____	A.指南	B.估计	C.卫兵	D.愧疚
10.explain_____	A.勘察	B.剥削	C.爆炸	D.解释
11.research_____	A.演讲员	B.预定	C.研究	D.调整
12.speaker_____	A.交谈	B.演讲者	C.标枪	D.消费
13.wise_____	A.明智的	B.希望	C.和	D.葡萄酒
14.unless_____	A.到……时	B.叔叔	C.不寻常	D.除非
15.truth_____	A.相信	B.真诚的	C.树干	D.真相

二、翻译划线单词成中文，并写在括号里（10道题，每题2分，共20分）。

1.The <u>ant</u> thought a while and agreed. (　　　)

2.Why did you need a room <u>unless</u> you were up to something? (　　　)

3.He did not accept this <u>reply</u> as valid. (　　　)

4.From the first moment he got on the set, he wanted to be a <u>director</u> too. (　　　)

5.And, more importantly, they have learnt a more <u>general</u> lesson. (　　　)

6.Society begins to have an impact on the developing child.（   ）

7.The couple laughed off rumours that their marriage was in trouble.（   ）

8.The president's approval rating had risen.（   ）

9.He believes in himself to such a degree that he is always right.（   ）

10.Hundreds of people are said to have blocked a main highway leading north.（   ）

三、根据句意及提示补全单词（15道题，每题2分，共30分）。

1.These man-made barriers will ensure a very high d_____（程度）of protection.

2.There goes the b_____（铃铛）class begins.

3.Have you e_____（曾经）experienced failure?

4.This r_____（绳子）is twisted from many threads.

5.He has dedicated himself to his work and become just a writing m_____（机器）.

6.Just make sure you s_____（关闭）the gate after you.

7.She had a sort of breakdown some years ago, and s_____（自从）then she has been very shy.

8.He gives up the idea of going a_____（国外）.

9.We have been successful because we are o_____（提供）a quality service.

10.I can't m_____（管理）all this work on my own, you know.

11.I had a b_____（基础的）sketch of a plan.

12.He is asked to referee this v_____（排球）match.

13.They feel s_____（羞愧）and guilt as though it is their fault.

14.He always turns a d_____（聋）ear to other people's criticism.

15.We set business free to c_____（创造）more jobs in Britain.

四、请选择所给词组的意思，并把词义写在横线上（10道题，每题2分，共20分）。

到目前为止　　　　　　　　　采取措施做某事

大量，数以百万计　　　　　　事实上，其实

成功地做了某事　　　　　　　捉迷藏游戏

发生，进行　　　　　　　　　跟……保持联系

取得进展，取得进步　　　　　改革开放

1. take place _____　　2. keep in touch with _____

3. reform and opening-up _____　　4. make progress _____

5. succeed in doing sth _____　　6. hide-and-seek _____

7. so far _____　　8. take measures to do sth. _____

9. as a matter of _____　　10. millions of _____

参考答案：

一、1. A　2. A　3. A　4. B　5. A　6. A　7. B　8. C　9. A　10. D　11. C
　　12. B　13. A　14. D　15. D

二、1. 蚂蚁　2. 除非　3. 回答　4. 导演　5. 普通的
　　6. 社会　7. 夫妻　8. 总统　9. 度　10. 相连，相通

三、1. degree　2. bell　3. ever　4. rope　5. machine
　　6. shut　7. since　8. abroad　9. offer　10. manage
　　11. basic　12. volleyball　13. shame　14. deaf　15. create

四、1. 发生，进行　　　　　2. 跟……保持联系　　　　3. 改革开放
　　4. 取得进展，取得进步　5. 成功地做了某事　　　　6. 捉迷藏游戏
　　7. 到目前为止　　　　　8. 采取措施做某事
　　9. 事实上，其实　　　　10. 大量，数以百万计

附录6

词汇教学设计案例A（Class 3）

Class 1（1）颜色（colours）和（2）衣服（clothes）[kləuðs]

1.教学内容Teaching content

（1）颜色（colours）

red红 [red]
yellow黄 [ˈjeləu]
white白 [hwait]
pink粉红[piŋk]
orange橙[ˈɔrindʒ，ˈɔ:-]

blue蓝 [blu:]
green绿[gri:n]
black黑 [blæk]
purple紫 [ˈpə:pl]
brown棕[braun]

（2）衣服（clothes）[kləuðs]

jacket夹克衫[ˈdʒækit]
T-shirt丁恤衫
dress连衣裙[dres]
pants长裤[pænts]
shoes鞋子[ʃu:s]
coat上衣[kəut]
shorts短裤 [ʃɔ:ts]
slippers拖鞋[ˈslipəs]
boots靴子[bu:ts]
cap便帽[kæp]
sunglasses太阳镜[ˈsʌn，glɑ:siz，-，glæ-]

shirt衬衫[ʃə:t]
skirt短裙子[skə:t]
jeans牛仔裤[dʒi:n，dʒein]
socks袜子[sɔk]s
sweater毛衣[ˈswetə]
raincoat雨衣[ˈreinkəut]
sneakers网球鞋[ˈsni:kəs]
sandals凉鞋[ˈsædəls]
hat（有沿的）帽子[hæt]

tie领带[tai]　　　　　　　scarf围巾[skɑ:f]
gloves手套[glʌv]s　　　　trousers裤子[ˈtrauzəz]
cloth布[klɔθ，klɔ:θ]

扩展词汇：red：crimson深红色，lavender blush淡紫红色；pale violet red紫红色.silver n.银色，match v.搭配dark adj.深色的，light adj.浅色的；

coat：ready-madecoat成衣，down coat羽绒服，loosecoat宽松衣服.laundry service 洗衣服务，sun-protective clothing 防晒服，waterproof jacket 冲锋衣.

扩展句子：Your destination is very hot, so don't forget to bring sun-protective clothing and sunscreen.你要去的目的地很热，所以别忘了带防晒衣物和防晒霜。

（2）动词词组

draw（drew）pictures画画　　　listen to music听音乐
take（took）pictures照相　　　pick up leaves采摘树叶

2.教学材料分析Material analysis

本课的主要内容是学习有关颜色的词汇、几个动物名和几个动词词组，主要活动是：（1）看图说颜色；（2）看视频后模仿视频用英文对话，两位同学一组，一人说一句；（3）用疑问代词翻译特殊疑问句。通过连词成句，学习有关颜色的表达方式；同时还将学习有关动词的用法和一般现在时、一般进行时的运用和What引导的特殊疑问句。教师可采用师生互动、生生互动、游戏等教学方式；同时要关注学生的个性差异，发挥学生的积极性和主动性，为英语词汇学习创造好的环境。

3.教学目标Teaching aims

（1）Knowledge aims

能够正确朗读并运用下列词汇：red，blue，yellow，green，white，black，pink，purple，orange，brown，gray等；

能够熟练听出各种颜色的名称和衣服的名称，并将这些词汇与动词结合造句和组成简短对话；

能够理解一般现在时、一般进行时和What引导的特殊疑问句，并在对话中使用时态。

（2）Skill aims

能听懂有关疑问、指令等的表达方式；

能运用学到的单词进行简单的交流；

能正确地读出有关颜色的单词和动词词组，并能使用不同时态造句。

（3）Emotional aims

能够与同学积极合作，参与课堂活动，大胆实践；

能够认真、规范读好、写好单词；

能够体会到英语学习的兴趣，养成良好的英语学习习惯。

4.教学重点和难点The key points and difficult points

（1）教学重点Key points

正确拼读词汇；

正确使用动词和颜色词汇。

（2）教学难点Difficult points

将本课的词汇使用在一般现在时、一般进行时和What引导的特殊疑问句中；

动词的应用；

正确拼读词汇。

5.教学方法及学习策略Teaching approach and Learning strategies

使用连词成句记词法；建构主义教学法：从词至句到段落；查词典记单词法；实物教学法。

6.教学用具Teaching aids

PPT、短视频、教学挂图（思维导图）、单词卡和黑板。

7.教学时长Duration

2节课 80 minutes

8.教学步骤Teaching procedures

（1）播放视频Play the video：Rainbow Colour Song（5 minutes）

导入新课：谈话今天我们来学习有关颜色（colours）和衣服（clothes）的词汇。

在观看视频的过程中，要求学生记录视频里面所提及的学习用品单词及句子。

（2）将学生分为8个组，指明组长，开展组上活动，让学生代表小组分享记下的单词和句子，抽词卡读单词抽。（8 minutes）

（3）用思维导图展示今天需要学习的新词汇，让学生在课堂上分享自己已经课前预习到的词汇（10 minutes）：

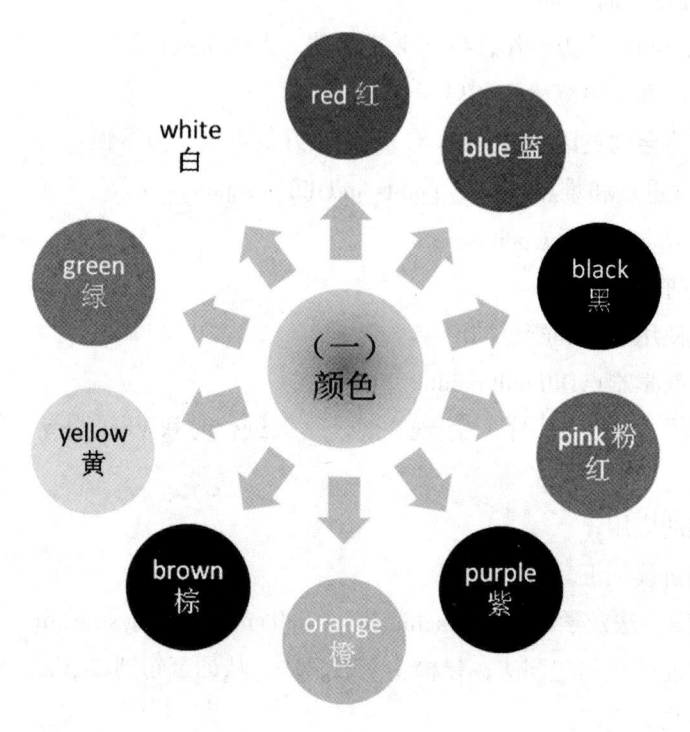

（一）颜色

red 红
blue 蓝
black 黑
pink 粉红
purple 紫
orange 橙
brown 棕
yellow 黄
green 绿
white 白

（4）课堂活动1：看图片说颜色（8 minutes）

这个游戏是在学了red，blue，yellow，green，white，black，pink，purple，orange，brown，gray颜色词后，教师提问，学生根据图片快速说出这个单词，谁最快最准的获胜，这个游戏同样可以用竞赛的形式进行，每组抽一名学生到前面做动作，说错为止，对一次1分。

（5）课堂活动2：结对活动Pair work：Look at picture then ask students to make a dialogue.（8 minutes）

Example：

A：Tell me what do you see?

B：I see a ...and it's...

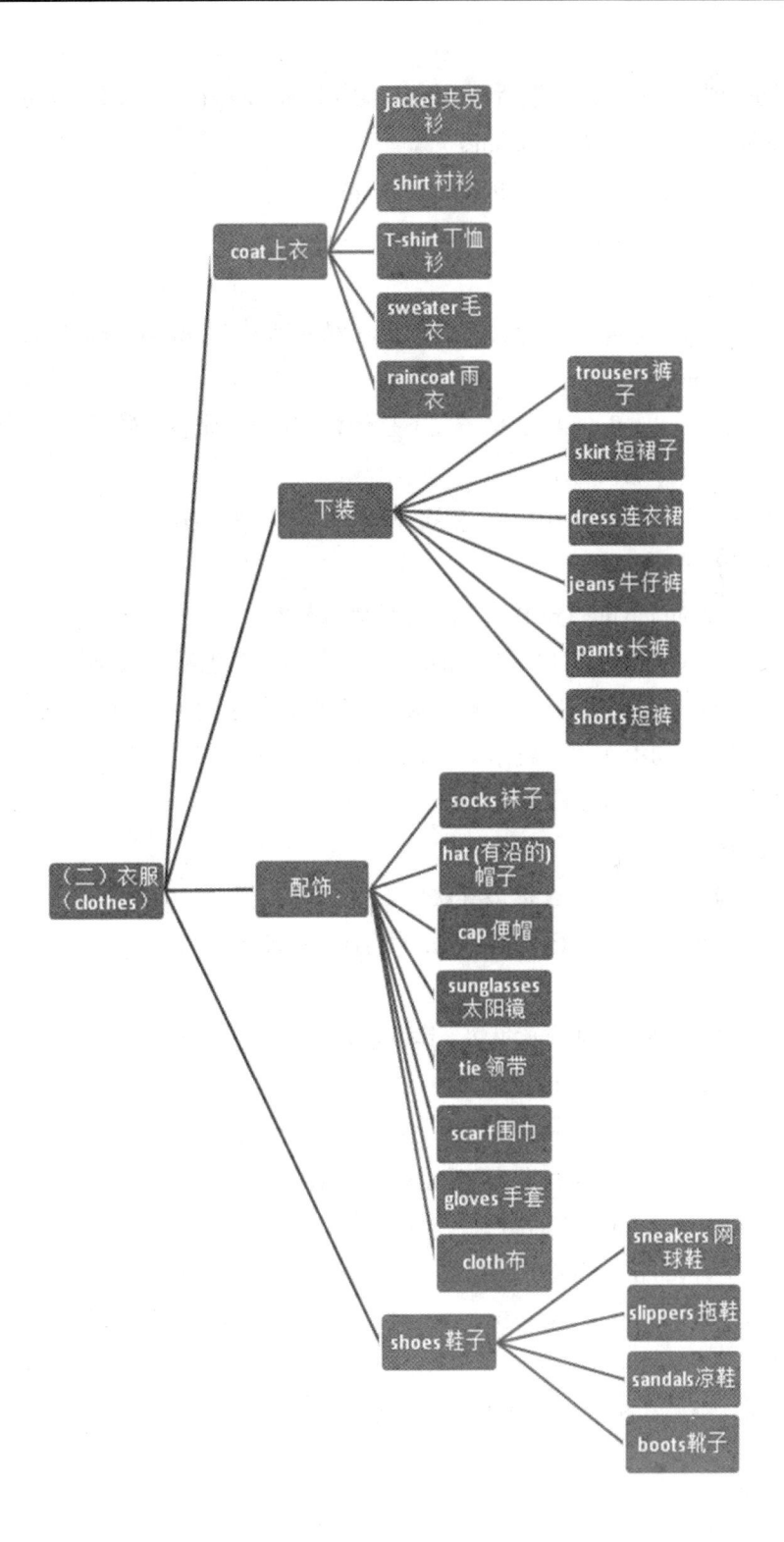

（二）衣服 (clothes)

- coat 上衣
  - jacket 夹克衫
  - shirt 衬衫
  - T-shirt T恤衫
  - sweater 毛衣
  - raincoat 雨衣
- 下装
  - trousers 裤子
  - skirt 短裙子
  - dress 连衣裙
  - jeans 牛仔裤
  - pants 长裤
  - shorts 短裤
- 配饰
  - socks 袜子
  - hat (有沿的)帽子
  - cap 便帽
  - sunglasses 太阳镜
  - tie 领带
  - scarf 围巾
  - gloves 手套
  - cloth 布
- shoes 鞋子
  - sneakers 网球鞋
  - slippers 拖鞋
  - sandals 凉鞋
  - boots 靴子

（6）课堂活动3：小组活动Group work：Look at picture then ask students to write down new words.（10 minutes）

Teacher：Tell me what colour do you see?

Student A：Yellow.

Student B：Black.

（7）课堂活动4：翻译并回答问题（结对活动）Translation Task：Pair work（10 minutes）

What is under the table? 桌子底下是什么？（将几张各式鞋子的图片放在桌下，让学生分别回答）

What do you like best? 你最喜欢什么？（将几张衣服的图片展示给学生，让学生回答）

What about having a rest? 休息一会儿怎么样？

What do you think of life in Taijiang? 您觉得台江的生活怎么样？

（8）What引导的特殊疑问句有两种常见的语序。（13 minutes）

疑问词在句中作主语或作主语的定语，即"疑问词+陈述句语序"。

What is under the table? 桌子底下是什么？

疑问词（+名词）+一般疑问句

What do you like best? 你最喜欢什么？

特殊疑问句有时采用省列形式，特别是在口语中。

What next? 还要什么？

用于提出建议、征求意见等。其意思为"……怎么样？"

What about +名词/动名词？

What about having a rest? 休息一会儿怎么样？

用于征求意见，意思为"你觉得……怎么样？"

What do you think of/about + 名词？

What do you think of life in Taijiang? 您觉得台江的生活怎么样？

What do you think about the report I am writing? 你认为我在写的这篇报告怎么样？

What if...? 意思为"要是……该如何？""万一……怎么办？""如果……怎么办？"

What if it is rain? 万一下雨怎么办？
PPT展示句子让学生解释他们学到的What引导的特殊疑问。

（9）总结Wrap up.（8 minutes）

（10）课后作业：A.课后使用英语词典查找颜色和衣服的英语生词，并绘制词汇学习思维导图；B.完成词汇练习库中一级词汇测试题；C.预习第三课内容：动物相关的词汇。

词汇教学设计案例B（Class 4）
Class 4 动物Animals
1.教学内容Teaching content
（一）农场动物Farm animals

cat猫[kæt]   dog狗[dɔg，dɔ:g]
pig猪[pig]   rabbit兔['ræbit]
horse马[hɔ:s]   donkey驴['dɔŋki]
bird鸟[bə:d]   hen母鸡[hen]
turkey火鸡['tə:ki]   lamb小羊[læm]
sheep绵羊[ʃip]   goat山羊[gəut]
cow奶牛[kau]   ant蚂蚁[ænt]
mouse老鼠[maus，mauz]   fish鱼[fiʃ]
squid鱿鱼[skwid]   lobster龙虾['lɔbstə]

（二）野生动物Wild Animals

eagle鹰['i:gl]   beaver海狸['bi:və]
snake蛇[sneik]   squirrel松鼠['skwə:rəl, 'skwi-, 'skwʌ-]
monkey猴['mʌŋki]   bear熊[bɛə]
lion狮子['laiən]   tiger老虎['taigə]
fox狐狸[fɔks]   zebra斑马['zi:brə]
deer鹿[diə]   giraffe长颈鹿[dʒi'rɑ:f]
shark鲨鱼[ʃɑ:k]   seal海豹[si:l]
sperm whale抹香鲸 [spə:m-hweil] killer whale虎鲸['kilə-hweil]

（三）动词及动词词组

eat（ate）吃[i:t]　　　　　　　like 像，喜欢[laik]

feed（fed）喂养[fi:d]　　　　　have（had）有；吃

buy（bought）买[bai]　　　　　take（took）买；带[teik]

eat breakfast 吃早饭[i:t] ['brekfəst]　eat dinner 吃晚饭[i:t] ['dinə]

cook dinner 做饭[kuk] ['dinə]

扩展词汇：（1）pig: pigtail 马尾，pigeon 鸽子，piggy 像猪一样，贪心的

（2）cat: kitty 小猫 panther n.美洲豹，hedgehog n.刺猬，eel n.海鳗，cobra n.眼镜蛇

扩展句子：Deer had stripped all the bark off the tree.

鹿把树皮全都啃光了。

2.教学材料分析 Material analysis

本课的主要内容是学习有关动物的词汇、动词及动词词组，主要活动是（1）看视频列出动物名；（2）将动物分成5类；（3）结合各种农场动物名，用动词及动词词组造句。

学习Where-guided special questions（Where引导的特殊疑问句）。通过连词成句，学习有关动物的表达方式，同时还将学习有关动词的用法和Where引导的特殊疑问句及名词的单数和复数。教师可采用师生互动、生生互动、游戏等教学方式；同时要关注学生的个性差异，发挥学生的积极性和主动性，为英语词汇学习创造好的环境。

3.教学目标 Teaching aims

（1）Knowledge aims

能够正确朗读并运用下列词汇：cat, dog, pig, rabbit, horse, donkey, bird, hen, turkey, lamb, eagle, beaver, snake, squirrel, monkey, bear 等；

能够熟练听出各种动物的名称，并将这些词汇与动词结合造句和组成简短对话；

能够理解Where引导的特殊疑问句，并在对话中使用单数和复数。

（2）Skill aims

能听懂有关疑问、指令等的表达方式；

能运用学到的单词进行简单的交流；

能正确地读出有关动物的单词和动词词组，并能使用这些词汇造句。

（3）Emotional aims

能够与同学积极合作，参与课堂活动，大胆实践；

能够认真、规范读好、写好单词；

能够体会到英语学习的兴趣，养成良好的英语学习习惯。

4.教学重点和难点The key points and difficult points

（1）教学重点 Key points

正确拼读词汇；

正确使用动词和动物词汇。

（2）教学难点Difficult points

动词的应用；Where引导的特殊疑问句以及名词的单数和复数。

5.教学方法及学习策略Teaching approach and Learning strategies

思维导图学习词汇法；建构主义教学法；使用连词成句记词法；查词典记单词法。

6.教学工具Teaching aids

PPT、视频、词卡和黑板。

7.教学时长Duration

2节课 80 minutes

8.教学步骤Teaching procedures：

（1）导入新课（6 minutes）：

Play the video：farm animals

谈话：今天我们来学习有关动物的词汇。

（2）跟读单词（6 minutes）：全班跟读单词，老师教一次，指明学生教读。

（3）用思维导图展示今天需要学习的新词汇，让学生在课堂上分享自己已经课前预习到的词汇（3 minutes）。

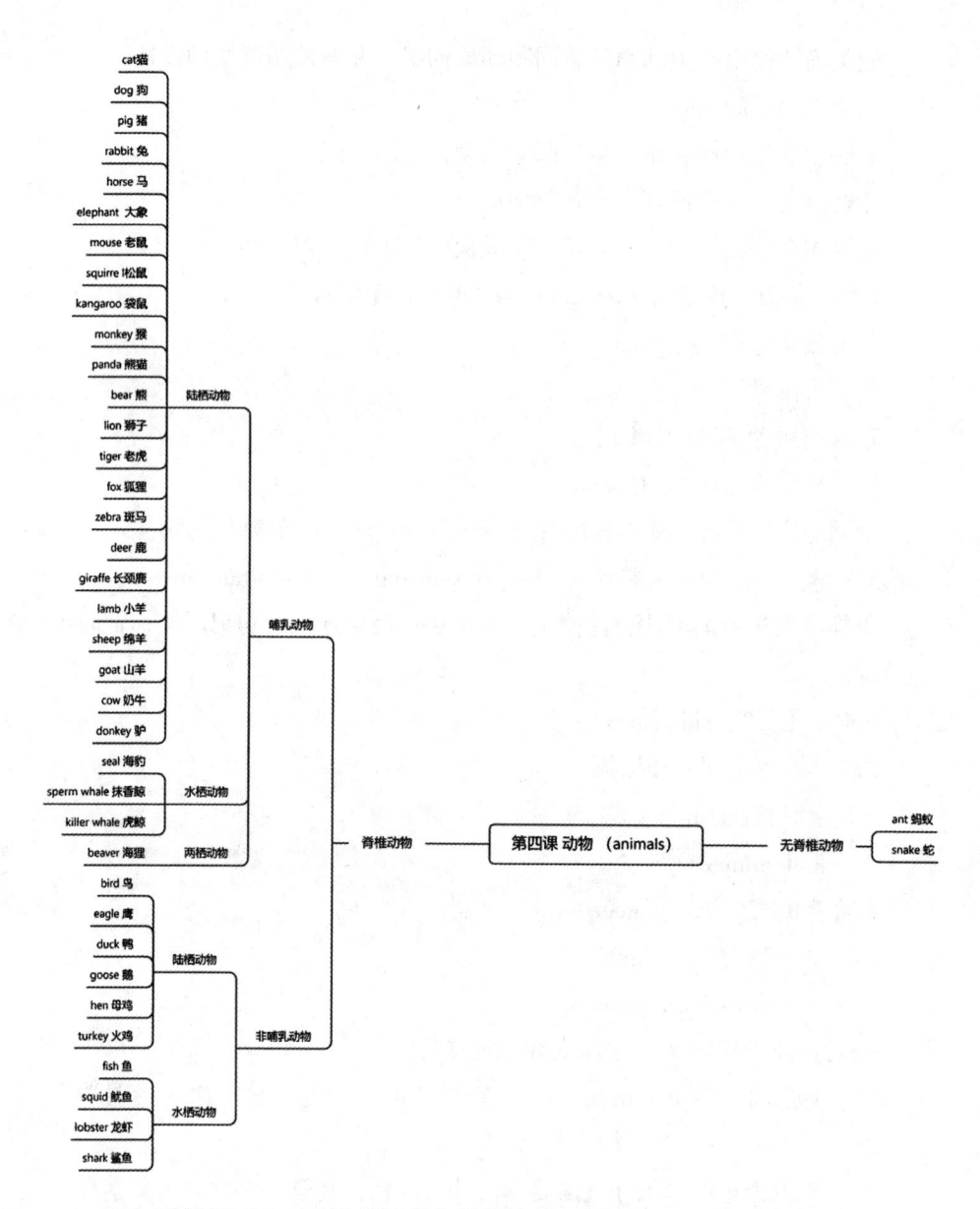

基于成果导向教育的中学英语词汇教学研究

```
                                    cat 猫
                                    dog 狗
                                    pig 猪
                                    rabbit 兔
                                    horse 马
                                    elephant 大象
                                    mouse 老鼠
                                    squirre 松鼠
                                    kangaroo 袋鼠
                                    monkey 猴
                                    panda 熊猫
                                    bear 熊 ──┐
                                    lion 狮子  │陆栖动物
                                    tiger 老虎
                                    fox 狐狸
                                    zebra 斑马
                                    deer 鹿
                                    giraffe 长颈鹿
                                    lamb 小羊                                          ant 蚂蚁
                                    sheep 绵羊 ──哺乳动物 ──脊椎动物 ──第四课 动物 (animals) ──无脊椎动物
                                    goat 山羊                                          snake 蛇
                                    cow 奶牛
                                    donkey 驴
                                    seal 海豹
                                    sperm whale 抹香鲸 ──水栖动物
                                    killer whale 虎鲸
                                    beaver 海狸 ──两栖动物
                                    bird 鸟
                                    eagle 鹰
                                    duck 鸭 ──陆栖动物
                                    goose 鹅
                                    hen 母鸡
                                    turkey 火鸡           ──非哺乳动物
                                    fish 鱼
                                    squid 鱿鱼
                                    lobster 龙虾 ──水栖动物
                                    shark 鲨鱼
```

（4）课堂活动1：看视频回答问题并写出动物名（12 minutes）

Watch a video clip and then answer question.

How many farm animals can you name?

让学生逐一写出。

教师提问，学生根据视频快速说出动物名，谁最快最准的获胜，这个游戏同样可以用竞赛的形式进行，每组抽一名学生到前面做动作，说错为止。

（5）课堂活动2：结对活动Pair work：结合各种农场动物名，用动词及动词词组造句。（15 minutes）

eat（ate）吃[i:t]

like 像，喜欢[laik]　　　　　　　feed（fed）喂养[fi:d]

have（had）有；吃　　　　　　　buy（bought）买[bai]

take（took）买；带[teik]　　　　eat breakfast 吃早饭[i:t]['brekfəst]

eat dinner 吃晚饭[i:t]['dinə]　　　cook dinner 做饭[kuk]['dinə]

（6）课堂活动3：小组活动Group work：Divided wild animals into five groups.（将野生动物分成5类）（15 minutes）

eagle鹰['i:gl]　　　　　　　　　beaver海狸['bi:və]

snake蛇[sneik]　　　　　　　　squirrel松鼠['skwə:rəl, 'skwi-, 'skwʌ-]

monkey猴['mʌŋki]　　　　　　　bear熊[bɛə]

lion狮子['laiən]　　　　　　　　tiger老虎['taigə]

fox狐狸[fɔks]　　　　　　　　　zebra斑马['zi:brə]

deer鹿[diə]　　　　　　　　　　giraffe长颈鹿[dʒi'rɑ:f]

shark鲨鱼[ʃɑ:k]　　　　　　　　seal海豹[si:l]

sperm whale抹香鲸[spə:m-hweil]　killer whale虎鲸['kilə- hweil]

Five groups:

Birds（鸟类）：

Reptiles（爬行动物）：

Vegetarian（食草动物）：

Predator（食肉动物）：

Marine Animals（海洋动物）：

（7）语法讲解（15minutes）

Where-guided special questions（Where引导的特殊疑问句）

A.Where are they from?

句型结构为：Where +be+主语+from?

句中的they是第三人称复数，译为他/她/他们，后面的be动词要用are。

如：他们来自哪里？ Where are they from?

他们来自海洋。They are from sea.

他们来自野外吗？Are they from the wild?

Where-guided special questions（Where 引导的特殊疑问句）

句型结构为：Where +be+主语+from?

B.Where is it from?

句中的it是第三人称单数，译为它，后面的be动词要用is。

Where is snake from?

It is from the wild.

It is a reptile.

（8）课堂活动3：小组活动Group work：PPT展示句子让学生解释他们学到的Where引导的特殊疑问（5 minutes）。

9.总结Wrap up.（3 minutes）

10.课后作业：A.课后使用英语词典查找学习用品的英语生词，并绘制词汇学习思维导图；B.完成词汇练习库中二级词汇测试题；C.预习第五课内容：动词概述。

附录7

教学反思A

Class 3 颜色 colours 和 衣服 clothes 词汇教学课反思：

本次课的教学内容是颜色 colours 和 衣服 clothes 词汇以及部分动词短语，教学内容过信息量大，授课教师进行了内容的适当取舍。教学步骤进展顺利、紧凑，课堂活动1、2、3的完成情况好，但是课堂活动4完成不够理想，这部分是这次课的重难点，分析主要原因是学生课前准备不充分，课上时间不够充足，少部分同学课上精神不集中，基础差，不能很好地理解内容。学生对分组合作学习兴趣浓厚，能团队合作完成课上和课前任务，但是效果有待进一步加强。据了解，约五分之一的学生没有进行课前词汇的预习，上课表现不够活跃。教师课堂上展示的词汇学习思维导图，已经在课前让学生学习，但仍有的学生不按照要求在课前去先熟悉生词，下次课前可先将思维导图作为预习的材料之一发给学生预习、看懂。学生课后制作的思维导图，大部分以表格形式为主，且手绘涂画严重，有学生自己画的导图自己却不能将思路解释清楚，课后授课教师要根据学生的情况在晚自习进行指导，让他们知道词与词之间的联系，充分发挥他们的想象力和创造力，绘制出自己识记词汇的思维导图。学生对短视频导入新课的形式反应很积极，教师教学思路清晰，引导深入，方法得当，控制时间有度。课后的词汇测试库练习已经布置小组长进行监督，要求向老师定期汇报情况。

教学反思B

Class 4 动物Animals相关的词汇教学课反思：

本次课的教学内容是动物Animals相关的词汇以及部分动词短语，为了教会学生单词分类记忆法，教师根据教学内容进行了调整和进一步细化分类，将内容细分为农场动物Farm animals和野生动物Wild Animals，又将野生动物Wild Animals细化为五个类别：Birds（鸟类）、Reptiles（爬行动物），Vegetarian（食草动物）、Predator（食肉动物）、Marine Animals（海洋动物）。课堂时间有限，教师上课时选取一部分词汇进行教学，大部分的词由学生根据教师教给的方法进行识记和学习。教学步骤环环相扣、进展顺利，课堂活动1和课堂活动3完成很好，但是课堂活动2的完成情况不够理想，小组部分学生没有积极参与活动，主要原因是对分类不够理解，课前预习不充分。本次课的视频导入能激起学生的兴趣，吸引学生的眼球。大部分学生对分组合作教学兴趣浓厚，但是小部分学生羞于回答问题，总是推荐班队里的其他同学参与课堂互动，教师将进一步指导小组长对小组的管理，督促每个学生参与课堂活动。教师课堂上展示的词汇学习思维导图，经过教师讲解，学生能了解词与词之间有一定的联系，由于课前大部分学生先看了思维导图，他们能指出里面的生词进行分享。大部分的学生能绘制自己的词汇思维导图，少部分学生想象力丰富和有创造性，能以画图片的形式绘制出自己识记词汇的思维导图。教师教学步骤清晰，词汇学习方法指导得当，教学引导深入，课堂时间安排合理，不足在于课上PPT插入的链接不能打开，采用了单独打开的方式完成展示。课后的词汇测试库练习和思维导图绘制已经布置，并要求小组长进行监督和按时向老师汇报组上完成的情况。